HIEBE AUF DEN ERSTEN BLICK

volume. 1

Sal Jiang

volume.one

Contents 1

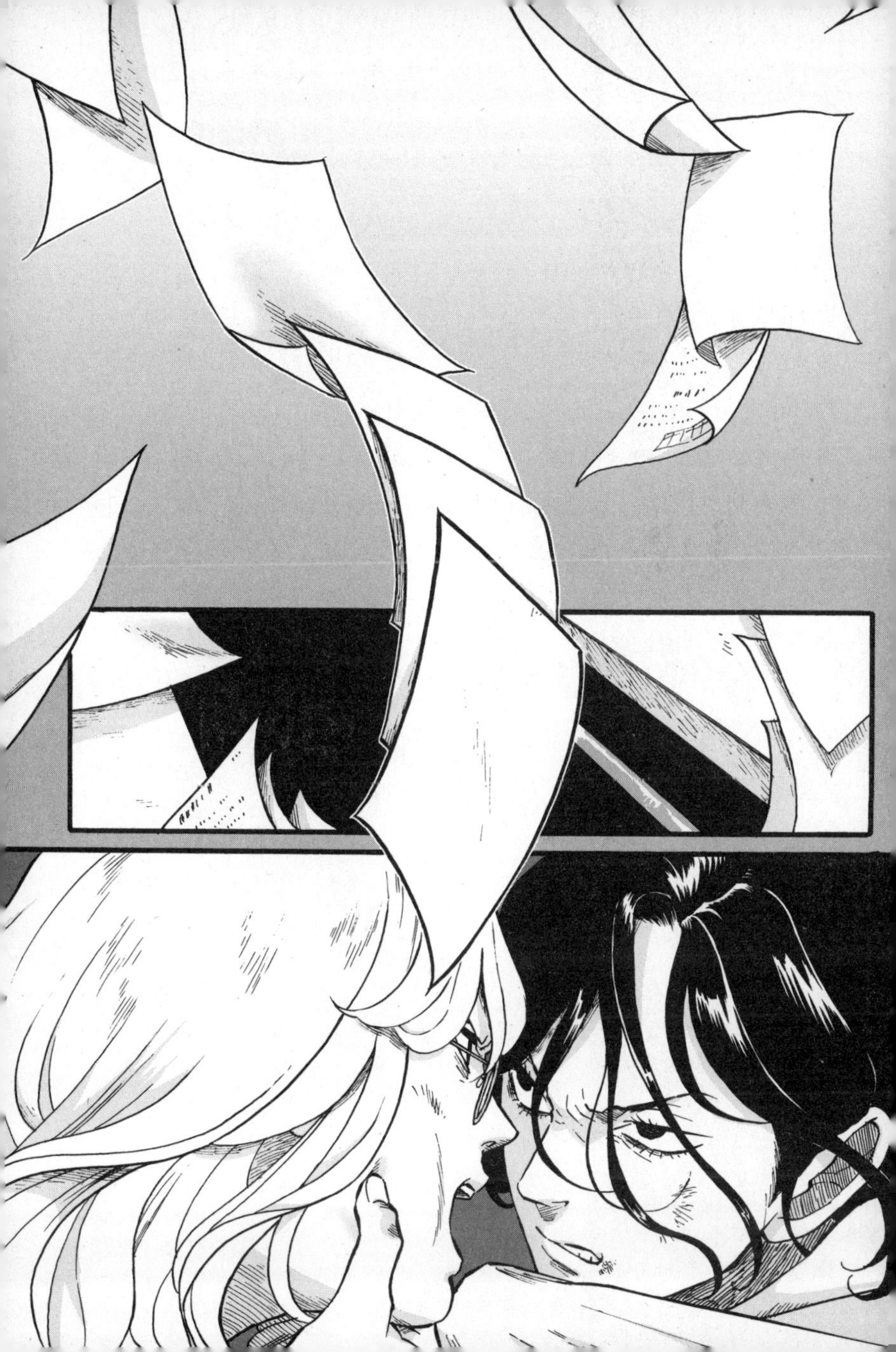

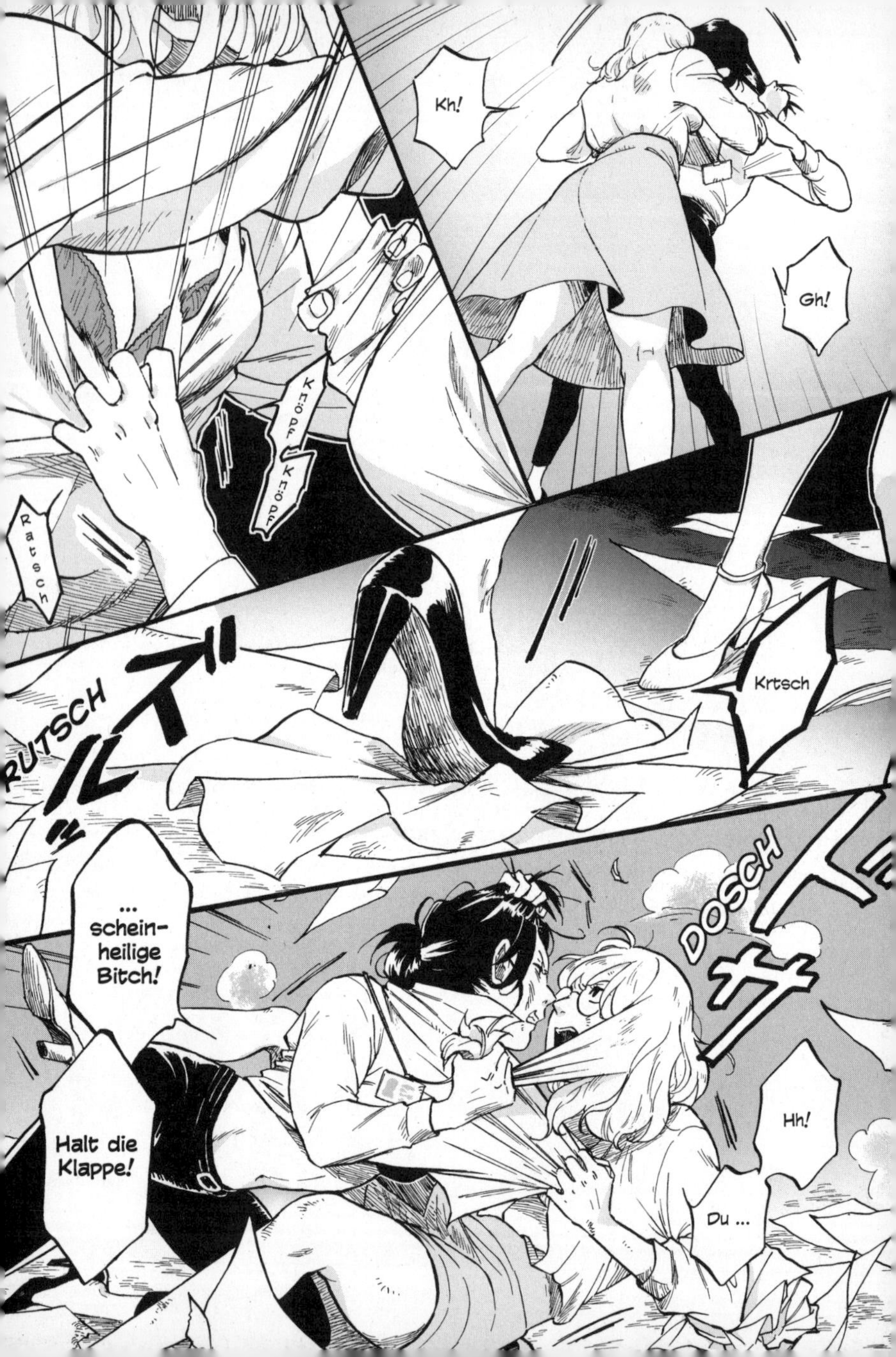
Kh!
Gh!
Knöpf Knöpf
Ratsch
Krtsch
RUTSCH
DOSCH
Hh!
Du ...
... schein-heilige Bitch!
Halt die Klappe!

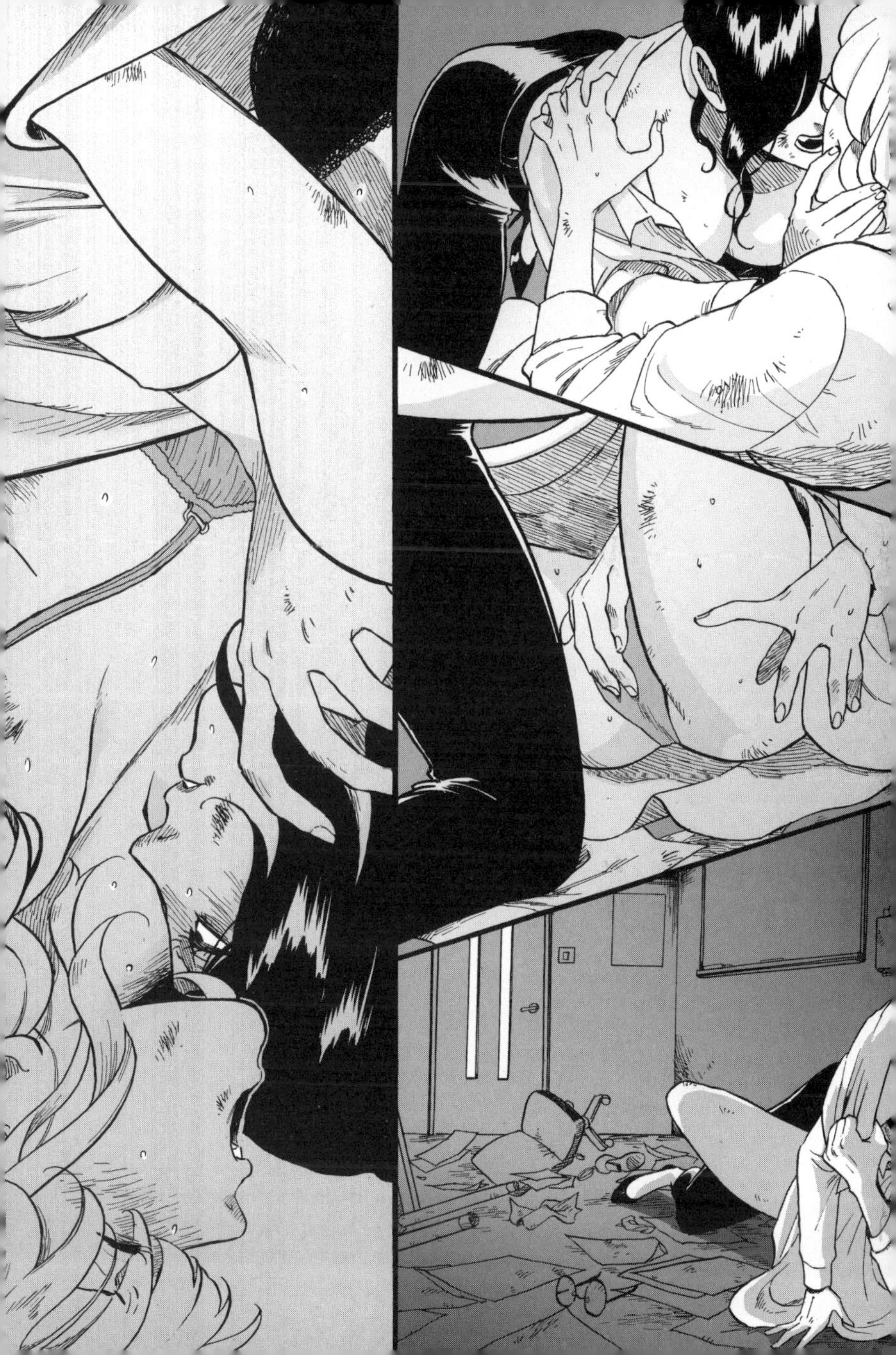

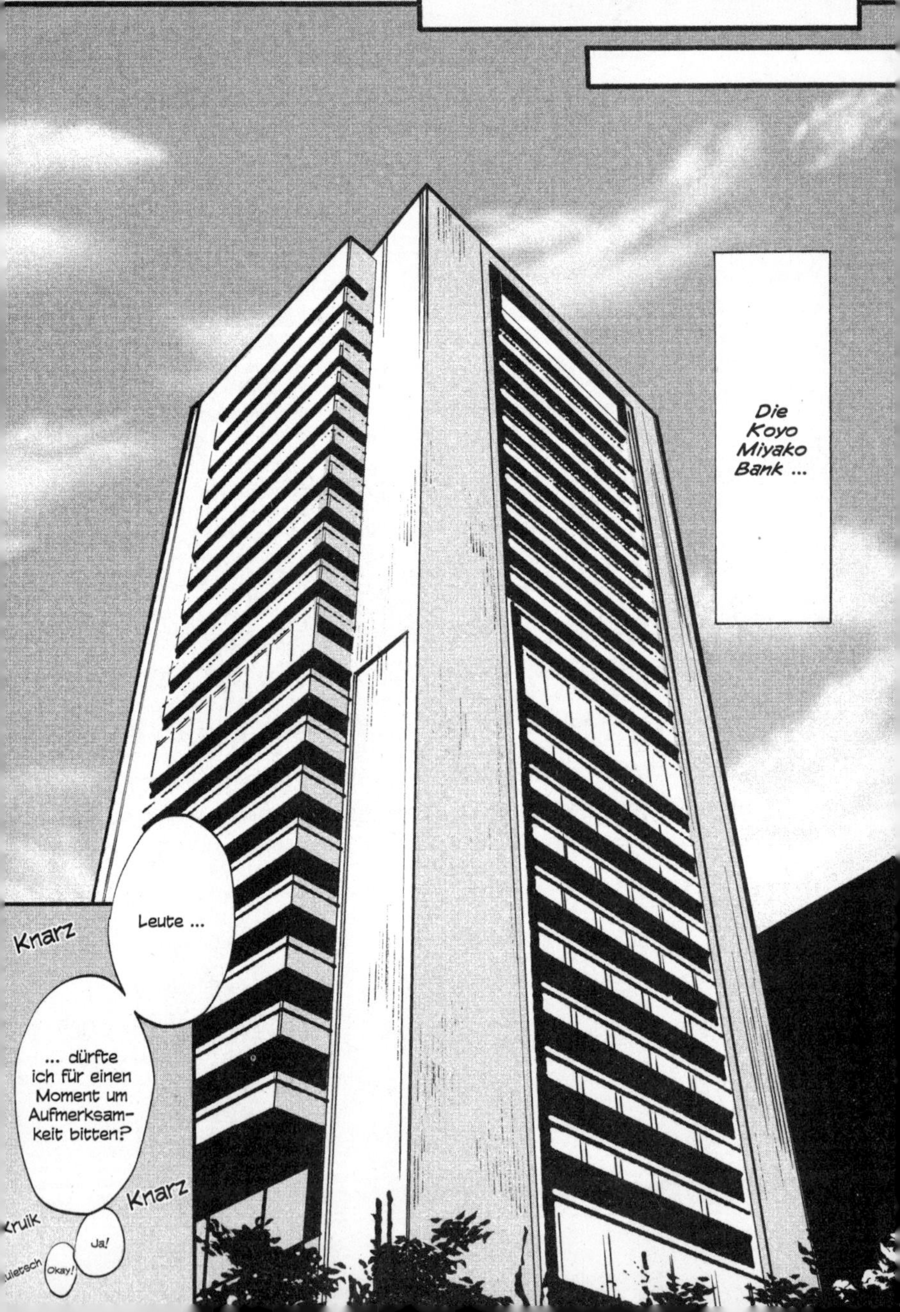
Die Koyo Miyako Bank ...
Leute ...
... dürfte ich für einen Moment um Aufmerksam-keit bitten?
Knarz
Knarz
Ja!
Okay!

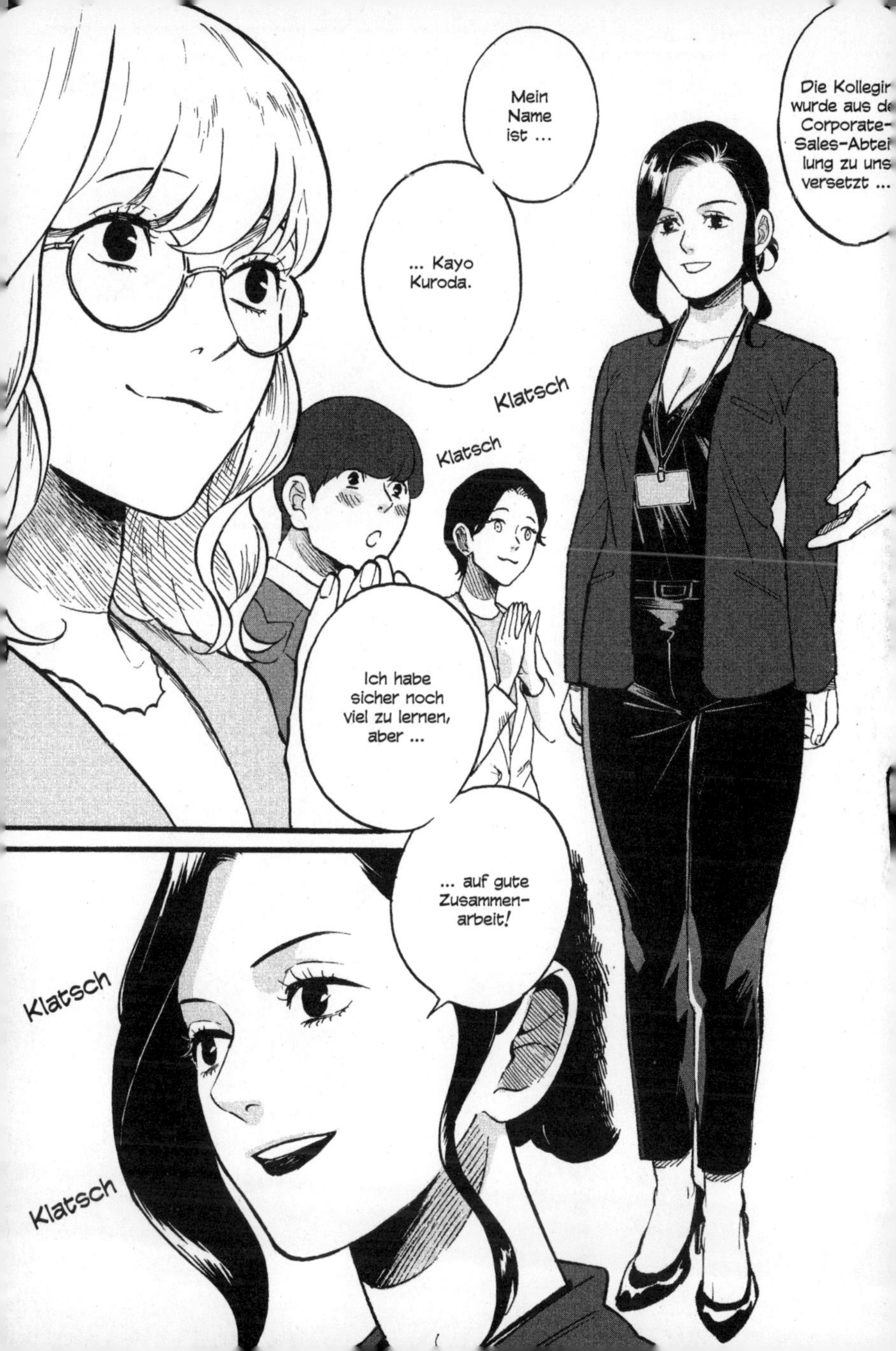
Die Kollegi wurde aus d Corporate- Sales-Abtei lung zu uns versetzt ...
Mein Name ist ...
... Kayo Kuroda.
Klatsch
Klatsch
Ich habe sicher noch viel zu lernen, aber ...
... auf gute Zusammen-arbeit!
Klatsch
Klatsch

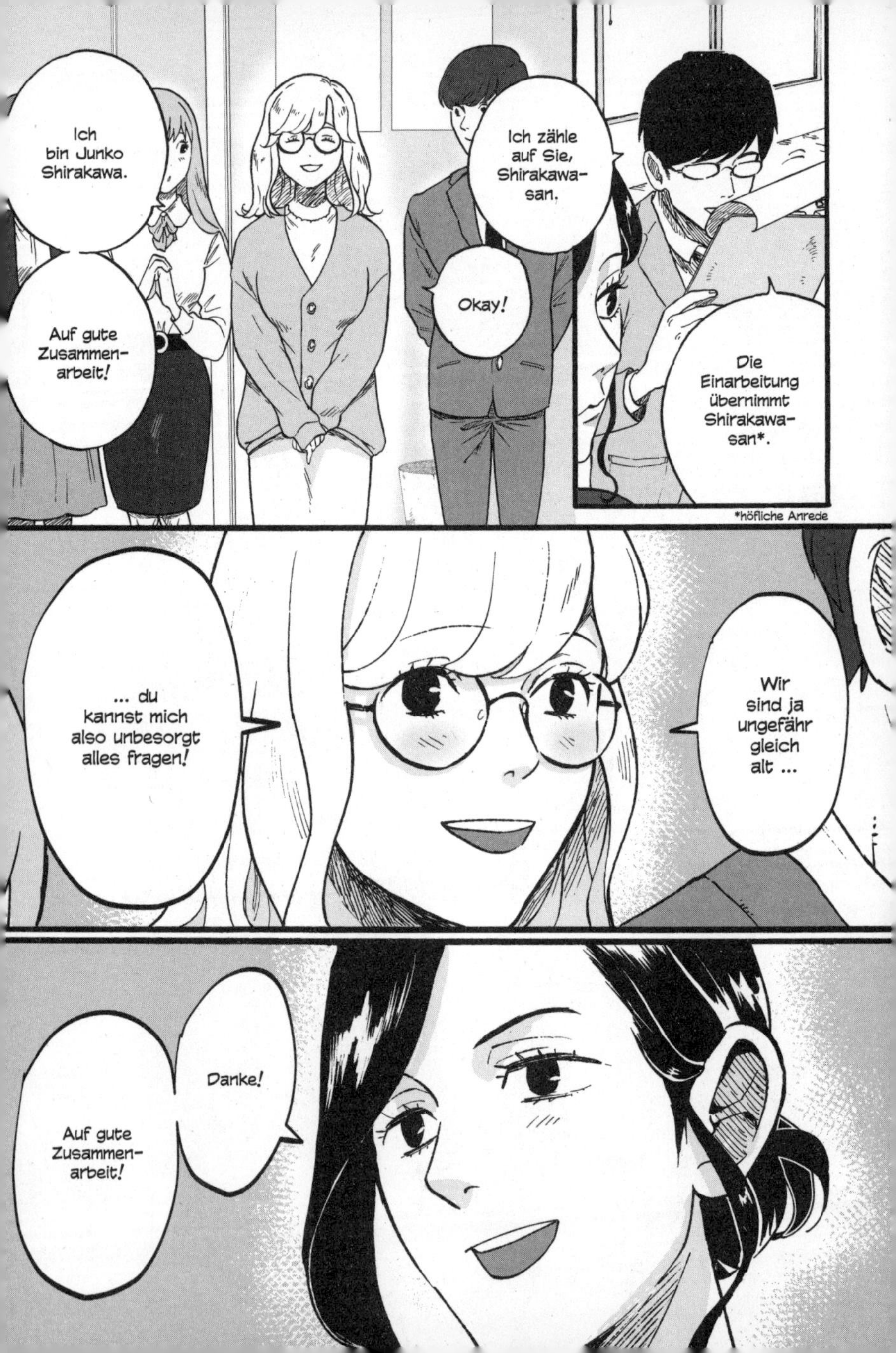

*höfliche Anrede

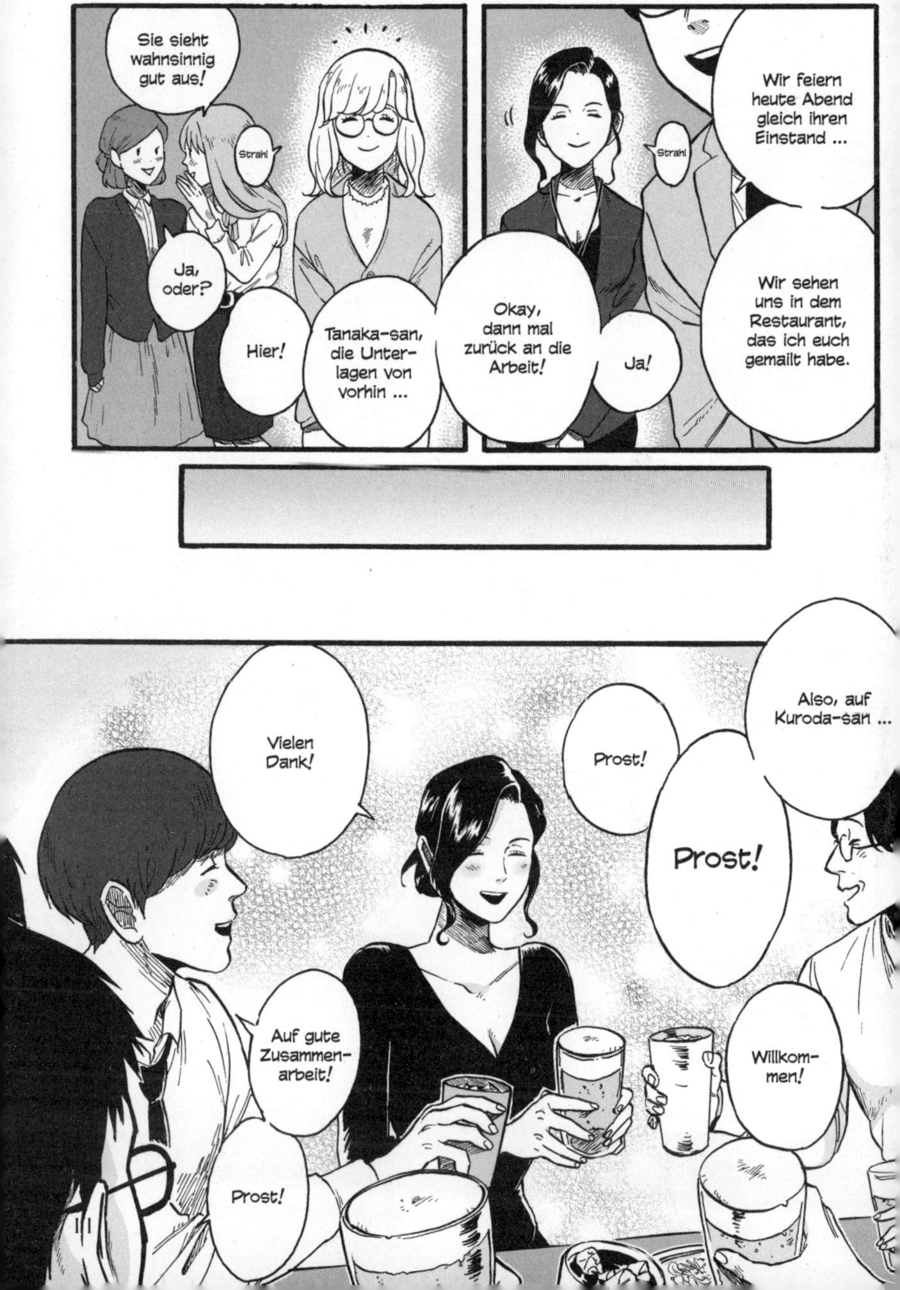
Wir feiern heute Abend gleich ihren Einstand ...
Strahl
Wir sehen uns in dem Restaurant, das ich euch gemailt habe.
Ja!
Okay, dann mal zurück an die Arbeit!
Sie sieht wahnsinnig gut aus!
Strahl
Ja, oder?
Tanaka-san, die Unter-lagen von vorhin ...
Hier!
Also, auf Kuroda-san ...
Prost!
Prost!
Vielen Dank!
Willkom-men!
Auf gute Zusammen-arbeit!
Prost!

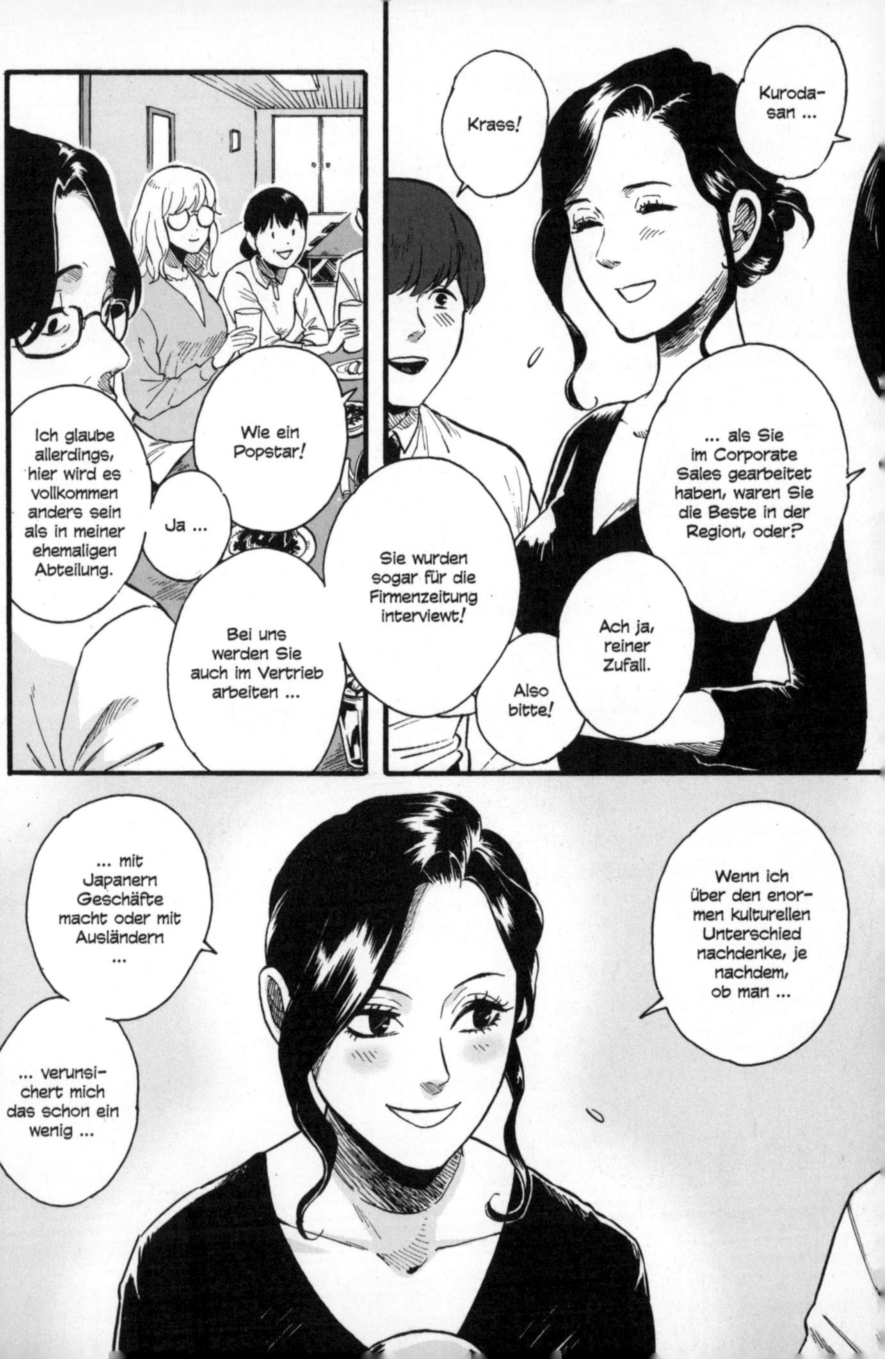
Kuroda-san ...
Krass!
... als Sie im Corporate Sales gearbeitet haben, waren Sie die Beste in der Region, oder?
Sie wurden sogar für die Firmenzeitung interviewt!
Ach ja, reiner Zufall.
Also bitte!
Wie ein Popstar!
Bei uns werden Sie auch im Vertrieb arbeiten ...
Ja ...
Ich glaube allerdings, hier wird es vollkommen anders sein als in meiner ehemaligen Abteilung.
Wenn ich über den enormen kulturellen Unterschied nachdenke, je nachdem, ob man ...
... mit Japanern Geschäfte macht oder mit Ausländern ...
... verunsichert mich das schon ein wenig ...

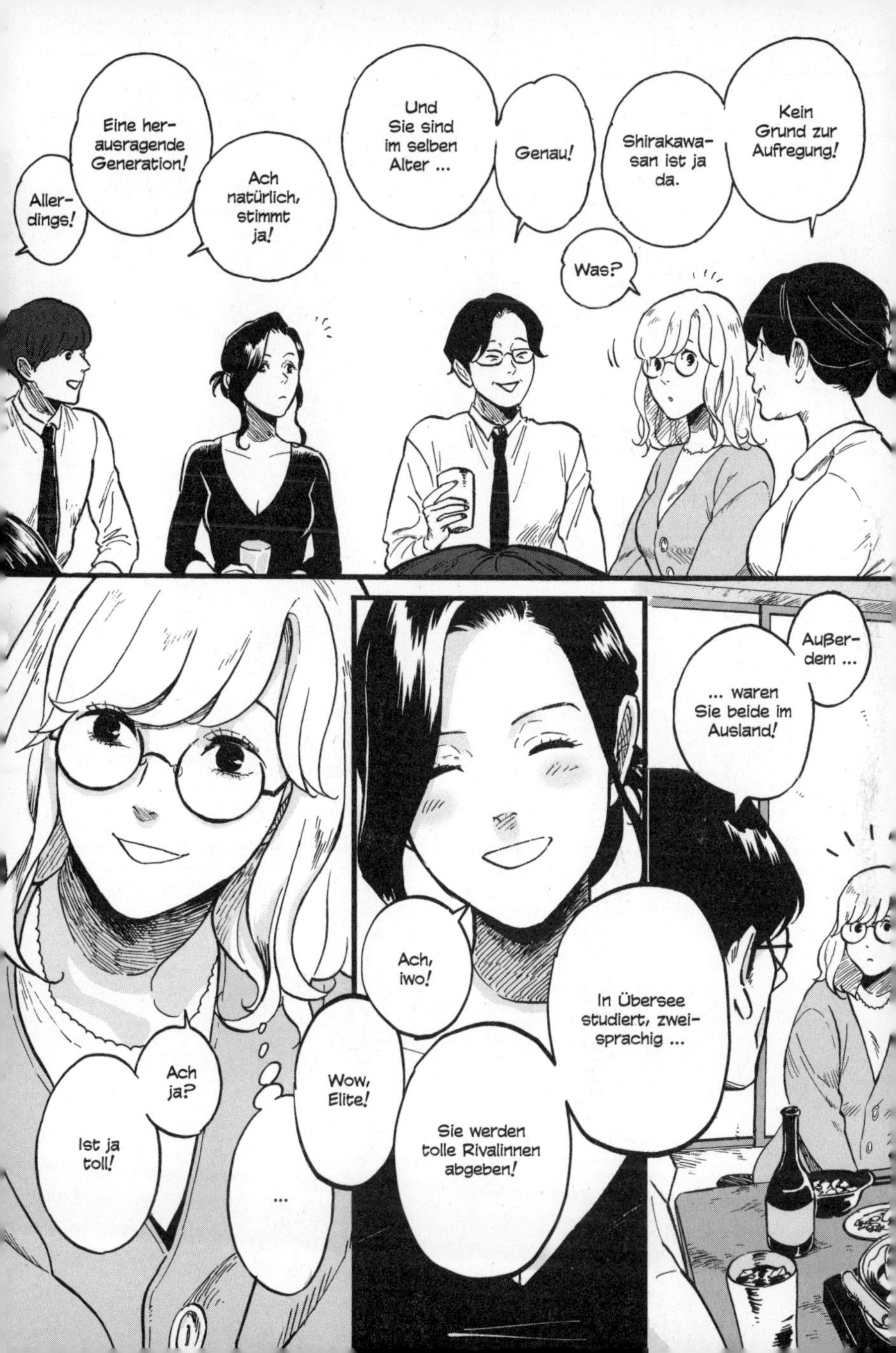
Kein Grund zur Aufregung!
Shirakawa-san ist ja da.
Was?
Genau!
Und Sie sind im selben Alter ...
Ach natürlich, stimmt ja!
Eine herausragende Generation!
Allerdings!
Außerdem ...
... waren Sie beide im Ausland!
In Übersee studiert, zweisprachig ...
Ach, iwo!
Sie werden tolle Rivalinnen abgeben!
Wow, Elite!
Ach ja?
Ist ja toll!
...

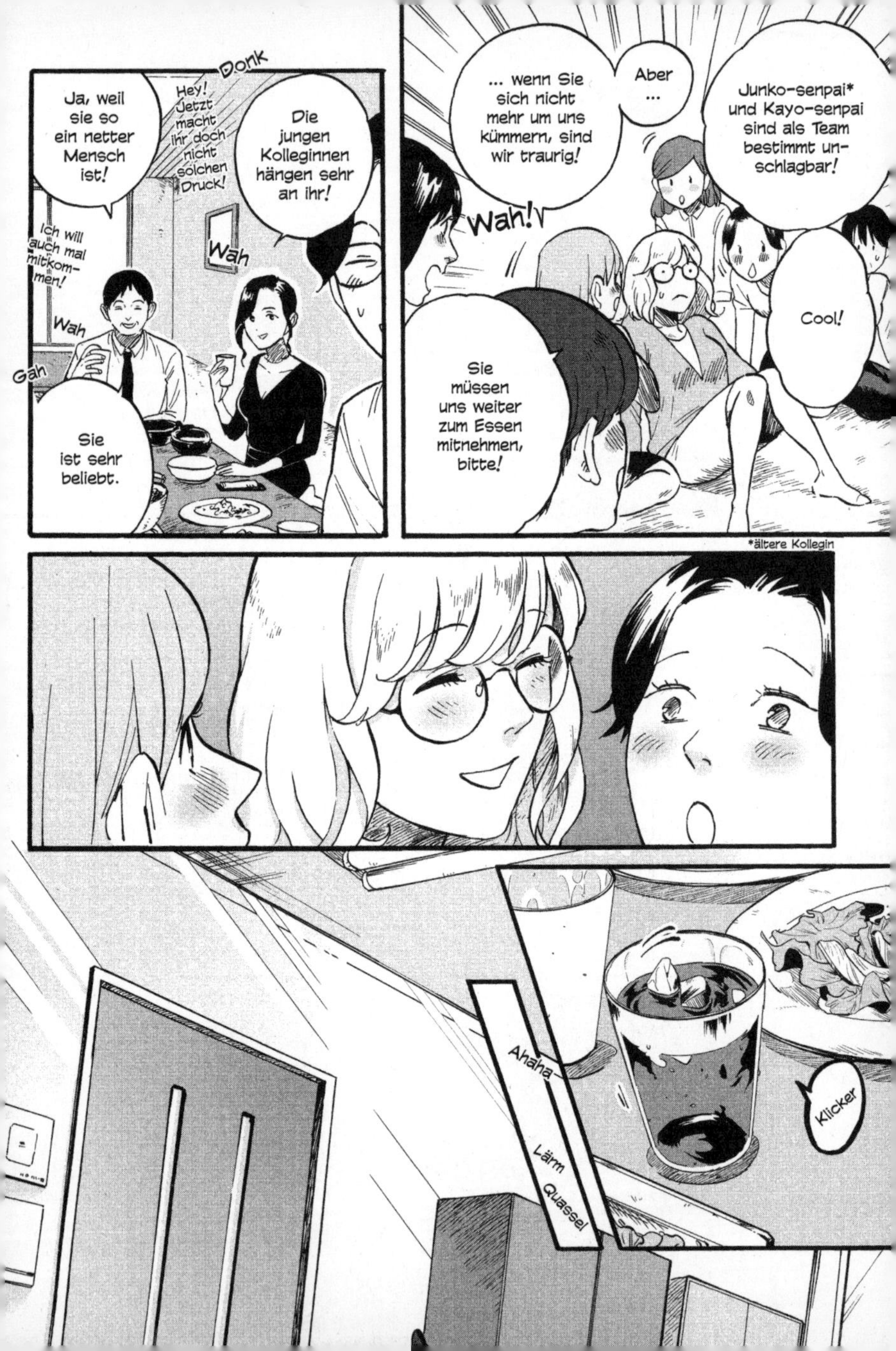

*ältere Kollegin

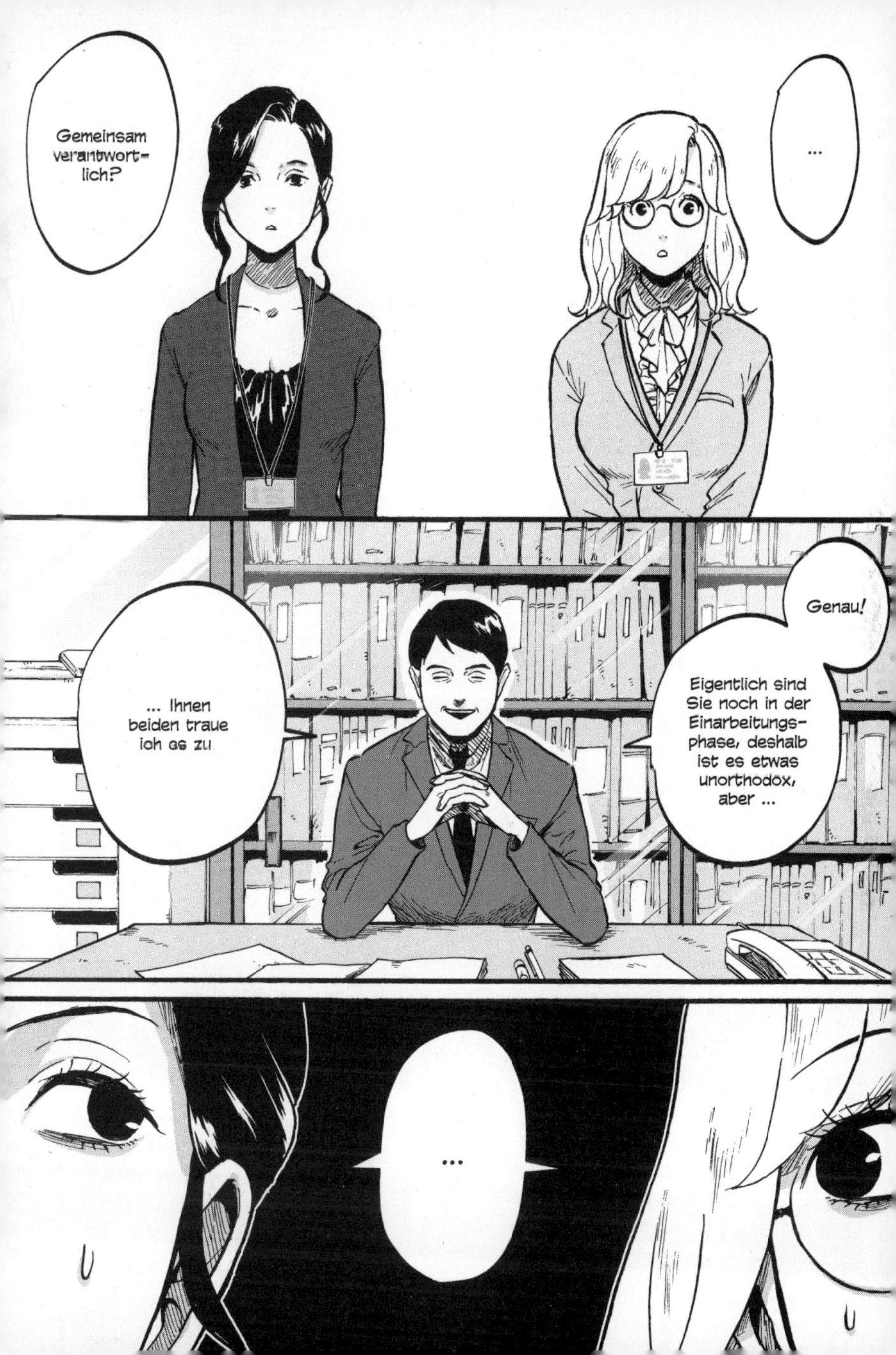
Gemeinsam verantwortlich?
...
Genau!
Eigentlich sind Sie noch in der Einarbeitungsphase, deshalb ist es etwas unorthodox, aber ...
... Ihnen beiden traue ich es zu
...

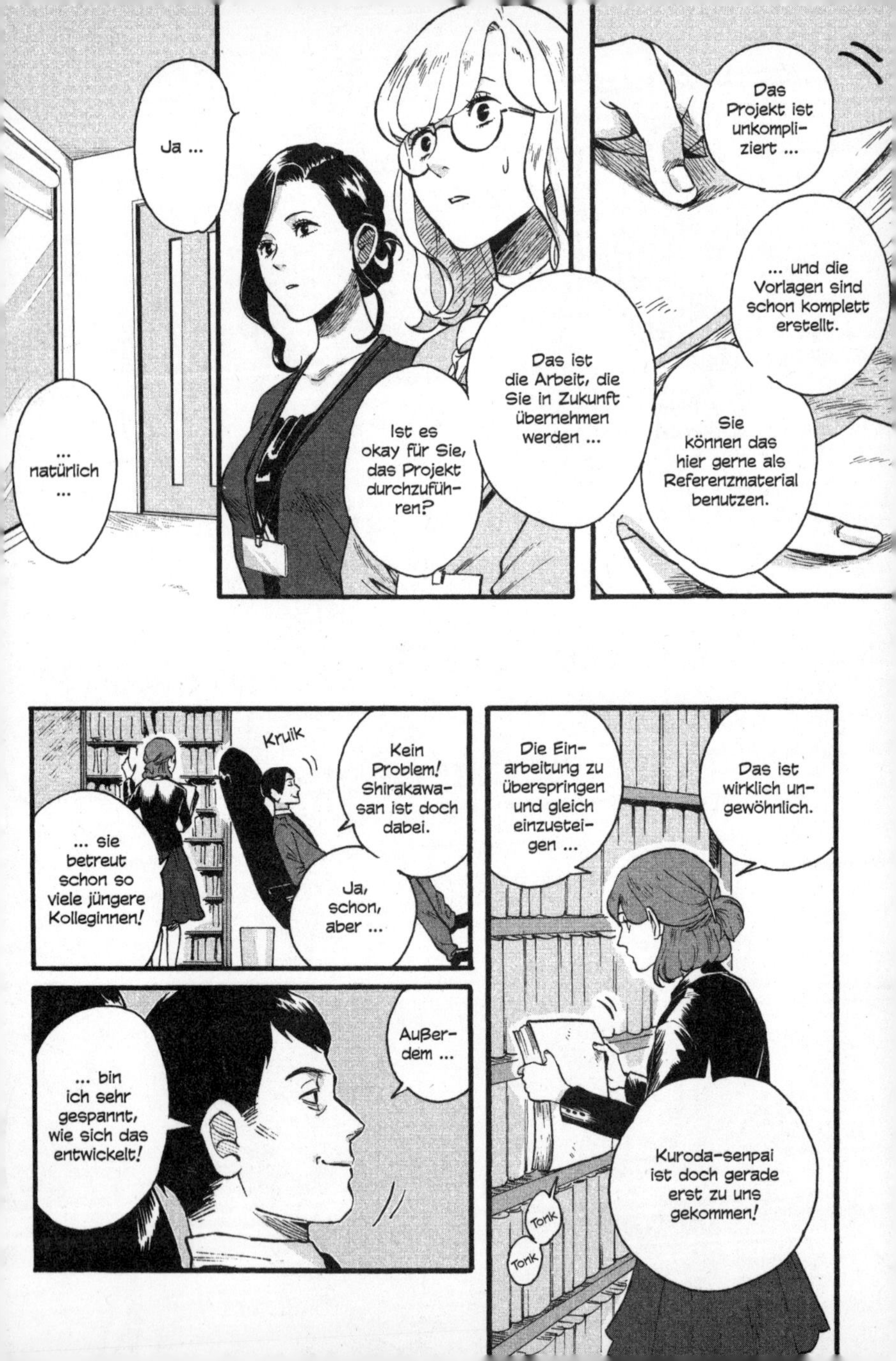
Das Projekt ist unkompliziert ...
... und die Vorlagen sind schon komplett erstellt.
Sie können das hier gerne als Referenzmaterial benutzen.
Das ist die Arbeit, die Sie in Zukunft übernehmen werden ...
Ist es okay für Sie, das Projekt durchzuführen?
Ja ...
... natürlich ...
Das ist wirklich ungewöhnlich.
Die Einarbeitung zu überspringen und gleich einzusteigen ...
Kuroda-senpai ist doch gerade erst zu uns gekommen!
Tonk
Tonk
Kruik
Kein Problem! Shirakawa-san ist doch dabei.
... sie betreut schon so viele jüngere Kolleginnen!
Ja, schon, aber ...
Außerdem ...
... bin ich sehr gespannt, wie sich das entwickelt!

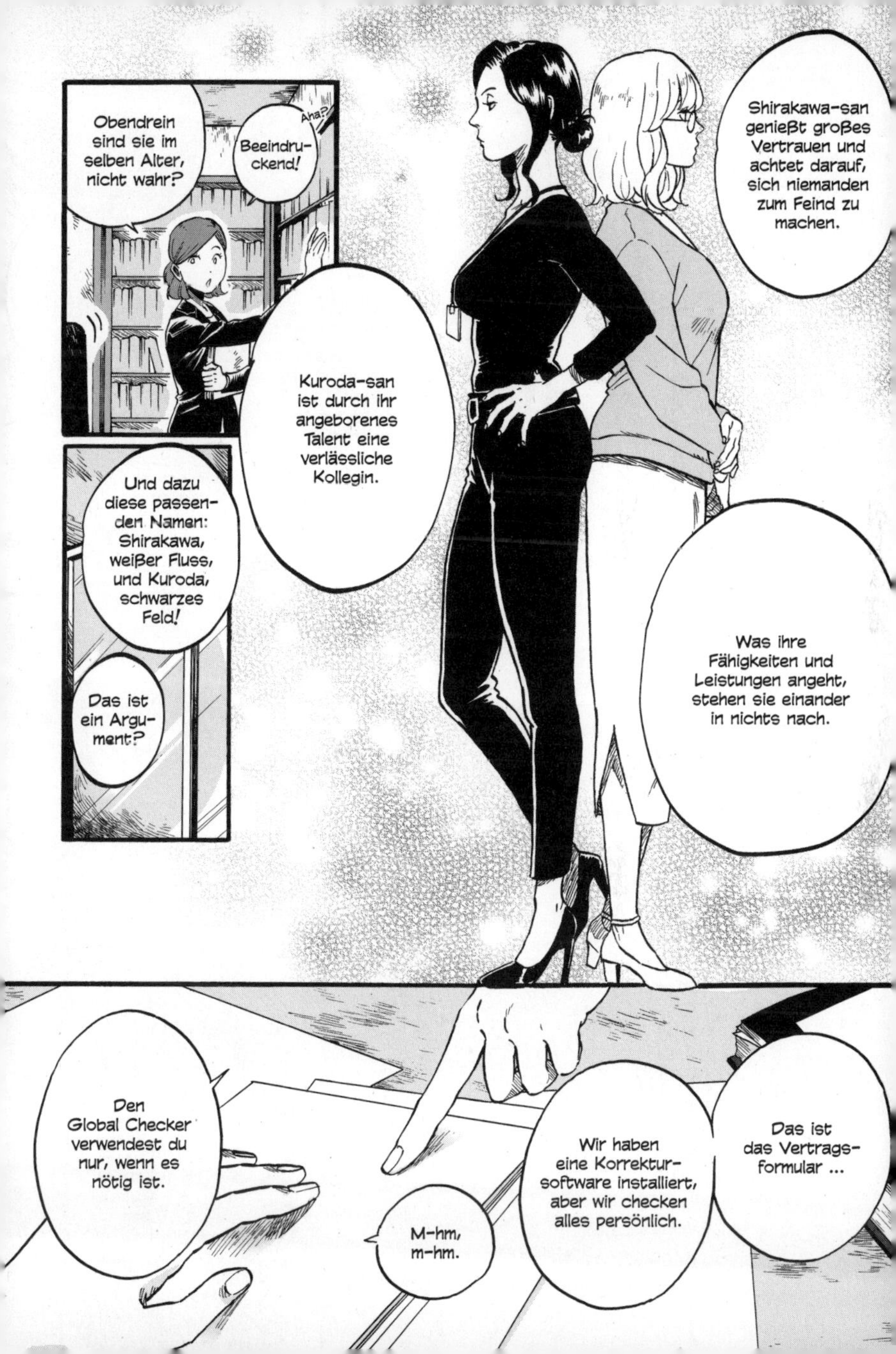
Shirakawa-san genießt großes Vertrauen und achtet darauf, sich niemanden zum Feind zu machen.
Kuroda-san ist durch ihr angeborenes Talent eine verlässliche Kollegin.
Was ihre Fähigkeiten und Leistungen angeht, stehen sie einander in nichts nach.
Beeindruckend!
Aha?
Obendrein sind sie im selben Alter, nicht wahr?
Und dazu diese passenden Namen: Shirakawa, weißer Fluss, und Kuroda, schwarzes Feld!
Das ist ein Argument?
Das ist das Vertragsformular ...
Wir haben eine Korrektursoftware installiert, aber wir checken alles persönlich.
M-hm, m-hm.
Den Global Checker verwendest du nur, wenn es nötig ist.

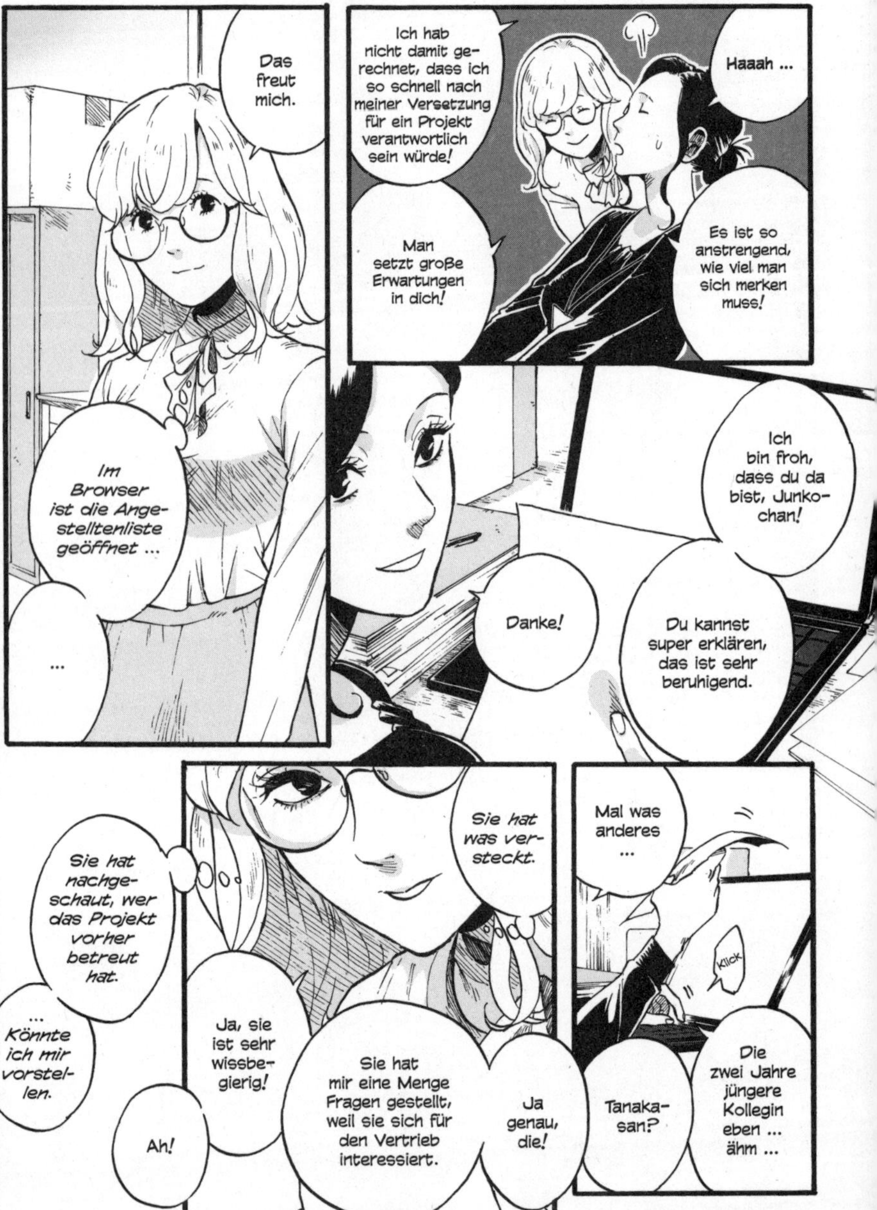
Haaah ...
Ich hab nicht damit gerechnet, dass ich so schnell nach meiner Versetzung für ein Projekt verantwortlich sein würde!
Es ist so anstrengend, wie viel man sich merken muss!
Man setzt große Erwartungen in dich!
Das freut mich.
Im Browser ist die Angestelltenliste geöffnet ...
...
Ich bin froh, dass du da bist, Junko-chan!
Du kannst super erklären, das ist sehr beruhigend.
Danke!
Mal was anderes ...
Klick
Die zwei Jahre jüngere Kollegin eben ... ähm ...
Tanaka-san?
Ja genau, die!
Sie hat was versteckt.
Sie hat mir eine Menge Fragen gestellt, weil sie sich für den Vertrieb interessiert.
Ja, sie ist sehr wissbegierig!
Ah!
Sie hat nachgeschaut, wer das Projekt vorher betreut hat.
... Könnte ich mir vorstellen.

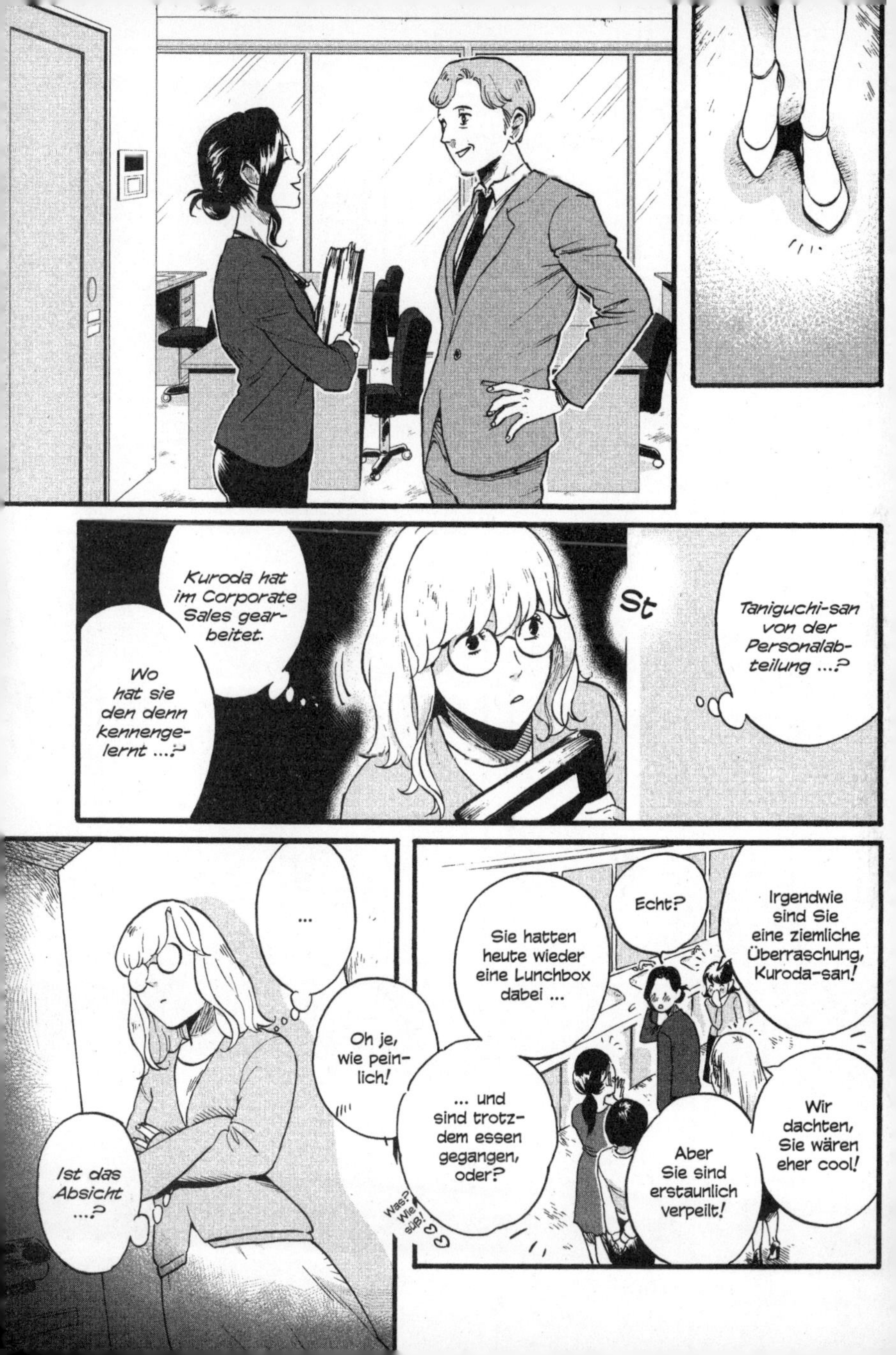
Taniguchi-san von der Personalabteilung ...?
St
Kuroda hat im Corporate Sales gearbeitet.
Wo hat sie den denn kennengelernt ...?
Irgendwie sind Sie eine ziemliche Überraschung, Kuroda-san!
Echt?
Sie hatten heute wieder eine Lunchbox dabei ...
Wir dachten, Sie wären eher cool!
Aber Sie sind erstaunlich verpeilt!
... und sind trotzdem essen gegangen, oder?
Oh je, wie peinlich!
Was? Wie süß!
...
Ist das Absicht ...?

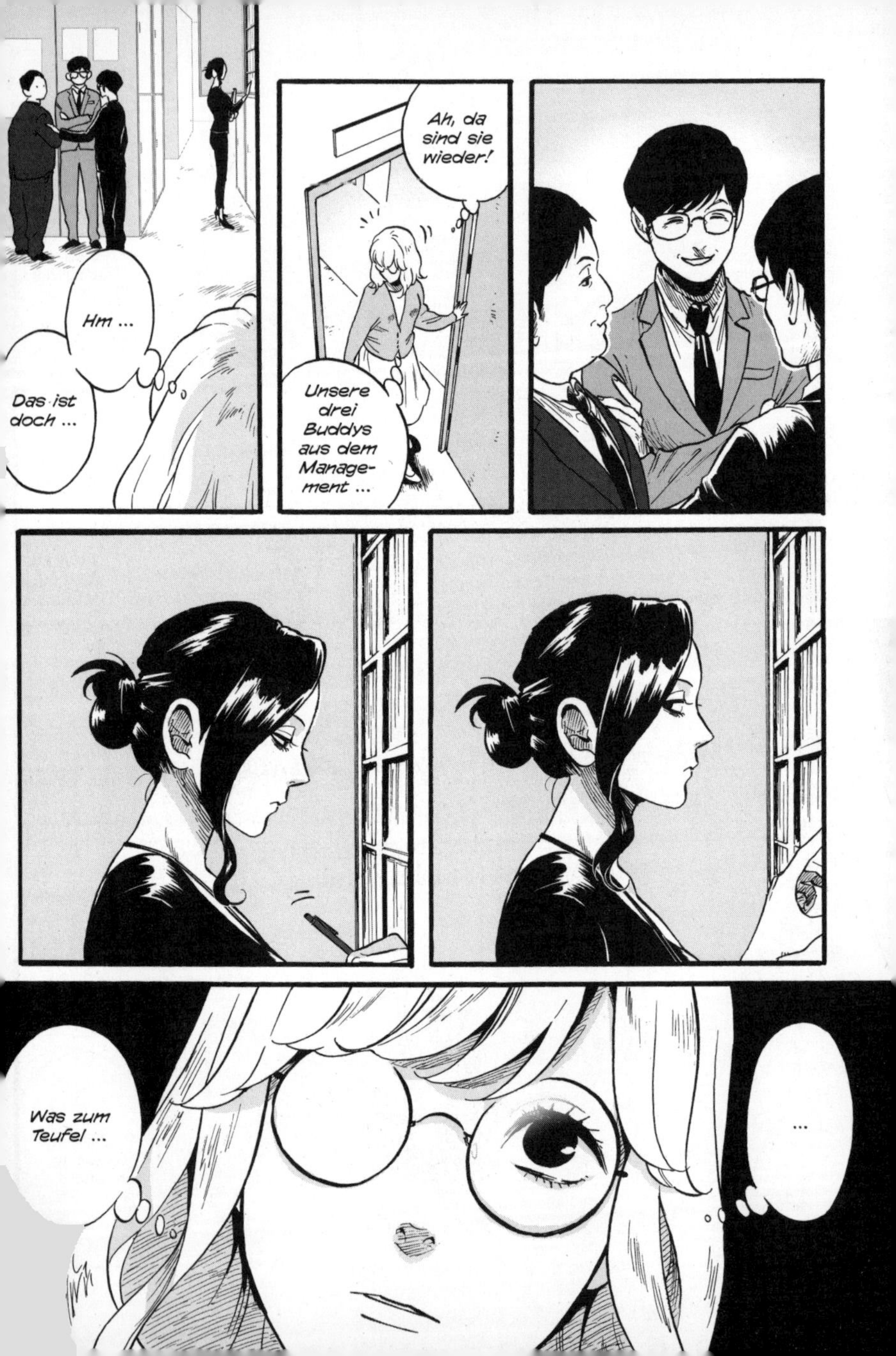
Hm ...
Das ist doch ...
Ah, da sind sie wieder!
Unsere drei Buddys aus dem Management ...
Was zum Teufel ...
...

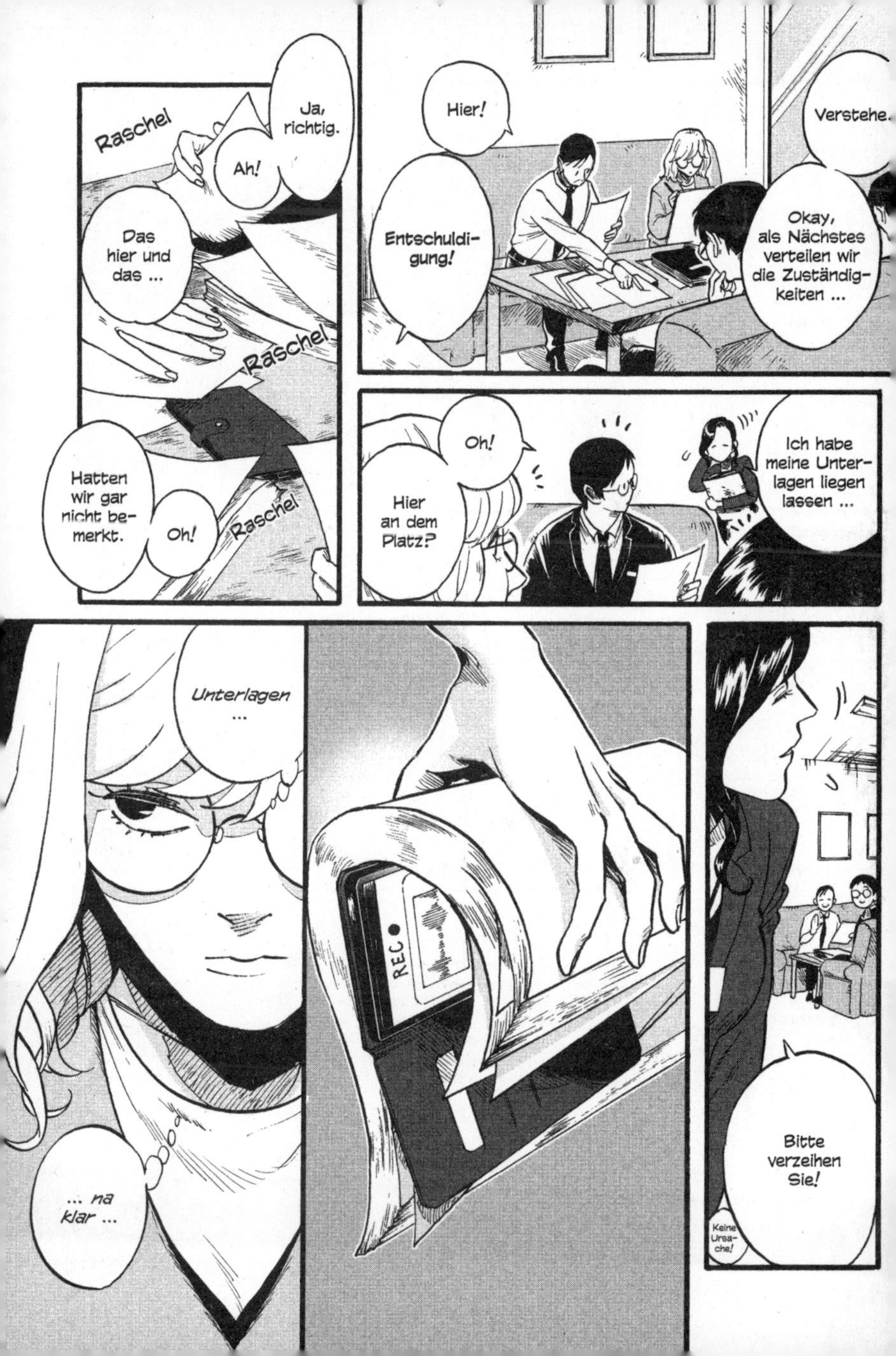

Verstehe.
Okay, als Nächstes verteilen wir die Zuständigkeiten ...
Hier!
Entschuldigung!
Ja, richtig.
Ah!
Raschel
Das hier und das ...
Raschel
Ich habe meine Unterlagen liegen lassen ...
Oh!
Hier an dem Platz?
Hatten wir gar nicht bemerkt.
Oh!
Raschel
Bitte verzeihen Sie!
Keine Ursache!
REC
Unterlagen ...
... na klar ...

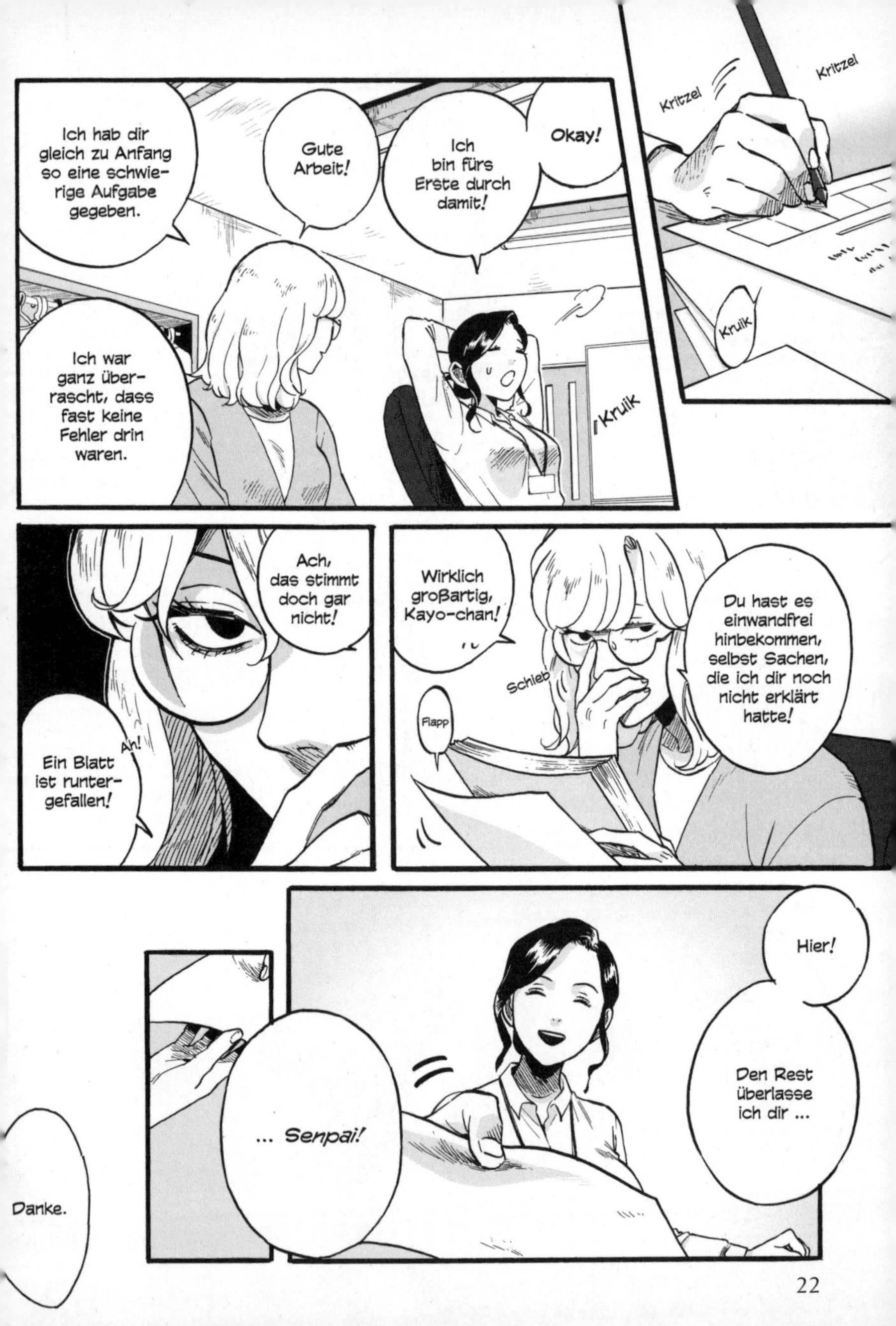
Ich hab dir gleich zu Anfang so eine schwierige Aufgabe gegeben.
Gute Arbeit!
Ich bin fürs Erste durch damit!
Okay!
Kritzel
Kritzel
Kruik
Ich war ganz überrascht, dass fast keine Fehler drin waren.
Kruik
Ach, das stimmt doch gar nicht!
Ah!
Ein Blatt ist runtergefallen!
Wirklich großartig, Kayo-chan!
Schieb
Flapp
Du hast es einwandfrei hinbekommen, selbst Sachen, die ich dir noch nicht erklärt hatte!
Hier!
Den Rest überlasse ich dir ...
... Senpai!
Danke.

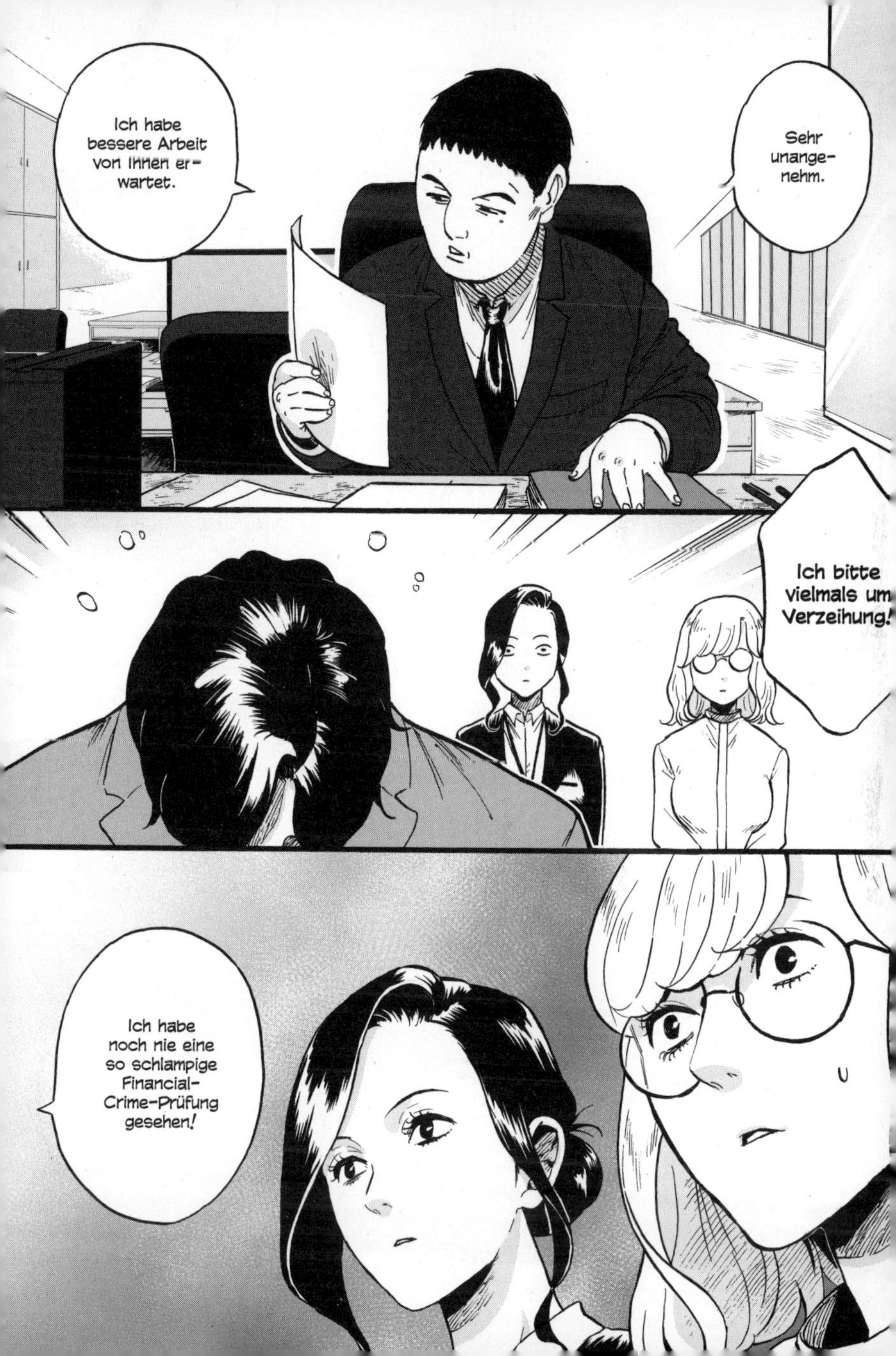
Sehr unangenehm.
Ich habe bessere Arbeit von Ihnen erwartet.
Ich bitte vielmals um Verzeihung!
Ich habe noch nie eine so schlampige Financial-Crime-Prüfung gesehen!

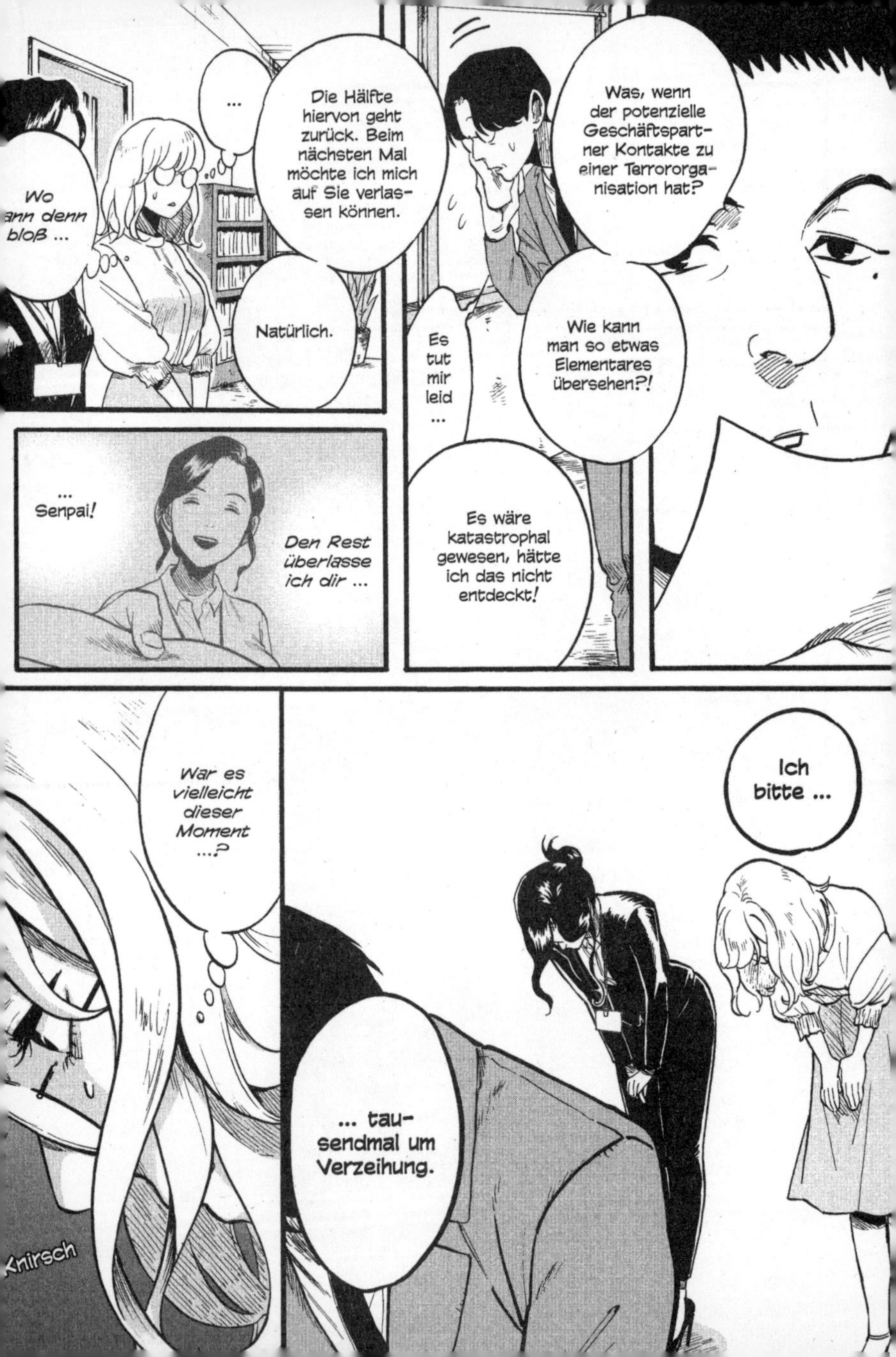
Was, wenn der potenzielle Geschäftspartner Kontakte zu einer Terrororganisation hat?
Wie kann man so etwas Elementares übersehen?!
Es tut mir leid ...
Es wäre katastrophal gewesen, hätte ich das nicht entdeckt!
...
Die Hälfte hiervon geht zurück. Beim nächsten Mal möchte ich mich auf Sie verlassen können.
Natürlich.
Wo ann denn bloß ...
Den Rest überlasse ich dir ...
... Senpai!
Ich bitte ...
... tausendmal um Verzeihung.
War es vielleicht dieser Moment ...?
Knirsch

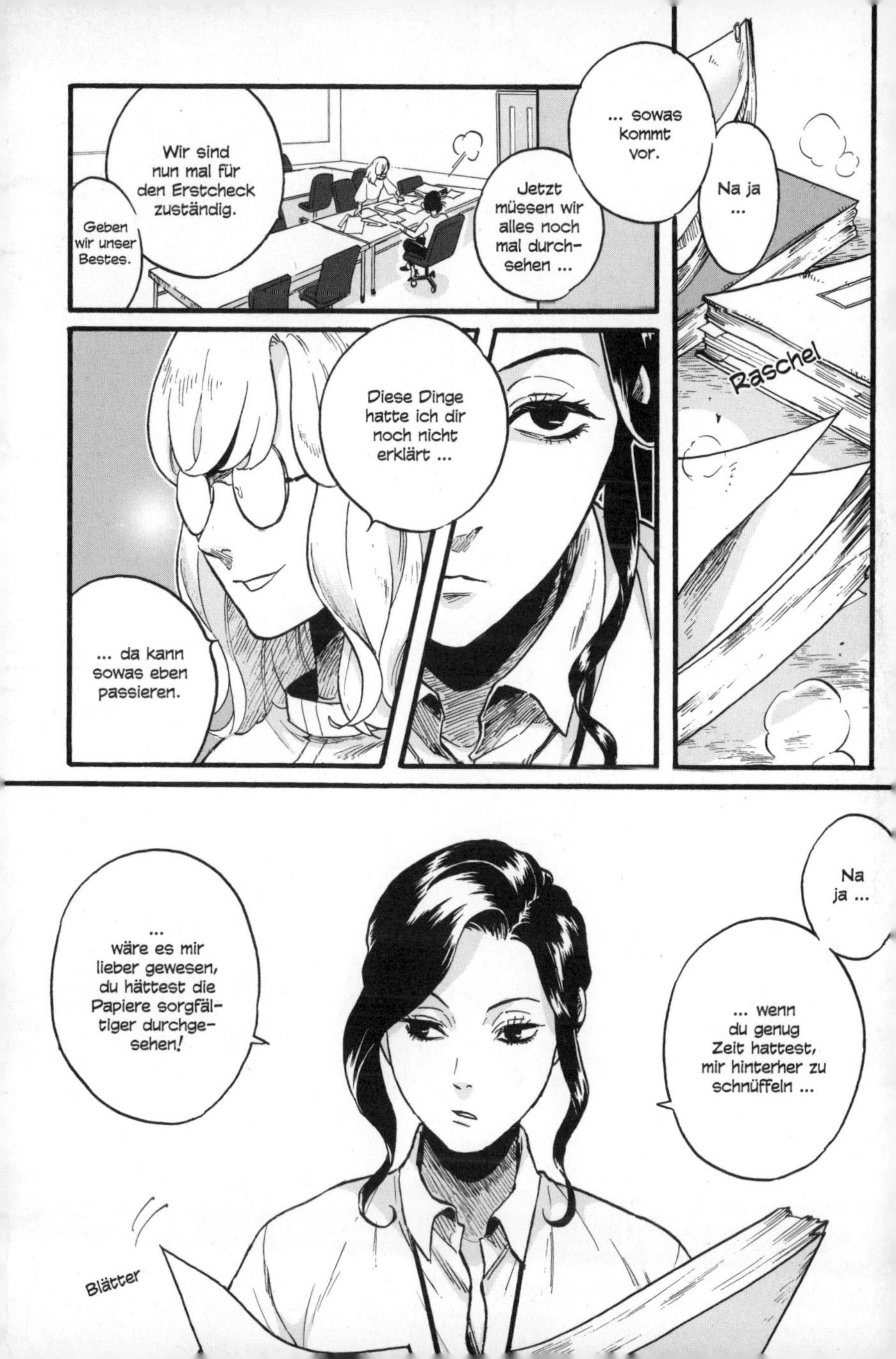
Na ja ...
... sowas kommt vor.
Raschel
Jetzt müssen wir alles noch mal durchsehen ...
Wir sind nun mal für den Erstcheck zuständig.
Geben wir unser Bestes.
Diese Dinge hatte ich dir noch nicht erklärt ...
... da kann sowas eben passieren.
Na ja ...
... wenn du genug Zeit hattest, mir hinterher zu schnüffeln ...
... wäre es mir lieber gewesen, du hättest die Papiere sorgfältiger durchgesehen!
Blätter

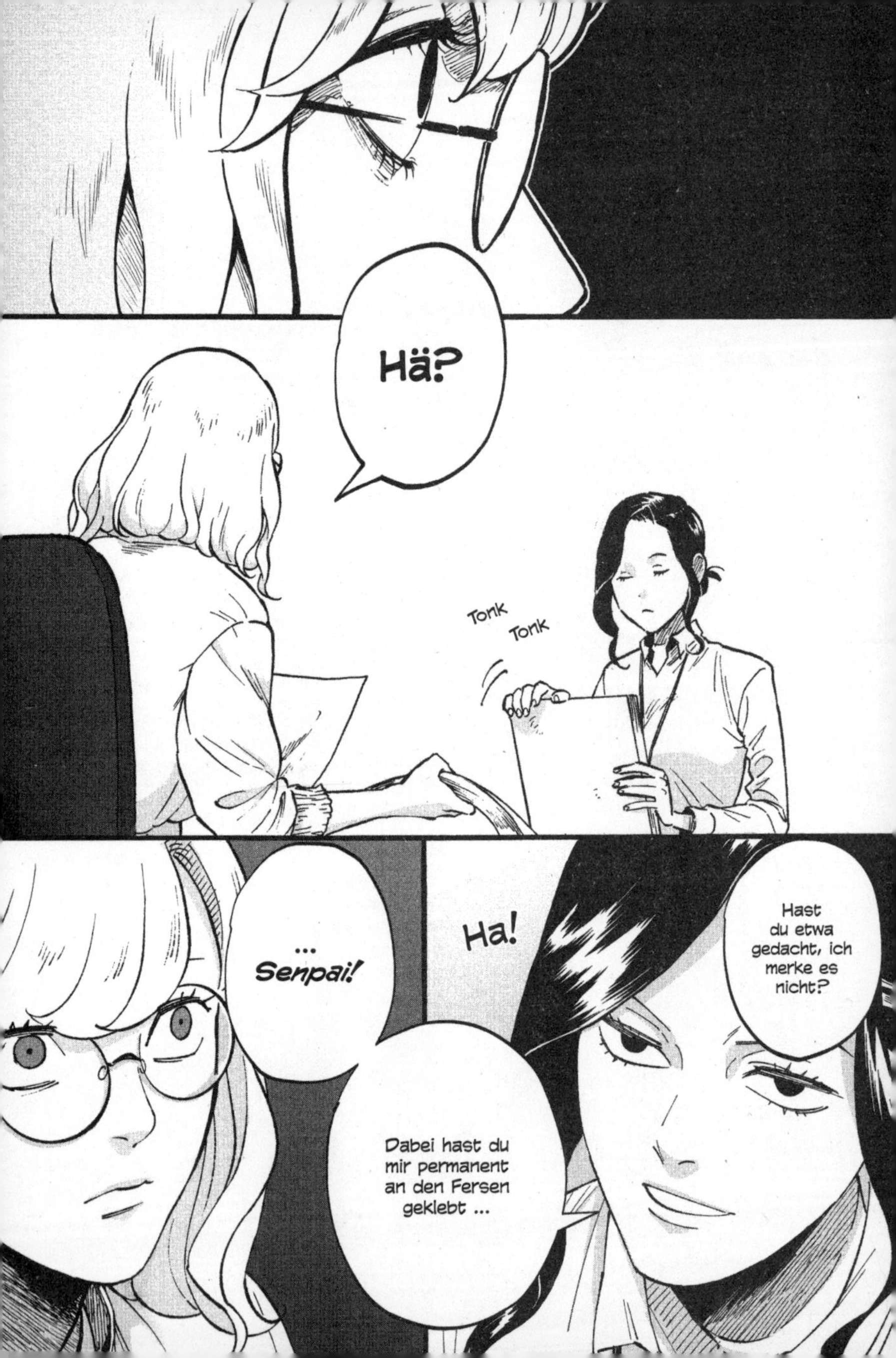
Hä?
Tonk
Tonk
Ha!
Hast du etwa gedacht, ich merke es nicht?
... Senpai!
Dabei hast du mir permanent an den Fersen geklebt ...

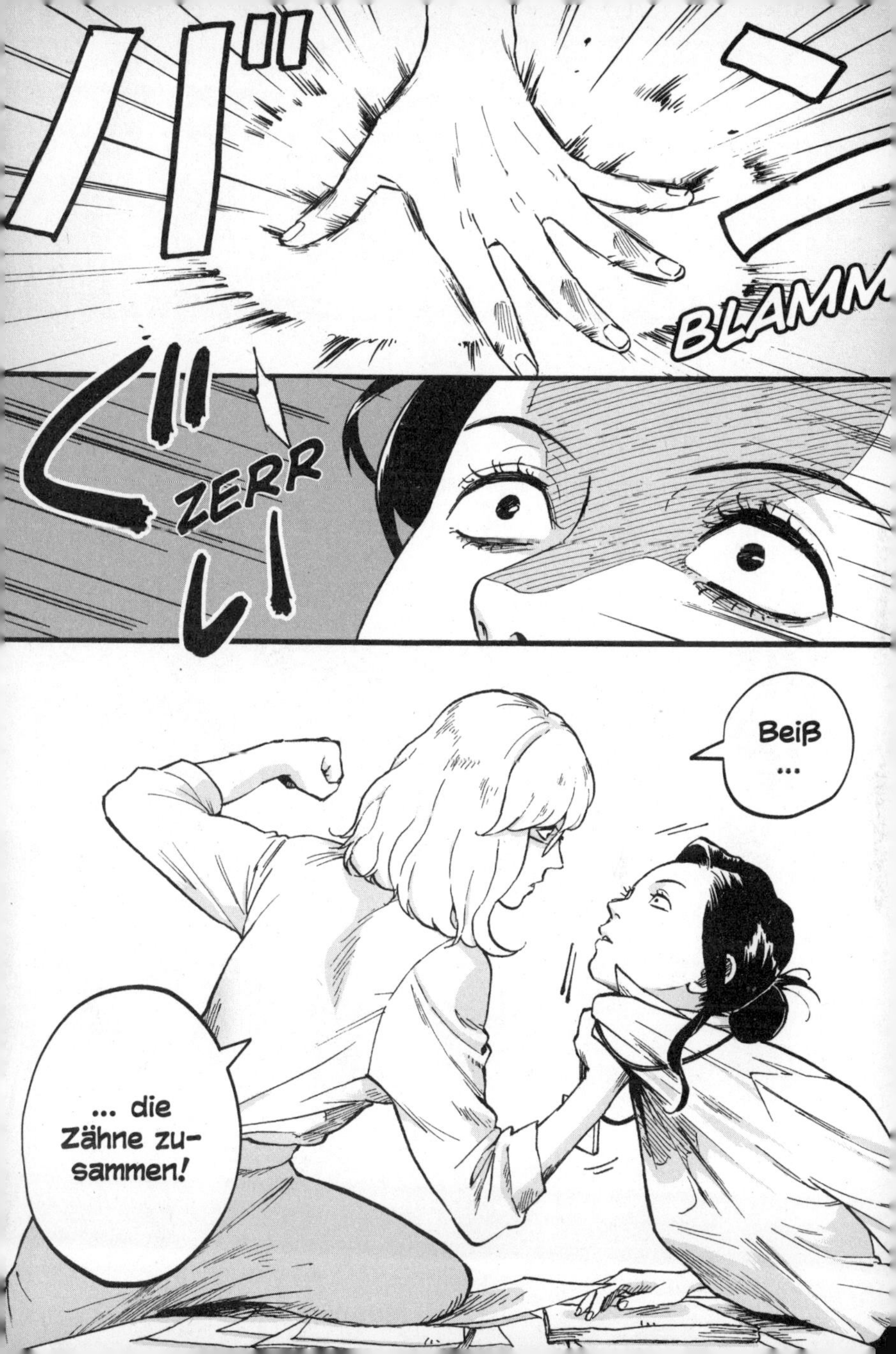
BLAMM
ZERR
Beiß ...
... die Zähne zusammen!

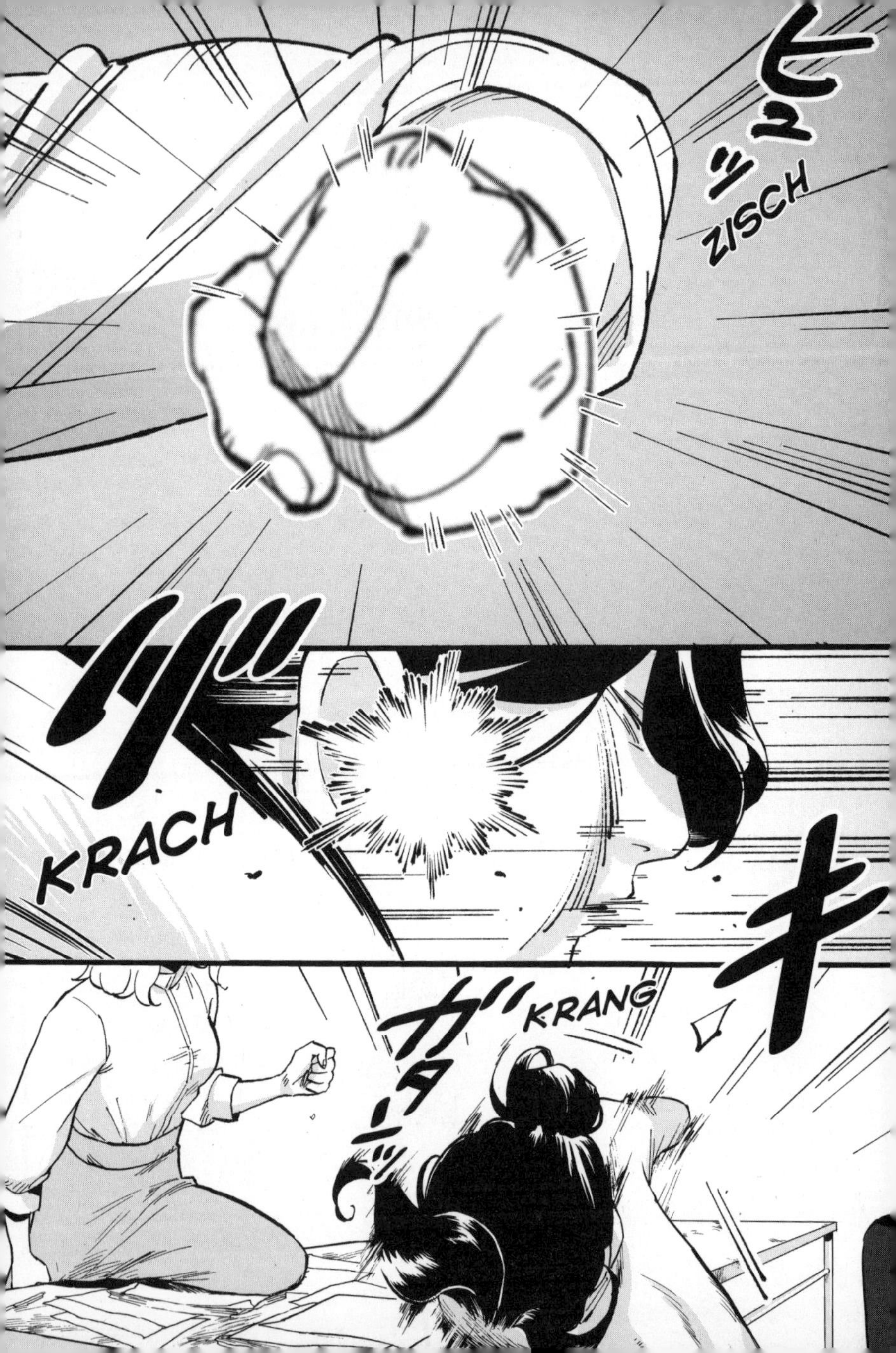
ヒュッ
ZISCH
KRACH
KRANG

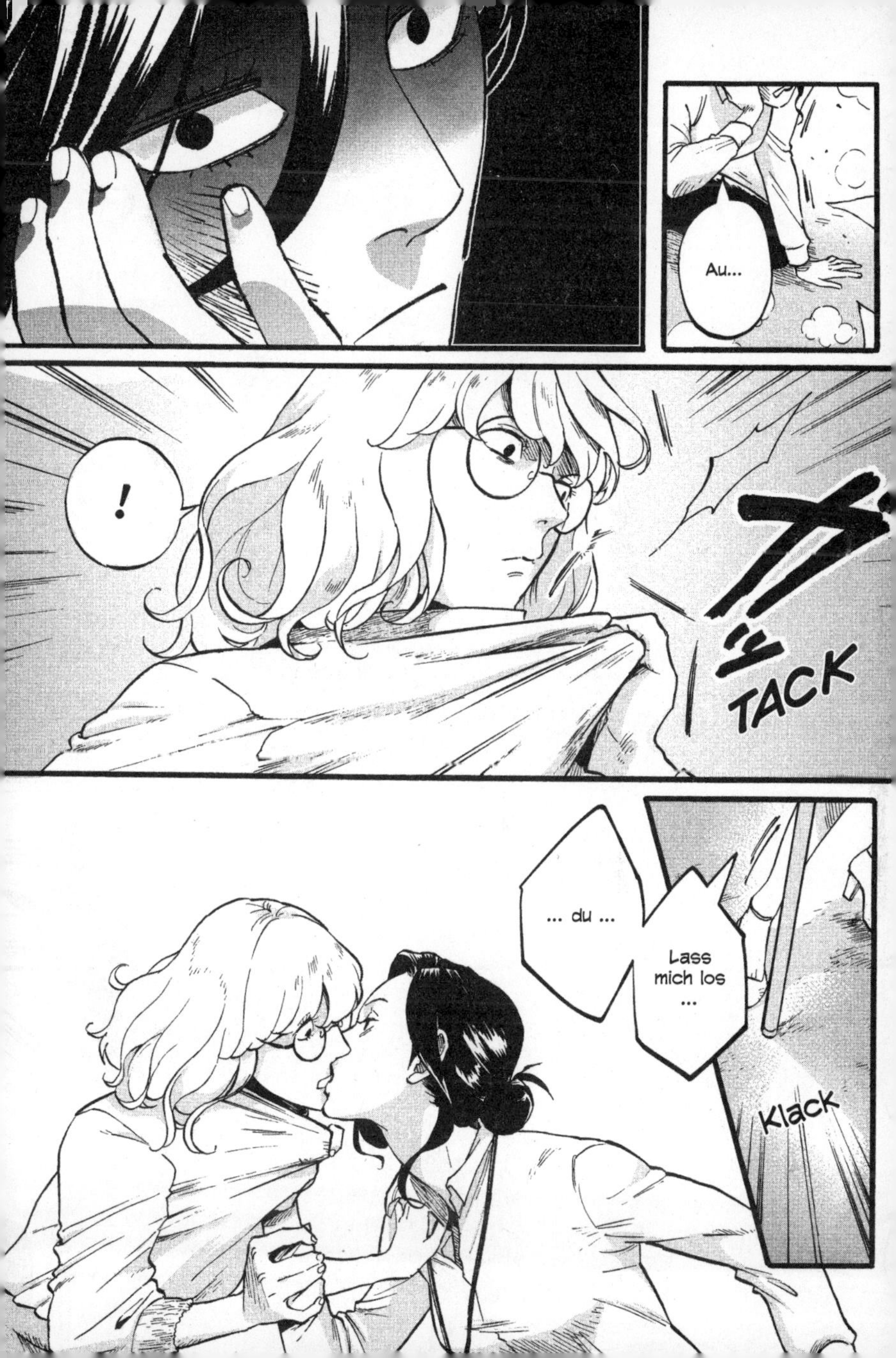
Au...
!
TACK
... du ...
Lass mich los ...
Klack

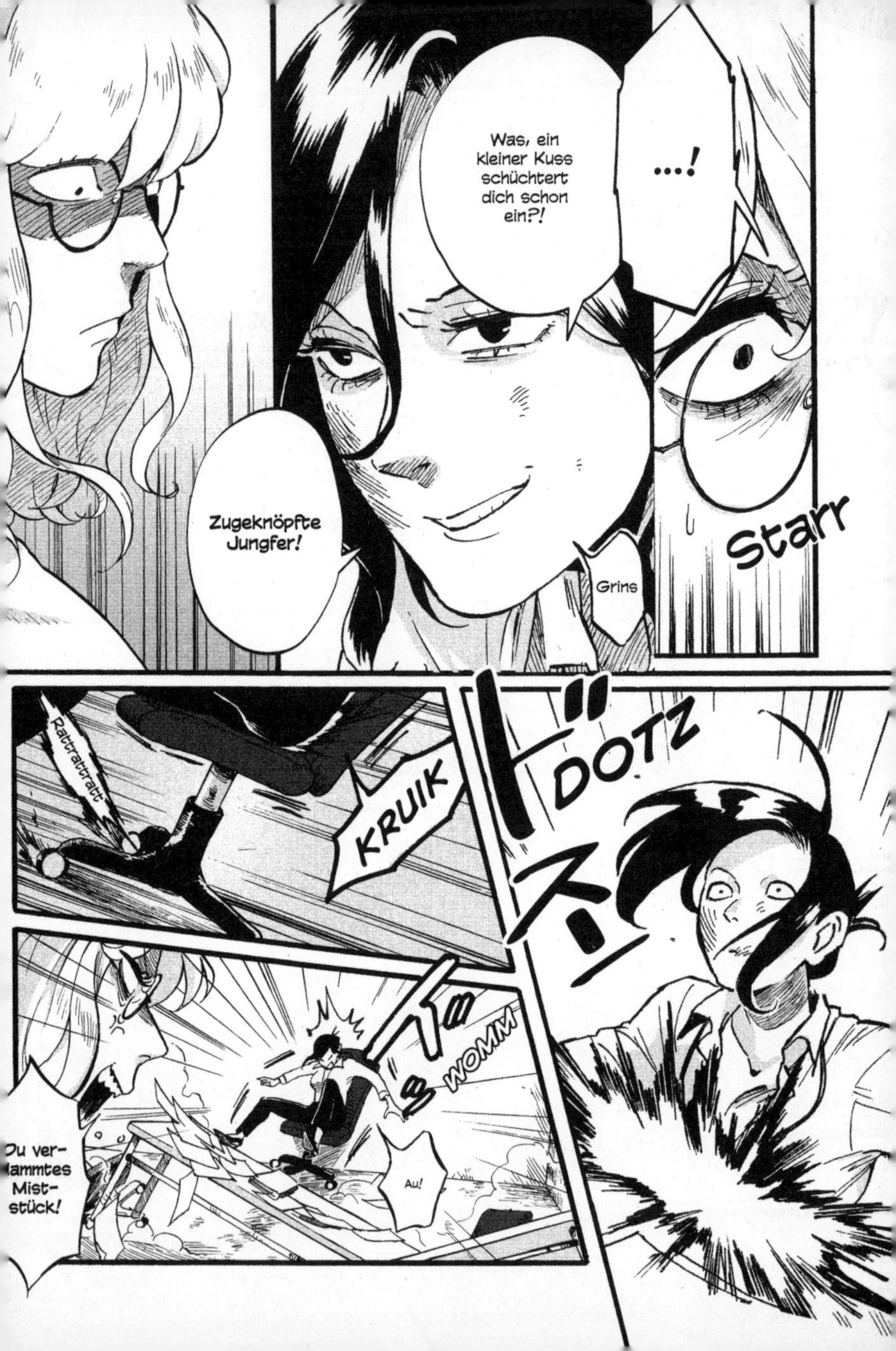

...!
Was, ein kleiner Kuss schüchtert dich schon ein?!
Zugeknöpfte Jungfer!
Grins
Starr
DOTZ
KRUIK
Rattrattratt
WOMM
Au!
Du verdammtes Miststück!

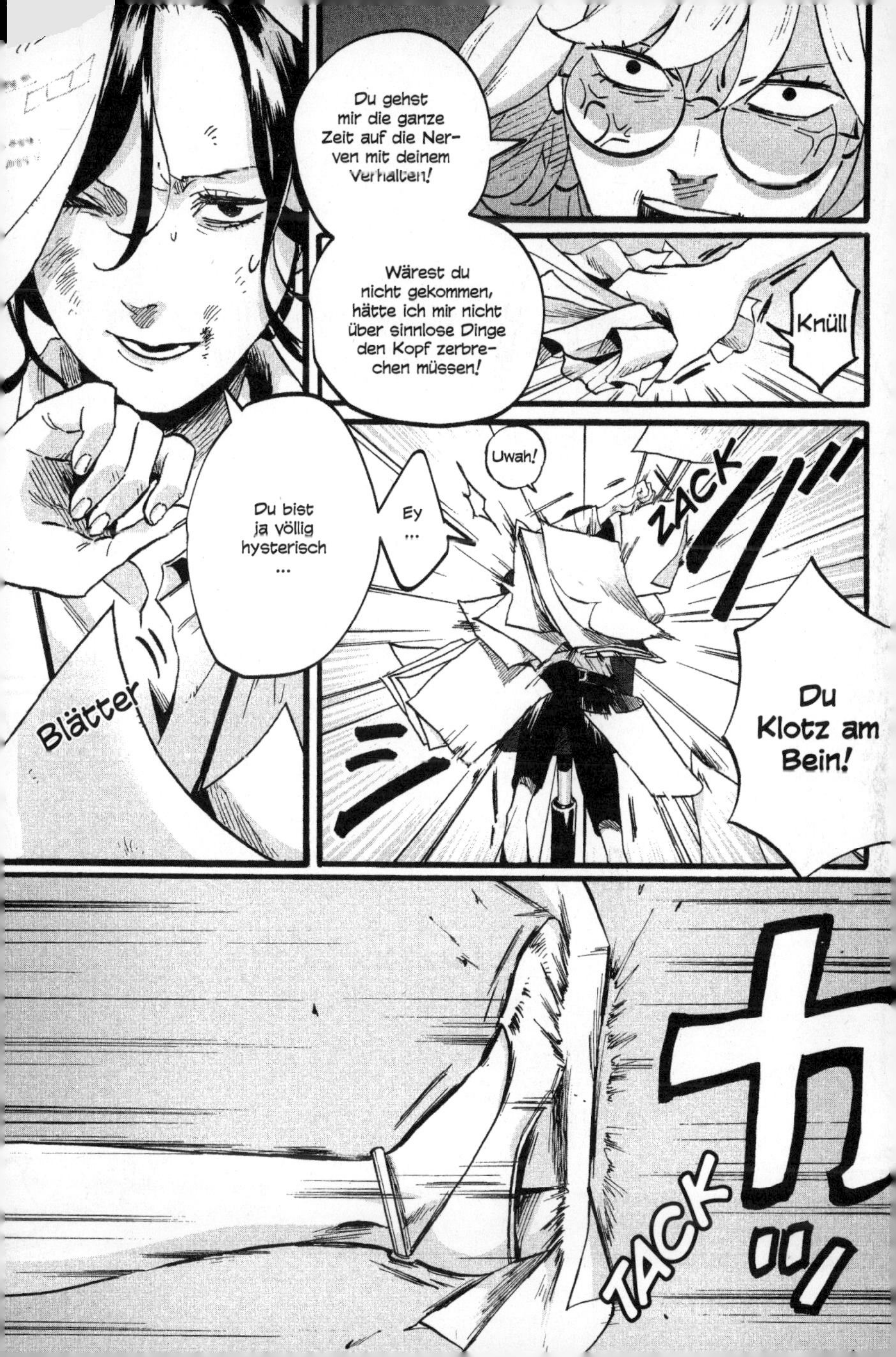
Du gehst mir die ganze Zeit auf die Nerven mit deinem Verhalten!
Wärest du nicht gekommen, hätte ich mir nicht über sinnlose Dinge den Kopf zerbrechen müssen!
Knüll
Du bist ja völlig hysterisch ...
Ey ...
Blätter
Uwah!
ZACK
Du Klotz am Bein!
TACK

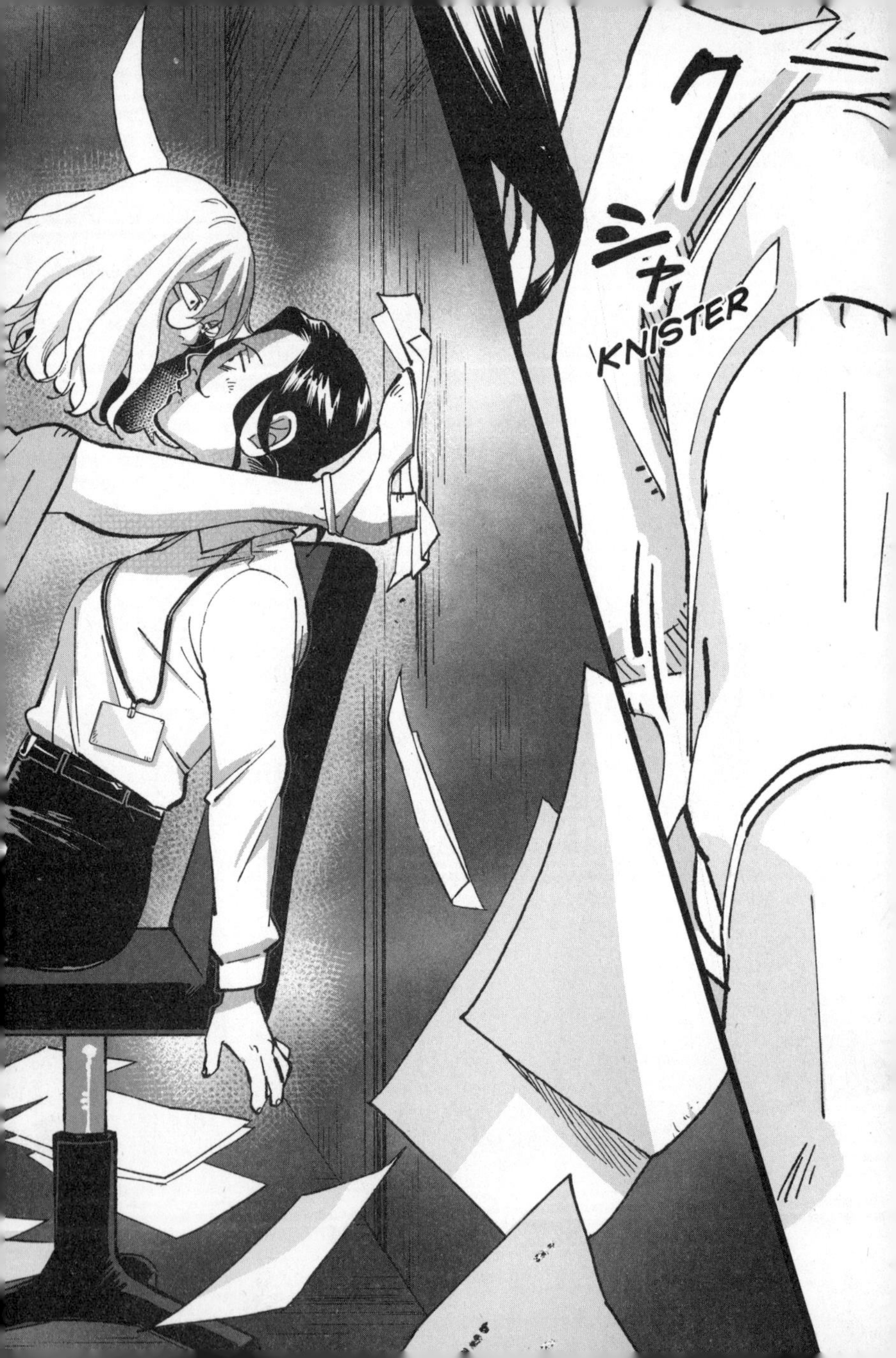
クシャ
KNISTER

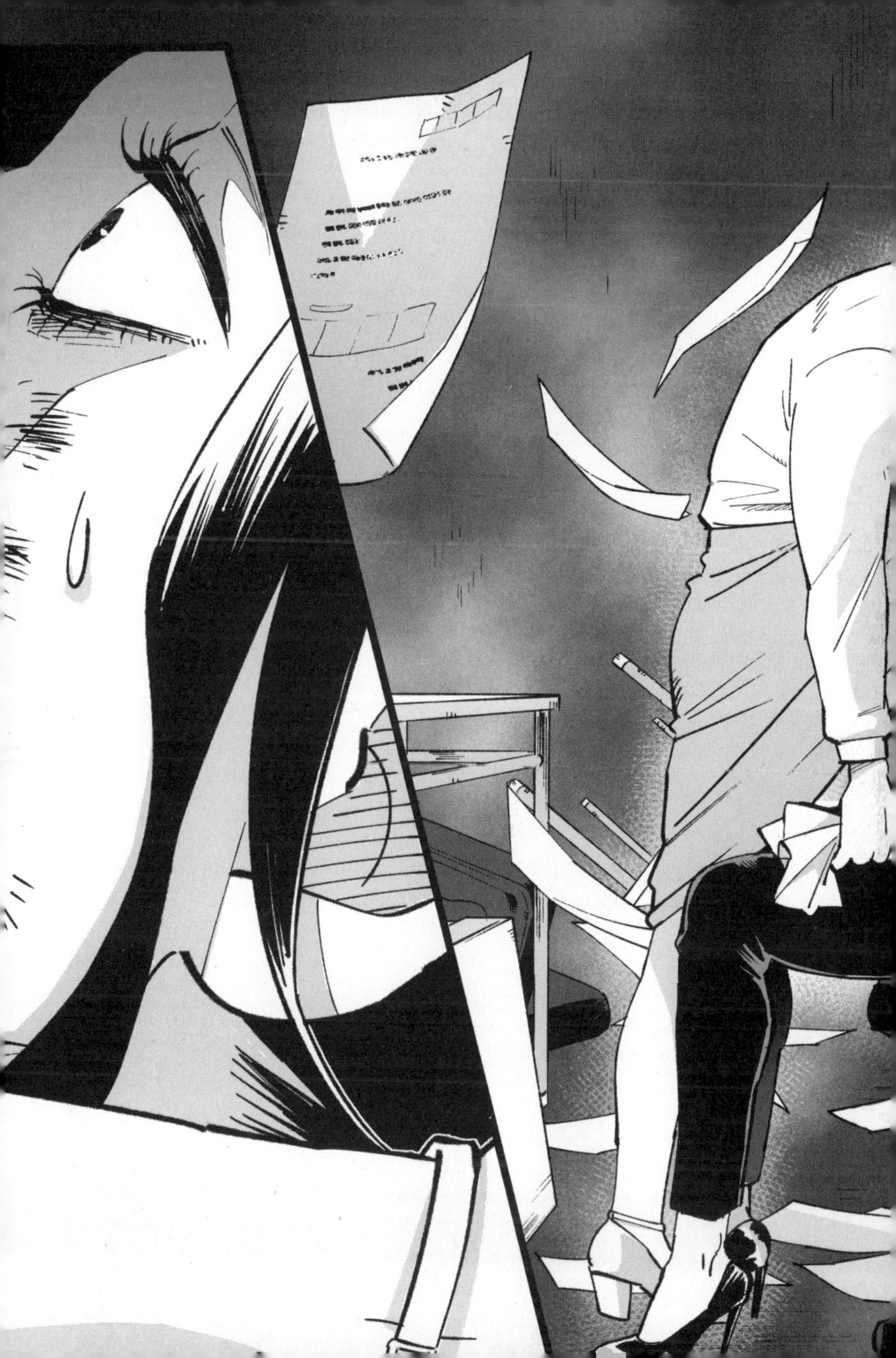

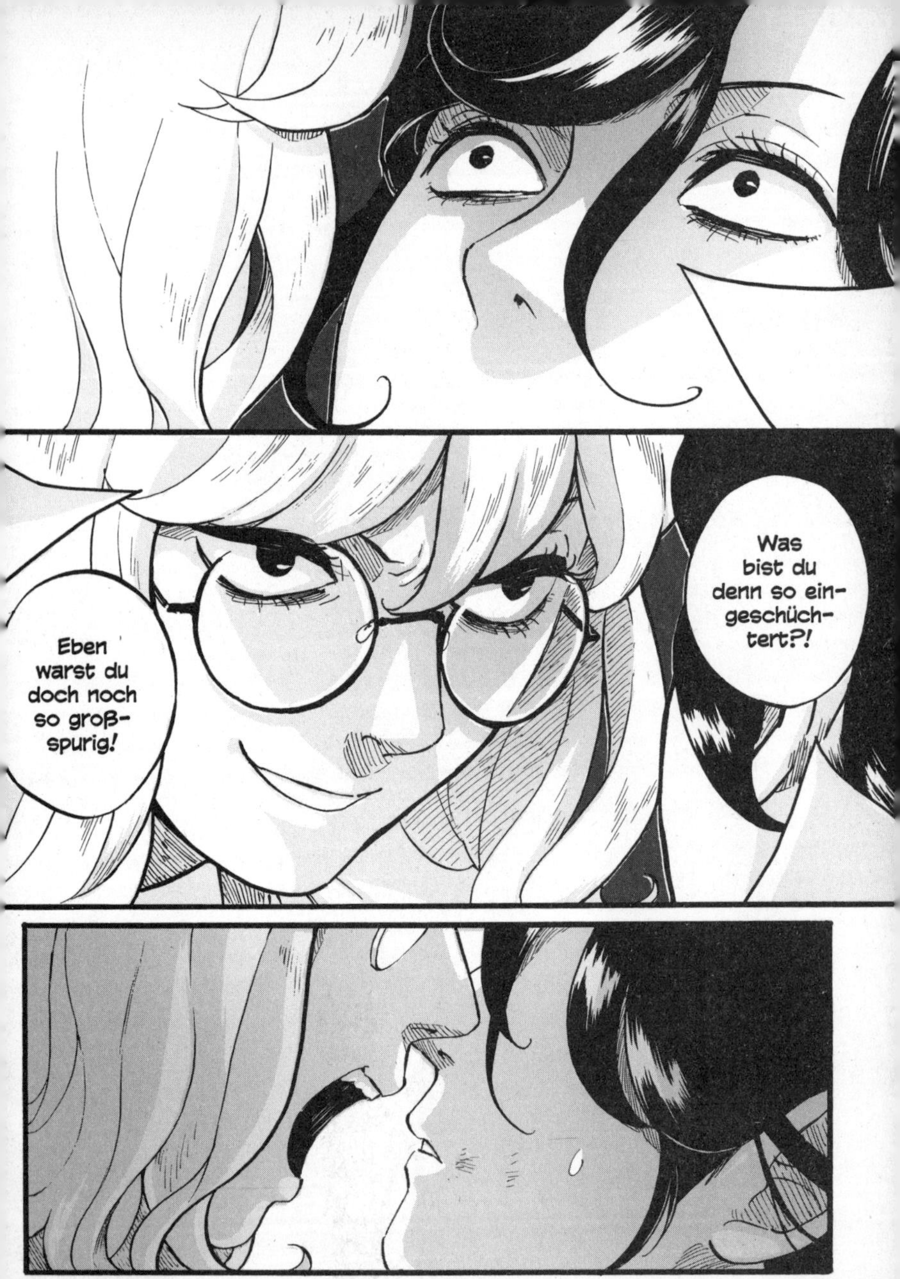

Kapitel 1 Ende

HIEBE AUF DEN ERSTEN BLICK

HIEBE AUF DEN ERSTEN BLICK

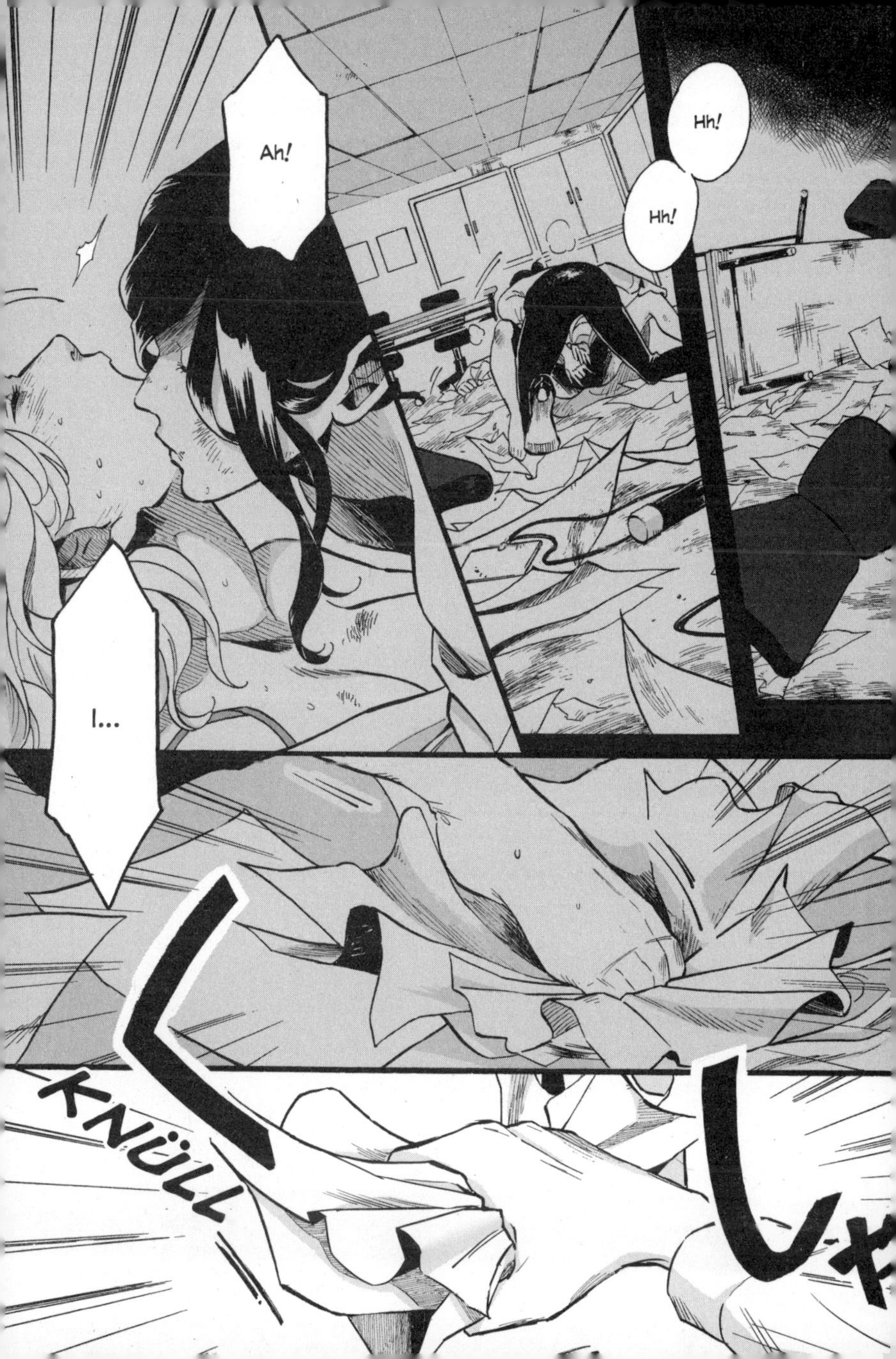
Hh!
Hh!
Ah!
I...
KNÜLL

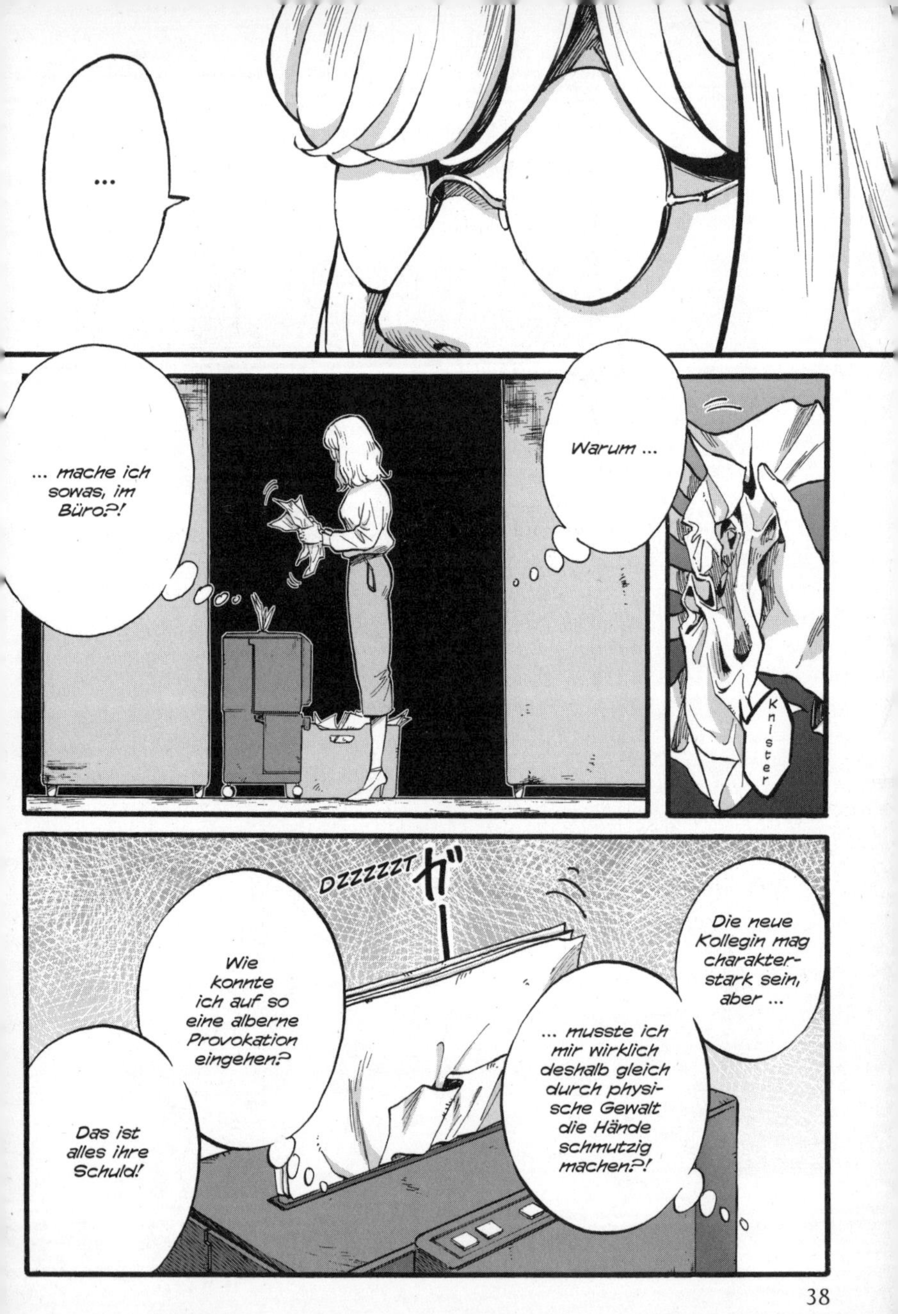
...
Warum ...
... mache ich sowas, im Büro?!
Knister
Die neue Kollegin mag charakter-stark sein, aber ...
... musste ich mir wirklich deshalb gleich durch physi-sche Gewalt die Hände schmutzig machen?!
DZZZZZT ガー
Wie konnte ich auf so eine alberne Provokation eingehen?
Das ist alles ihre Schuld!

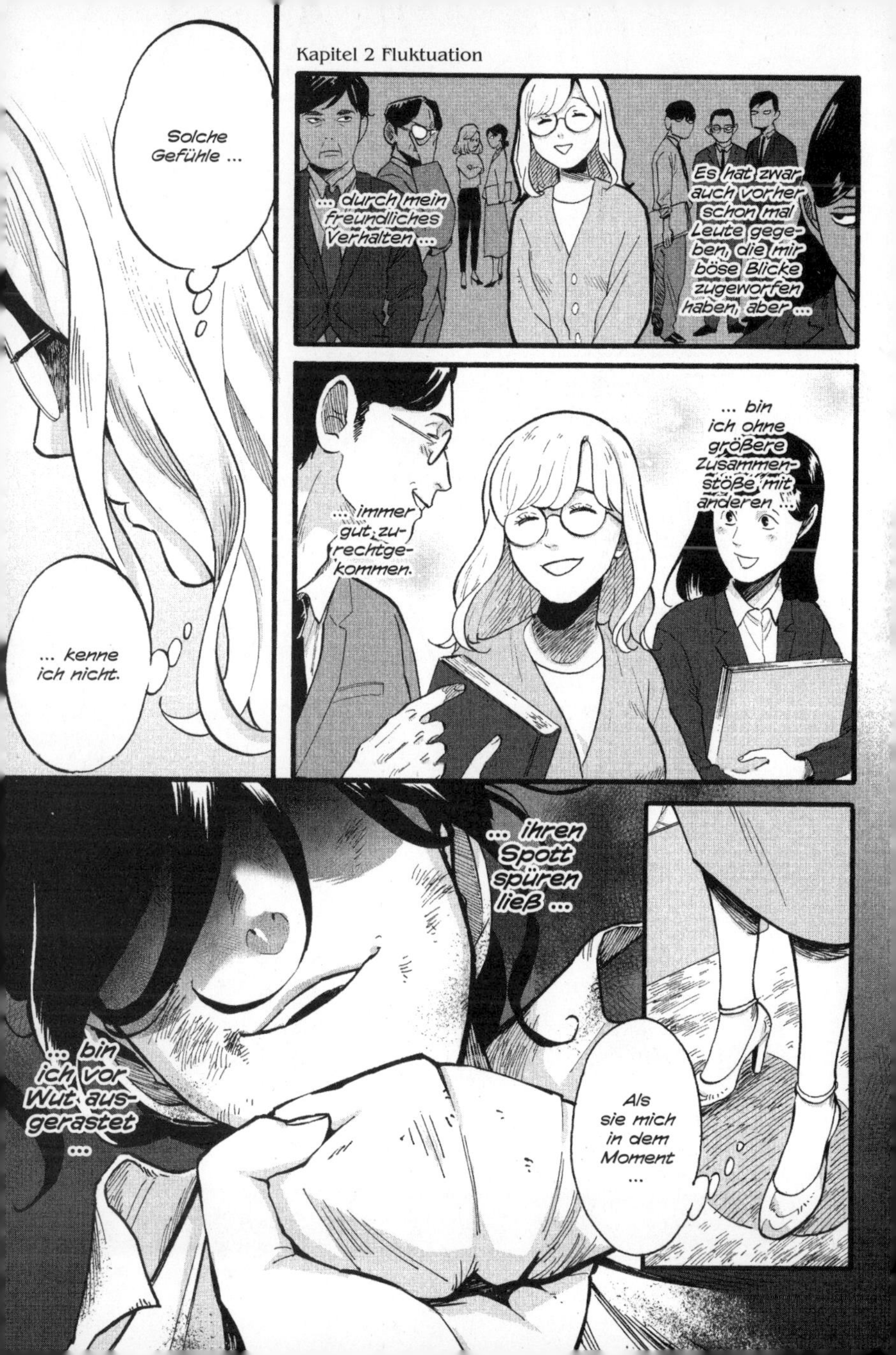
Es hat zwar auch vorher schon mal Leute gegeben, die mir böse Blicke zugeworfen haben, aber ...
... durch mein freundliches Verhalten ...
... bin ich ohne größere Zusammenstöße mit anderen ...
... immer gut zurechtgekommen.
Solche Gefühle ...
... kenne ich nicht.
Als sie mich in dem Moment ...
... ihren Spott spüren ließ ...
... bin ich vor Wut ausgerastet ...

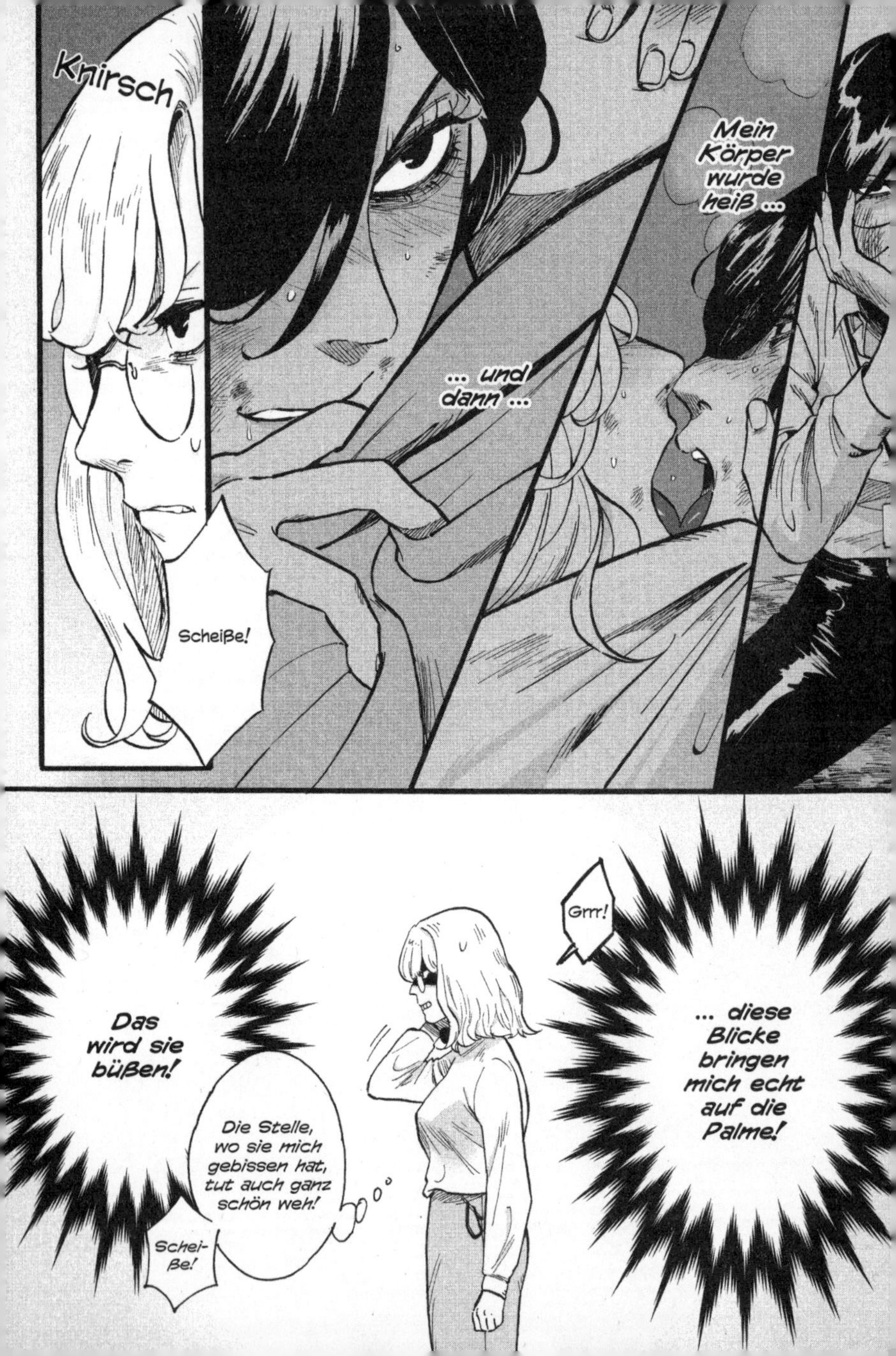
Mein Körper wurde heiß ...
... und dann ...
Knirsch
Scheiße!
Grrr!
... diese Blicke bringen mich echt auf die Palme!
Das wird sie büßen!
Die Stelle, wo sie mich gebissen hat, tut auch ganz schön weh!
Schei-ße!

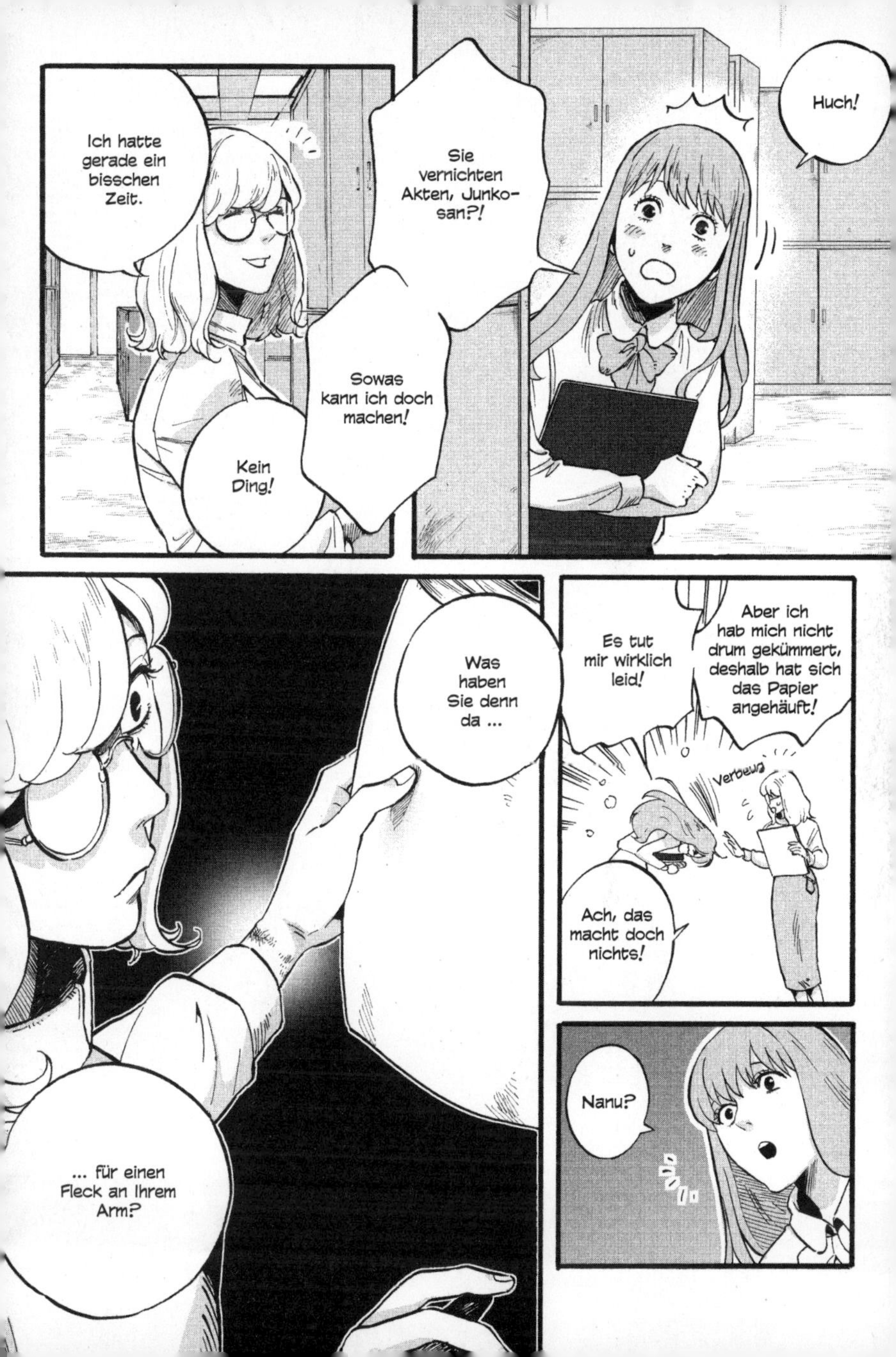
Huch!
Sie vernichten Akten, Junko-san?!
Ich hatte gerade ein bisschen Zeit.
Sowas kann ich doch machen!
Kein Ding!
Aber ich hab mich nicht drum gekümmert, deshalb hat sich das Papier angehäuft!
Es tut mir wirklich leid!
Verbeug
Ach, das macht doch nichts!
Nanu?
Was haben Sie denn da ...
... für einen Fleck an Ihrem Arm?

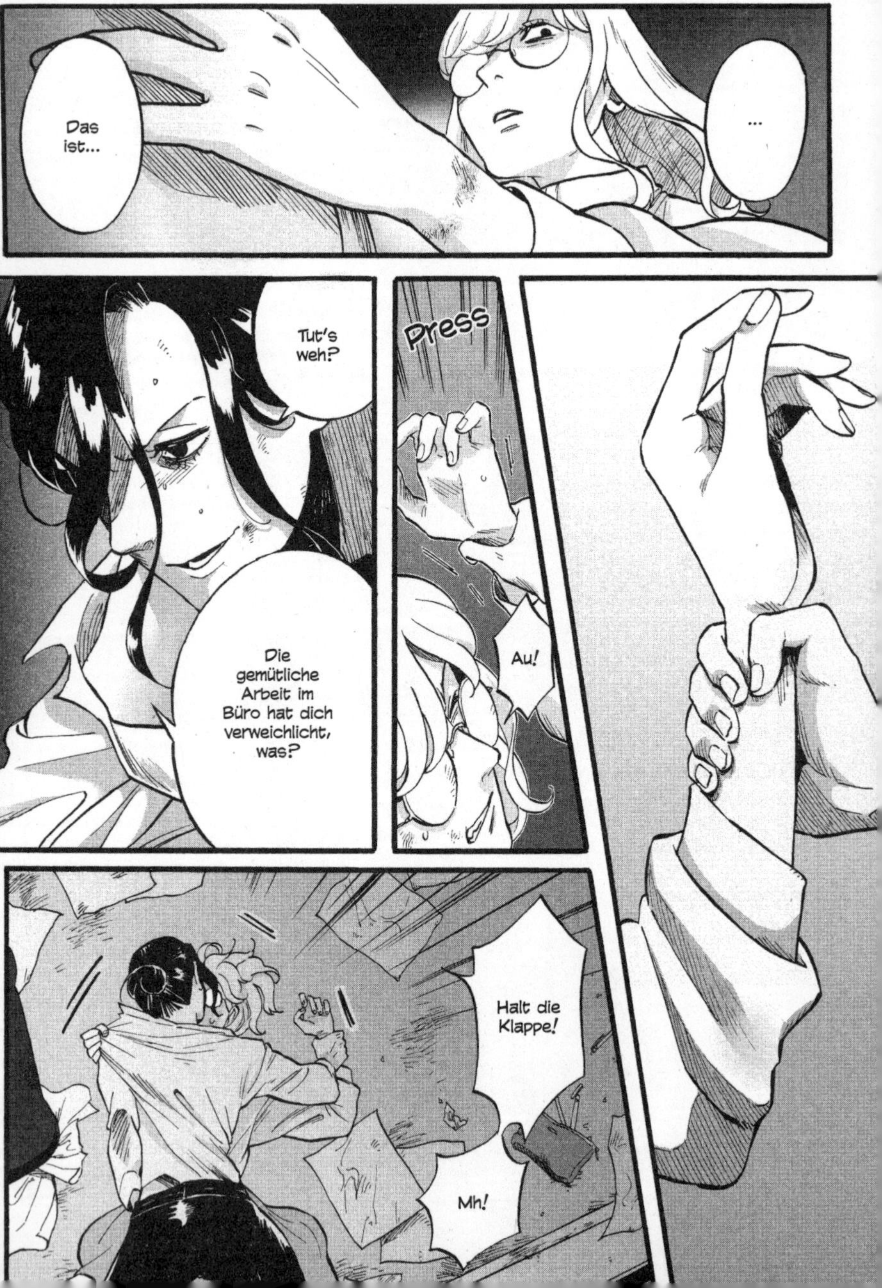
...
Das ist...
Press
Au!
Tut's weh?
Die gemütliche Arbeit im Büro hat dich verweichlicht, was?
Halt die Klappe!
Mh!

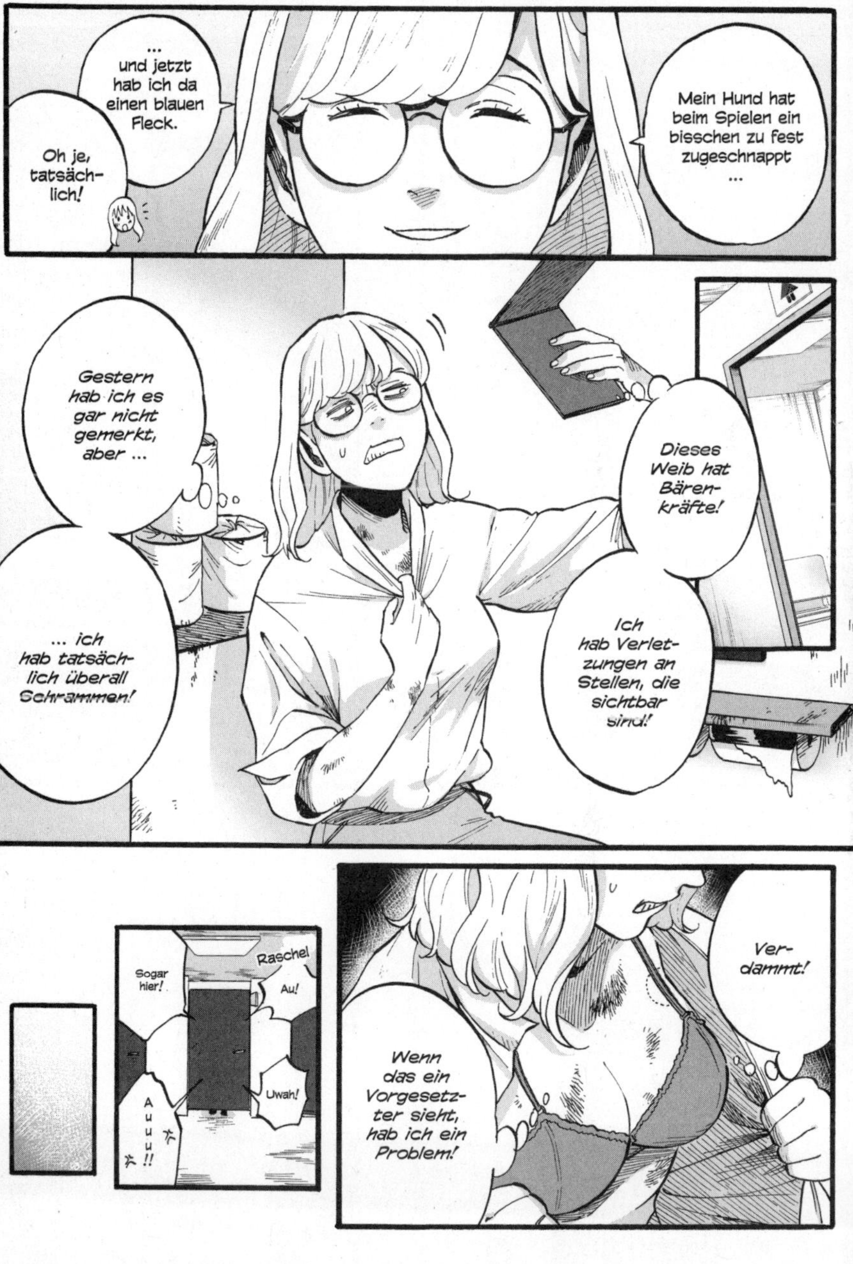
Mein Hund hat beim Spielen ein bisschen zu fest zugeschnappt ...
... und jetzt hab ich da einen blauen Fleck.
Oh je, tatsächlich!
Dieses Weib hat Bärenkräfte!
Gestern hab ich es gar nicht gemerkt, aber ...
... ich hab tatsächlich überall Schrammen!
Ich hab Verletzungen an Stellen, die sichtbar sind!
Verdammt!
Wenn das ein Vorgesetzter sieht, hab ich ein Problem!
Raschel
Au!
Sogar hier!
Uwah!
Auuuu!!

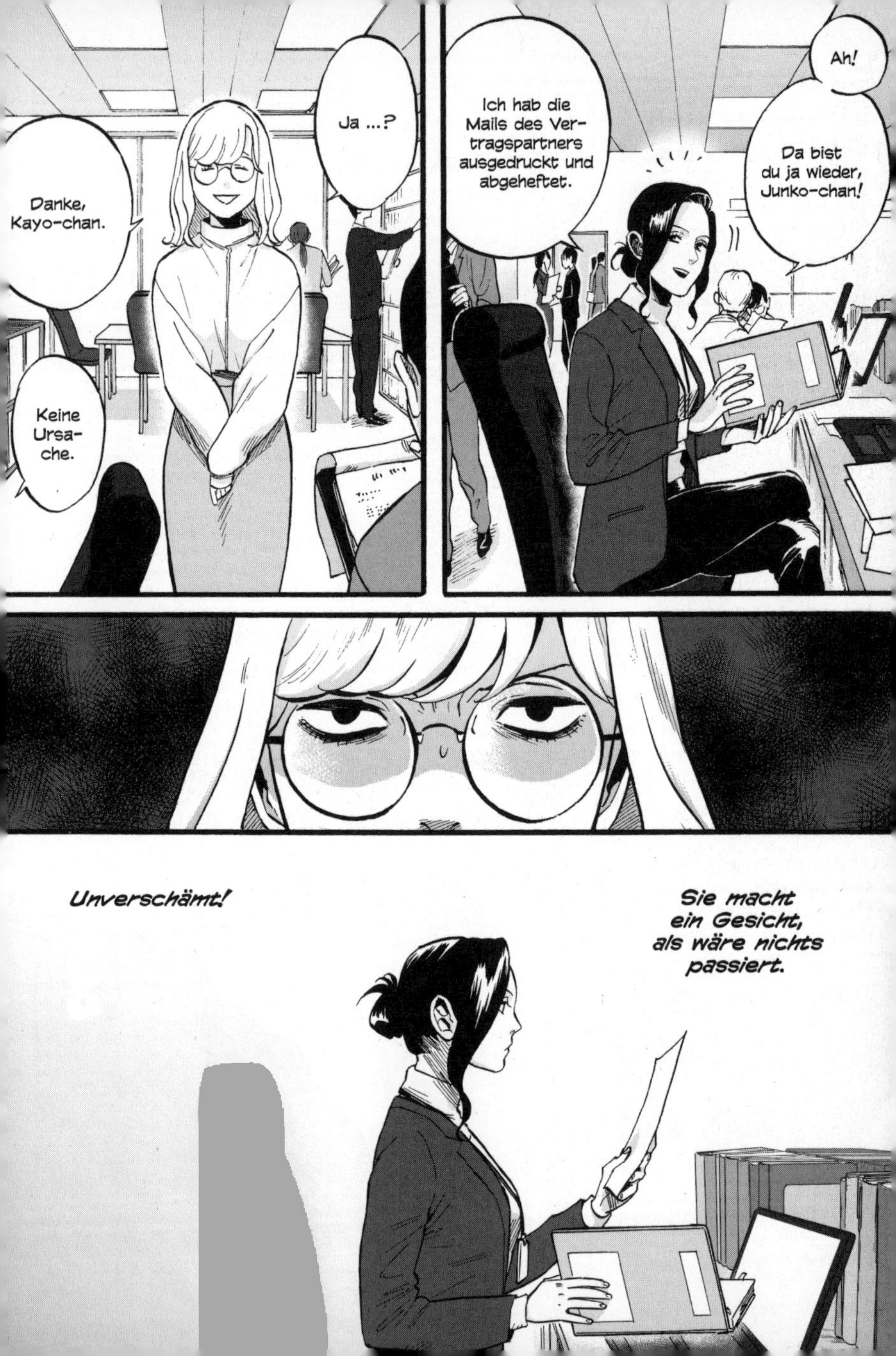

Ah!
Da bist du ja wieder, Junko-chan!
Ich hab die Mails des Vertragspartners ausgedruckt und abgeheftet.
Ja ...?
Danke, Kayo-chan.
Keine Ursache.
Sie macht ein Gesicht, als wäre nichts passiert.
Unverschämt!

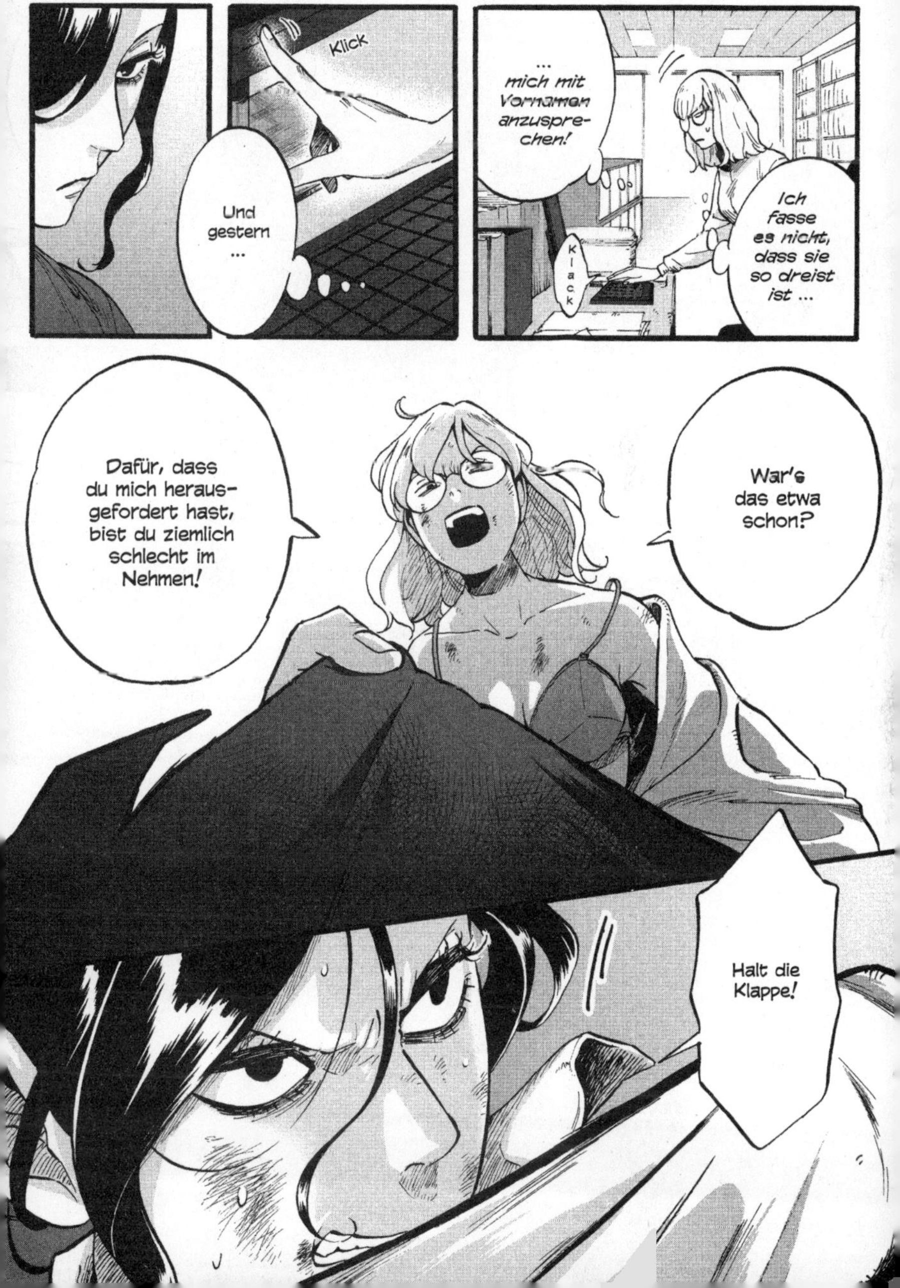
Klick
Und gestern ...
... mich mit Vornamen anzusprechen!
Ich fasse es nicht, dass sie so dreist ist ...
Klack
War's das etwa schon?
Dafür, dass du mich herausgefordert hast, bist du ziemlich schlecht im Nehmen!
Halt die Klappe!

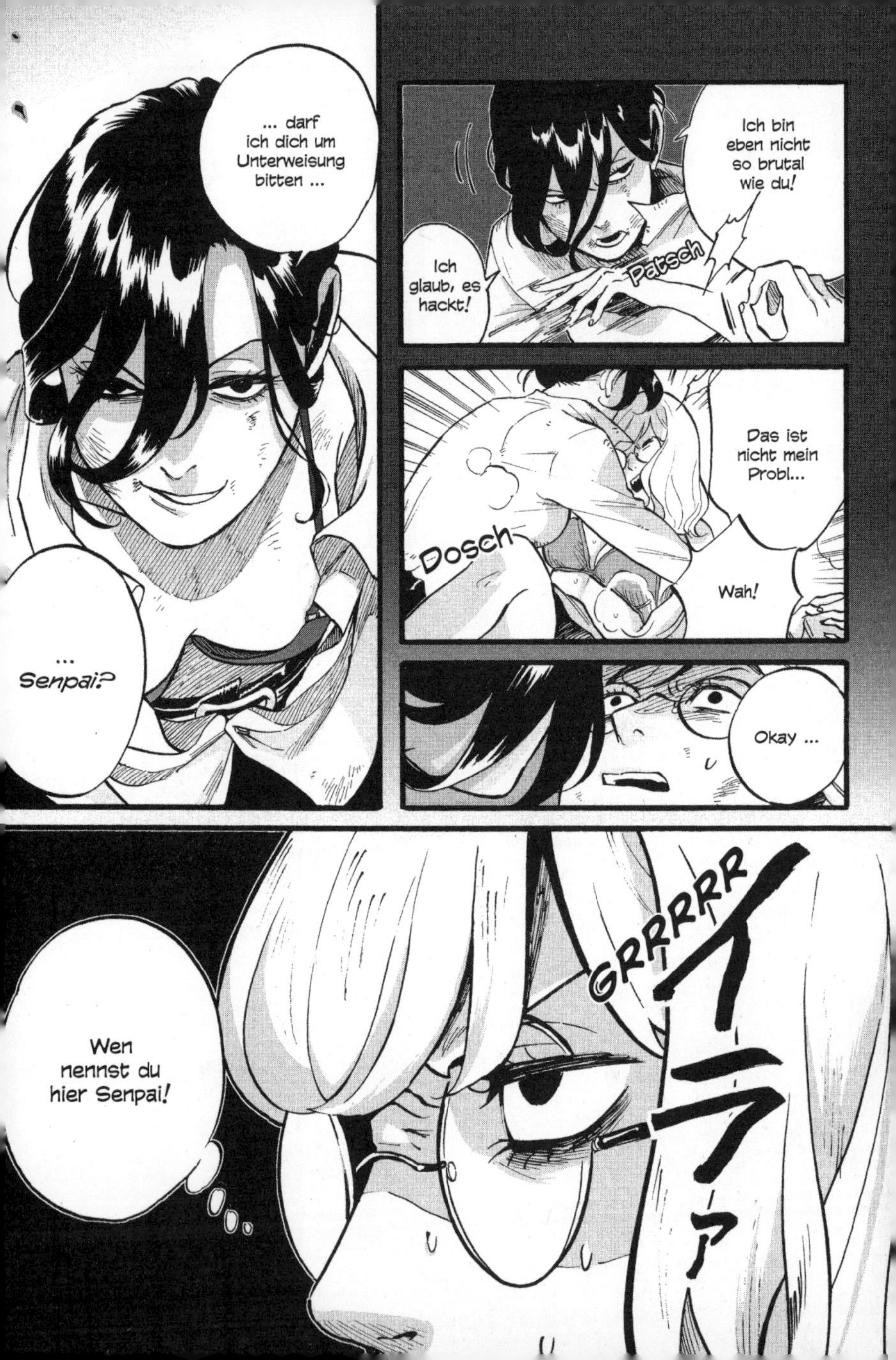
Ich bin eben nicht so brutal wie du!
Patsch
Ich glaub, es hackt!
Das ist nicht mein Probl...
Dosch
Wah!
Okay ...
... darf ich dich um Unterweisung bitten ...
... Senpai?
GRRRRR
Wen nennst du hier Senpai!

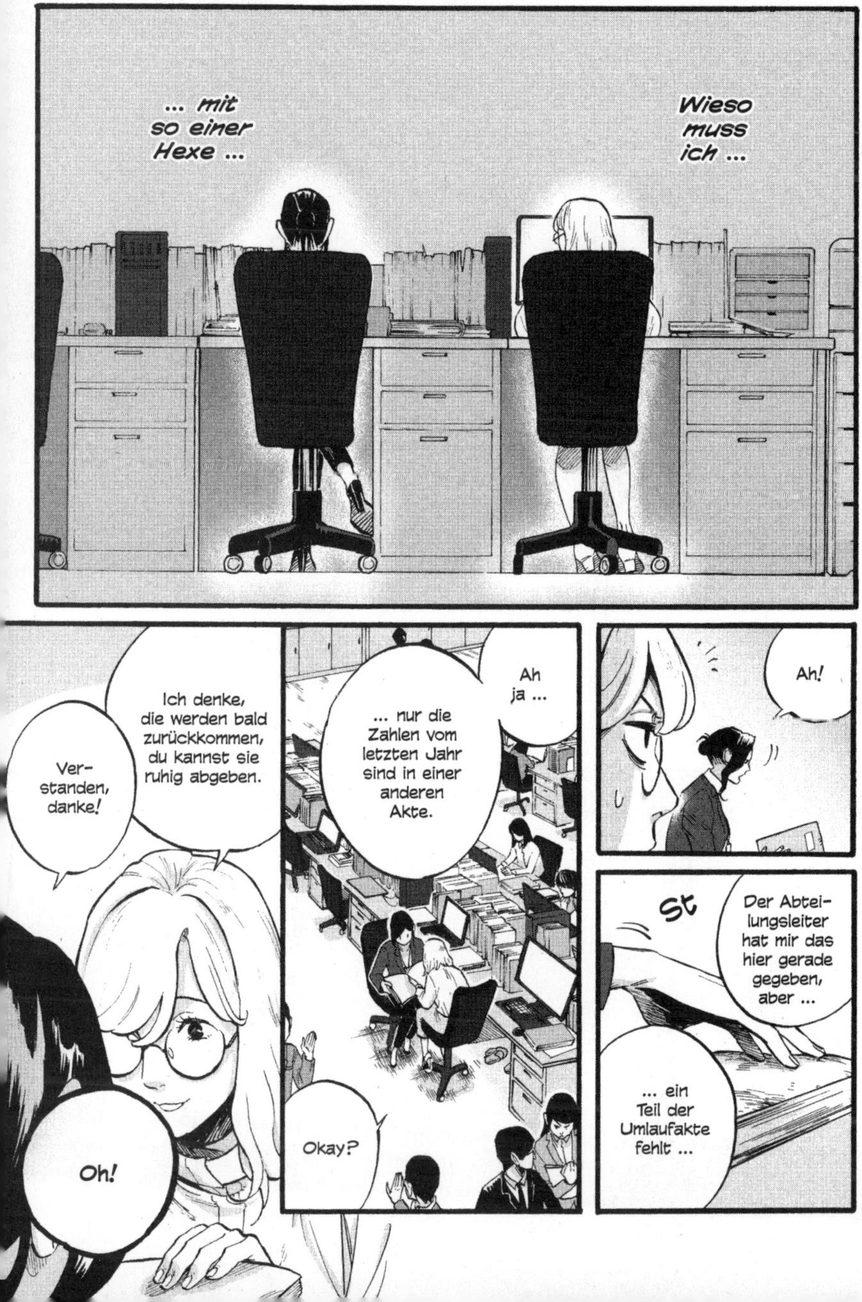
Wieso muss ich ...
... mit so einer Hexe ...
Ah!
St
Der Abteilungsleiter hat mir das hier gerade gegeben, aber ...
... ein Teil der Umlaufakte fehlt ...
Ah ja ...
... nur die Zahlen vom letzten Jahr sind in einer anderen Akte.
Okay?
Ich denke, die werden bald zurückkommen, du kannst sie ruhig abgeben.
Ver-standen, danke!
Oh!

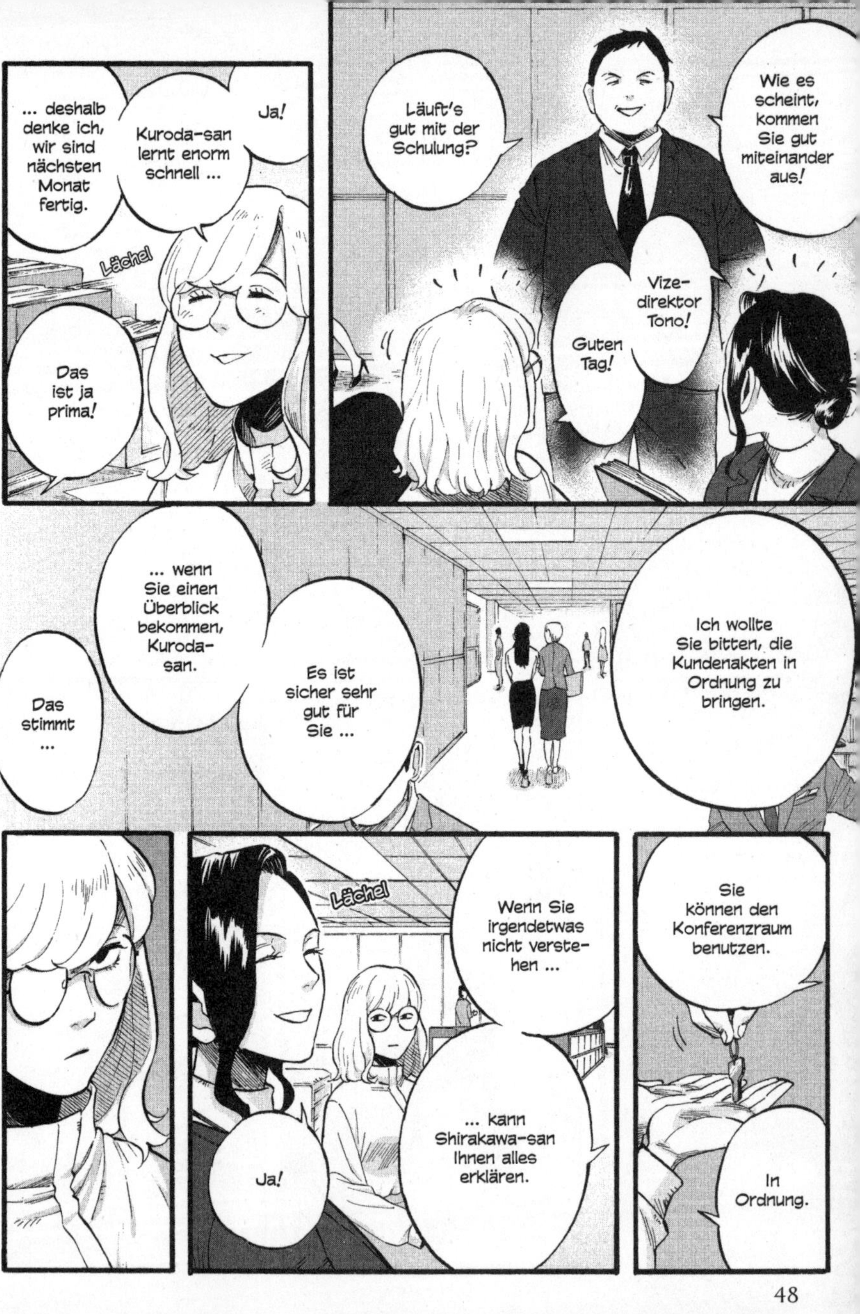
Wie es scheint, kommen Sie gut miteinander aus!
Läuft's gut mit der Schulung?
Vize-direktor Tono!
Guten Tag!
Ja!
Kuroda-san lernt enorm schnell ...
... deshalb denke ich, wir sind nächsten Monat fertig.
Lächel
Das ist ja prima!
Ich wollte Sie bitten, die Kundenakten in Ordnung zu bringen.
Es ist sicher sehr gut für Sie ...
... wenn Sie einen Überblick bekommen, Kuroda-san.
Das stimmt ...
Sie können den Konferenzraum benutzen.
In Ordnung.
Wenn Sie irgendetwas nicht verstehen ...
... kann Shirakawa-san Ihnen alles erklären.
Lächel
Ja!

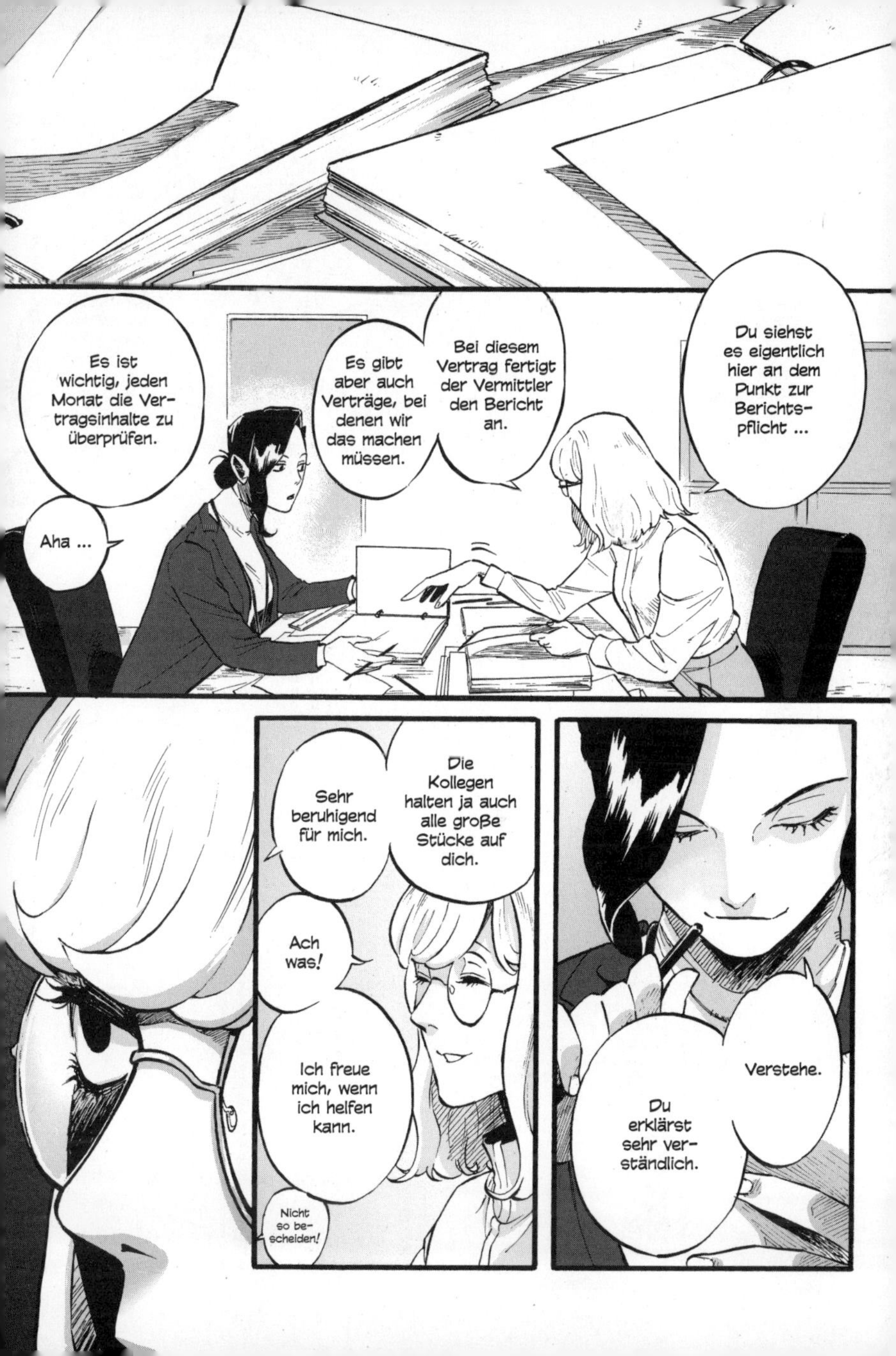

Du siehst es eigentlich hier an dem Punkt zur Berichtspflicht ...
Bei diesem Vertrag fertigt der Vermittler den Bericht an.
Es gibt aber auch Verträge, bei denen wir das machen müssen.
Es ist wichtig, jeden Monat die Vertragsinhalte zu überprüfen.
Aha ...
Verstehe.
Du erklärst sehr verständlich.
Die Kollegen halten ja auch alle große Stücke auf dich.
Sehr beruhigend für mich.
Ach was!
Ich freue mich, wenn ich helfen kann.
Nicht so bescheiden!

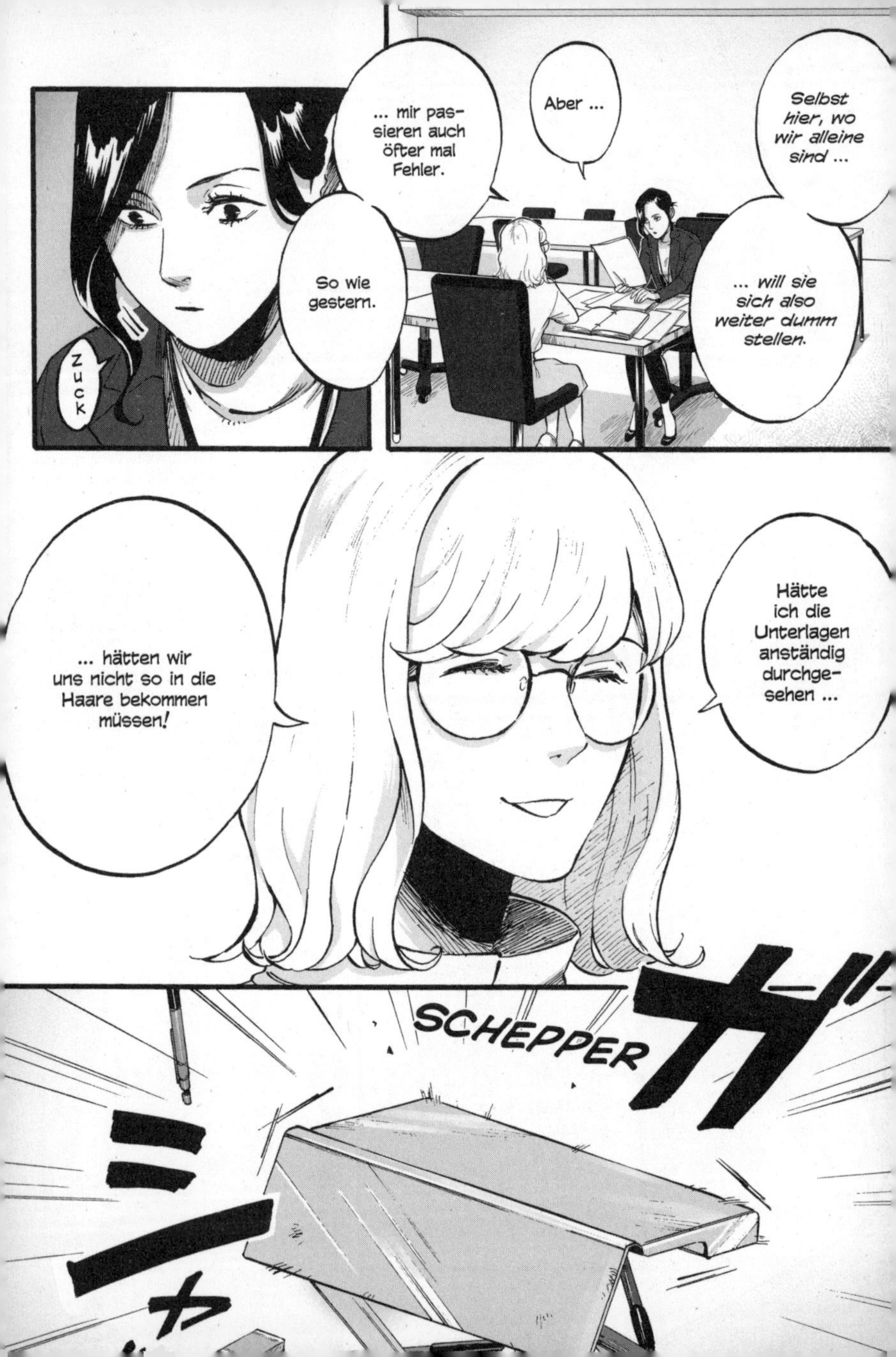
Selbst hier, wo wir alleine sind ...
... will sie sich also weiter dumm stellen.
Aber ...
... mir passieren auch öfter mal Fehler.
So wie gestern.
ZUCK
Hätte ich die Unterlagen anständig durchgesehen ...
... hätten wir uns nicht so in die Haare bekommen müssen!
SCHEPPER

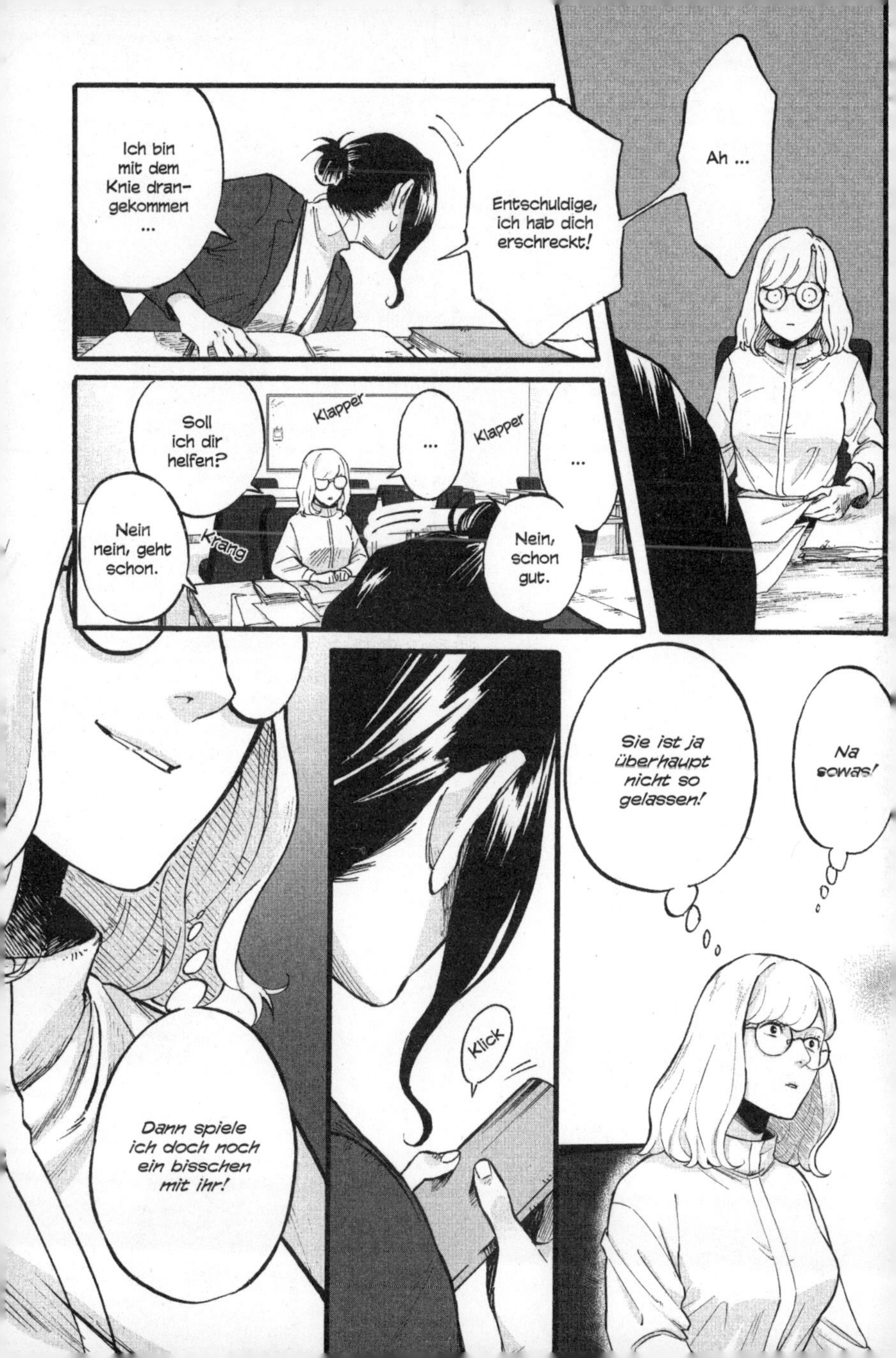

Ah ...
Entschuldige, ich hab dich erschreckt!
Ich bin mit dem Knie drangekommen ...
...
Klapper
Nein, schon gut.
...
Klapper
Soll ich dir helfen?
Nein nein, geht schon.
Krang
Na sowas!
Sie ist ja überhaupt nicht so gelassen!
Klick
Dann spiele ich doch noch ein bisschen mit ihr!

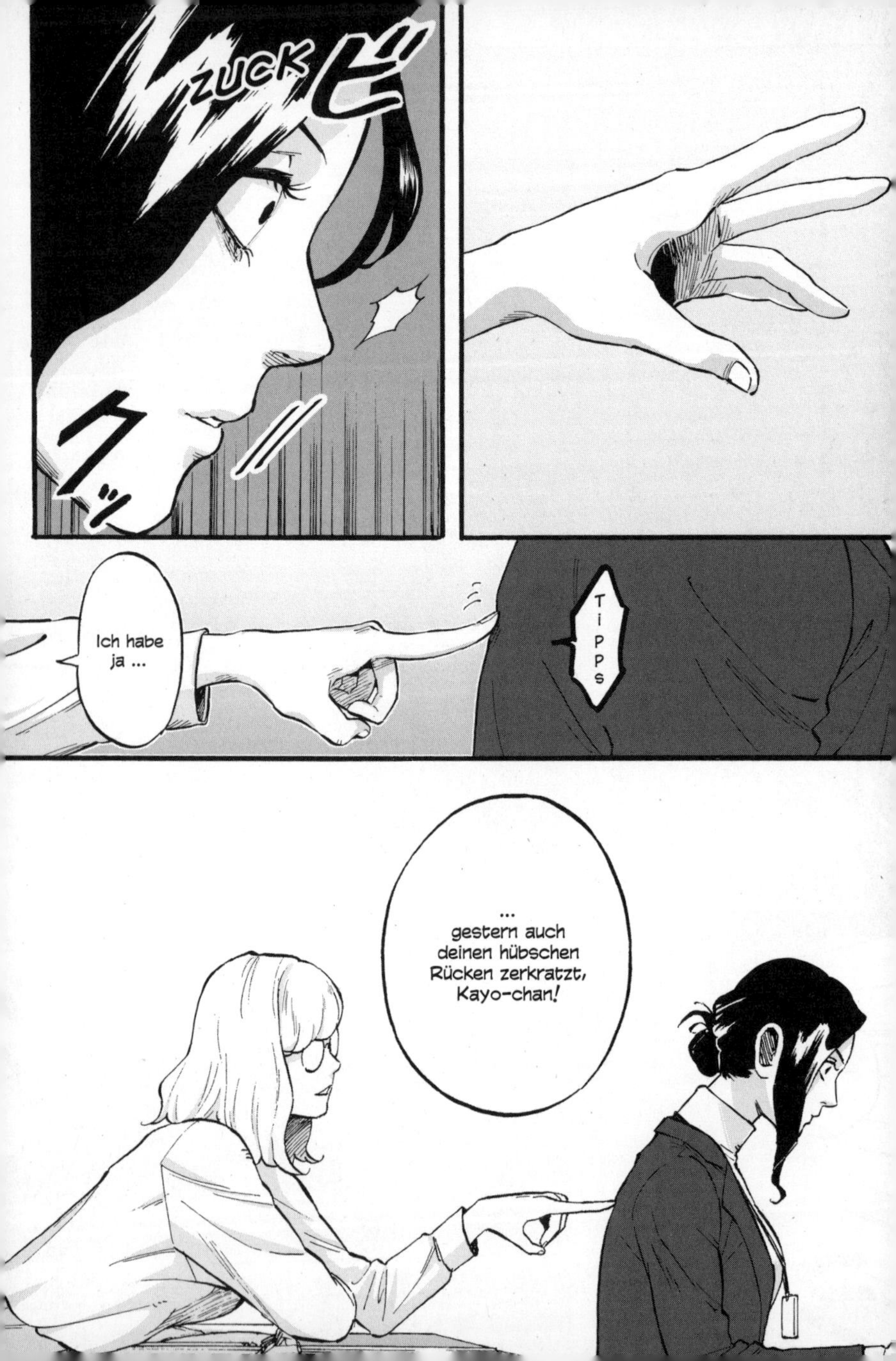

ZUCK
Ich habe ja ...
Tipps
... gestern auch deinen hübschen Rücken zerkratzt, Kayo-chan!

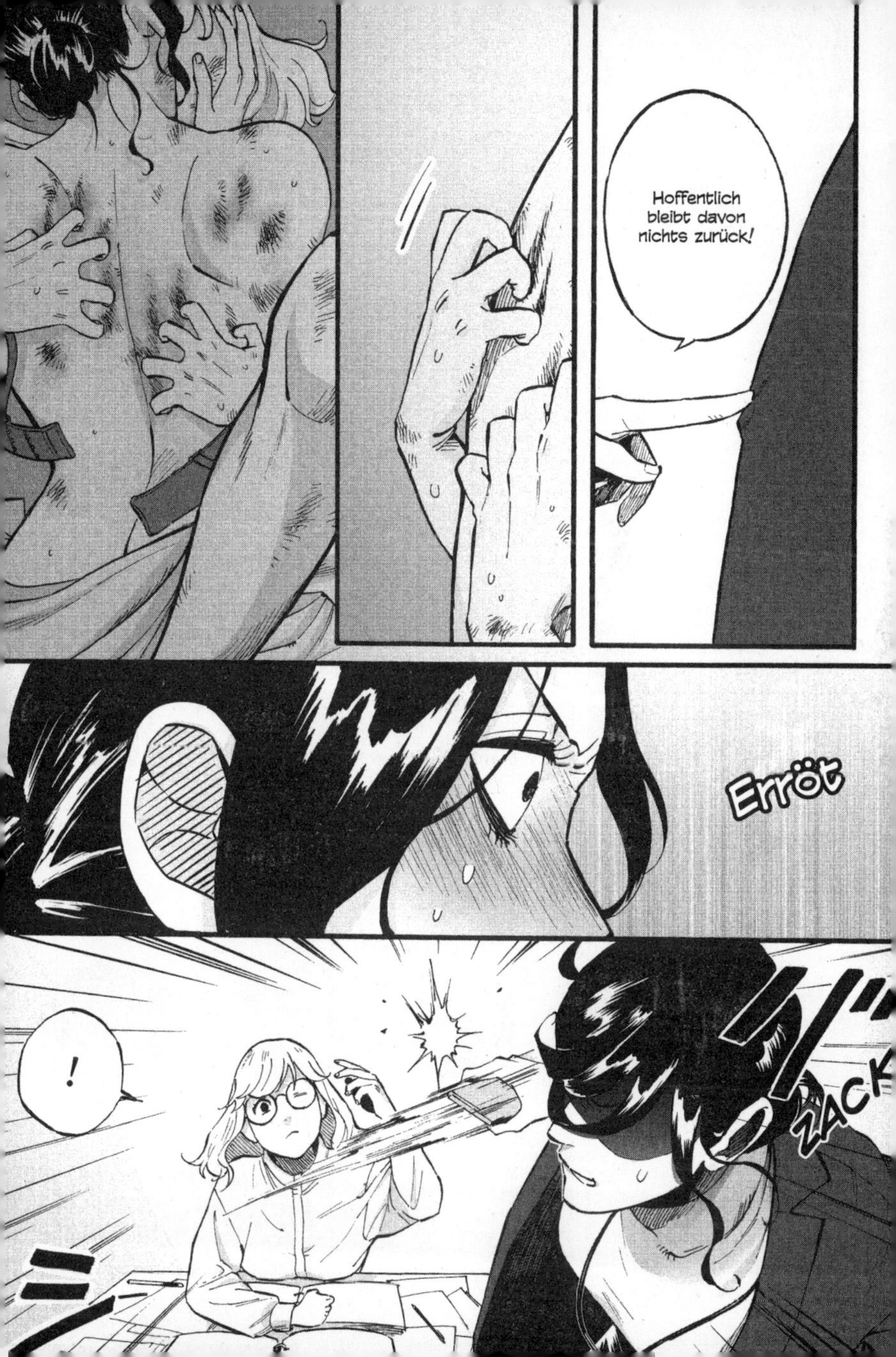
Hoffentlich bleibt davon nichts zurück!
Errröt
!
ZACK

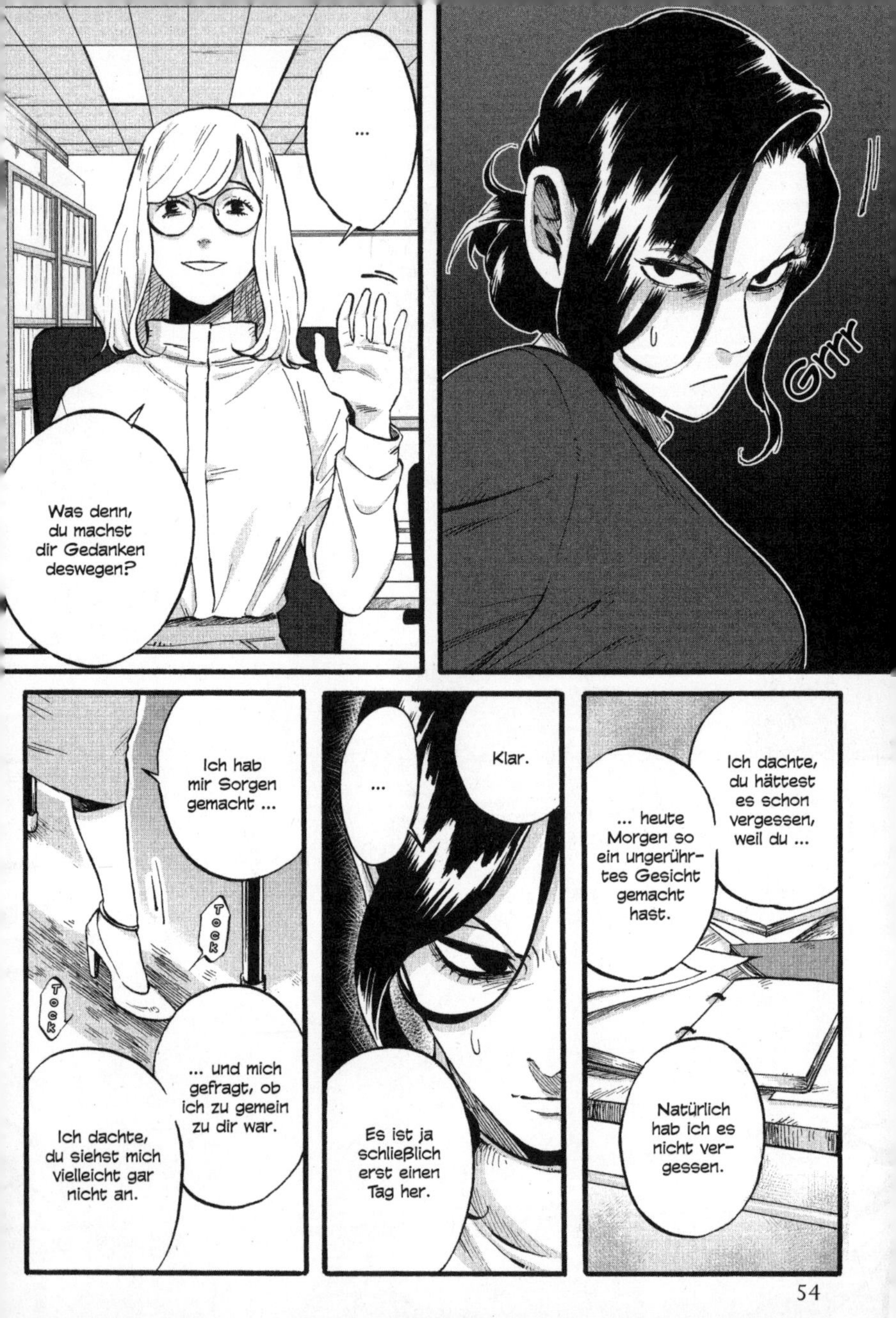

Grrr
...
Was denn, du machst dir Gedanken deswegen?
Ich dachte, du hättest es schon vergessen, weil du ...
... heute Morgen so ein ungerührtes Gesicht gemacht hast.
Natürlich hab ich es nicht vergessen.
Klar.
...
Es ist ja schließlich erst einen Tag her.
Ich hab mir Sorgen gemacht ...
Tock
Tock
... und mich gefragt, ob ich zu gemein zu dir war.
Ich dachte, du siehst mich vielleicht gar nicht an.

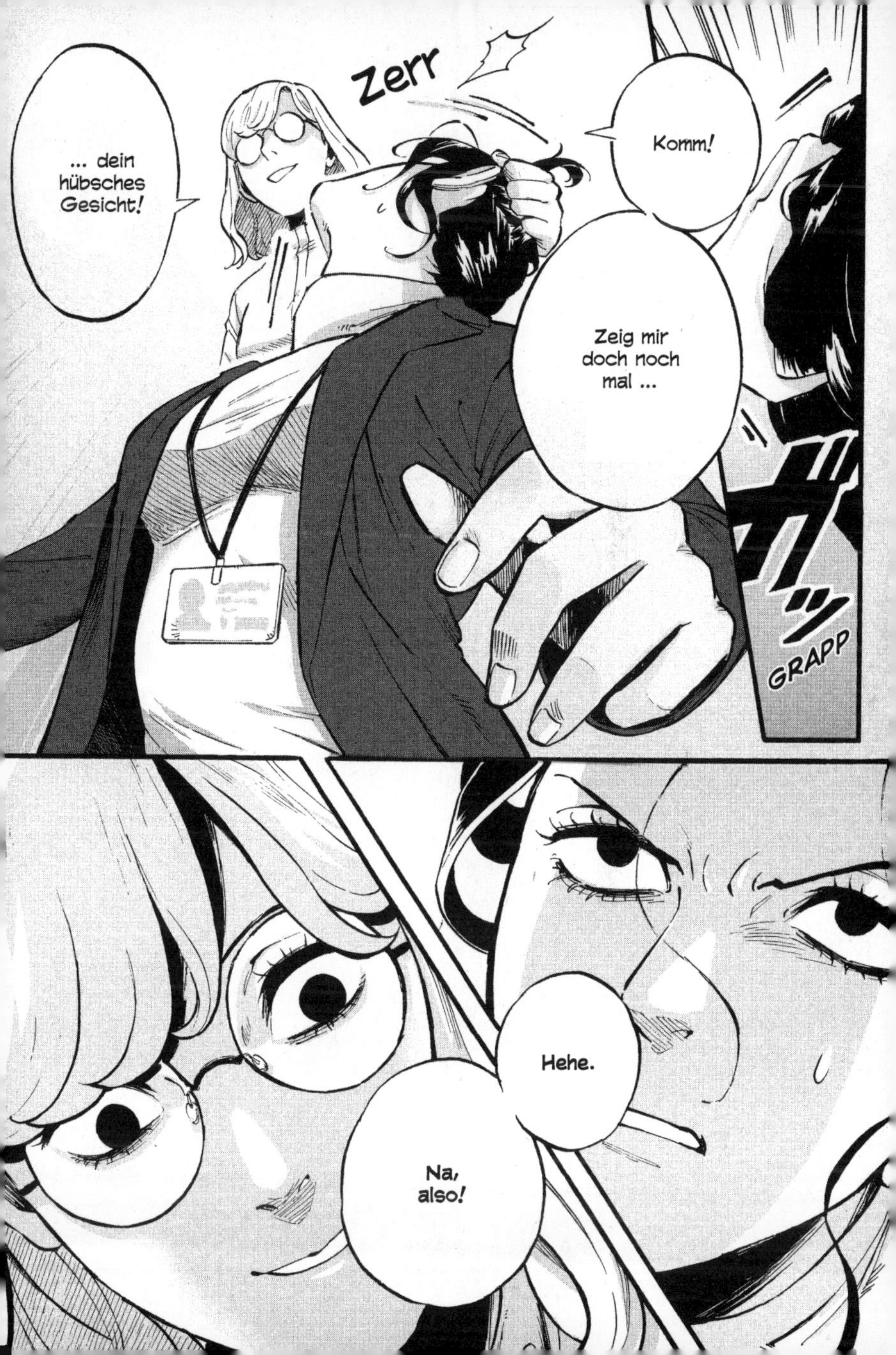
GRAPP
Komm!
Zerr
Zeig mir doch noch mal ...
... dein hübsches Gesicht!
Hehe.
Na, also!

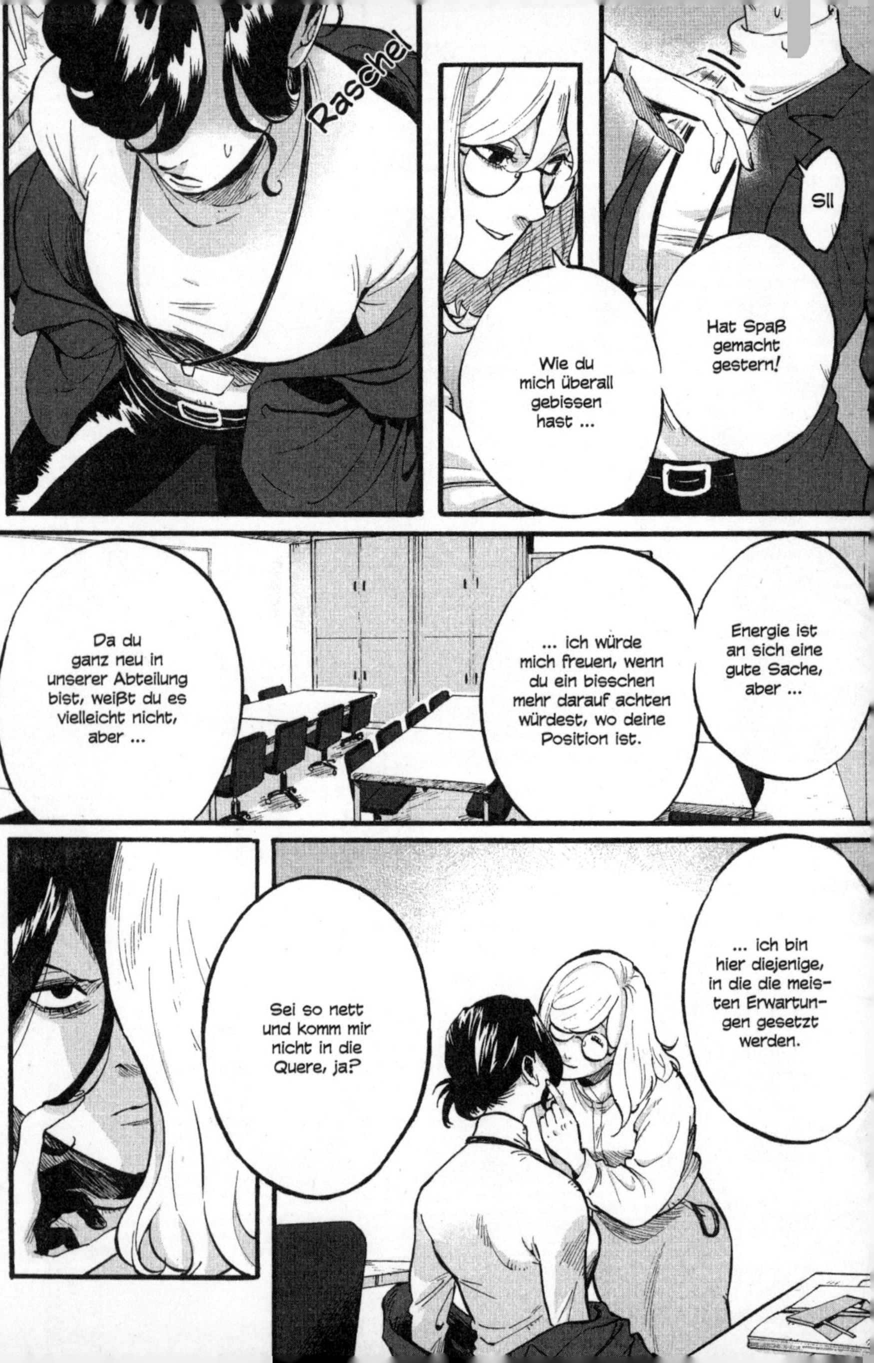
Sll
Hat Spaß gemacht gestern!
Wie du mich überall gebissen hast ...
Raschel
Energie ist an sich eine gute Sache, aber ...
... ich würde mich freuen, wenn du ein bisschen mehr darauf achten würdest, wo deine Position ist.
Da du ganz neu in unserer Abteilung bist, weißt du es vielleicht nicht, aber ...
... ich bin hier diejenige, in die die meisten Erwartungen gesetzt werden.
Sei so nett und komm mir nicht in die Quere, ja?

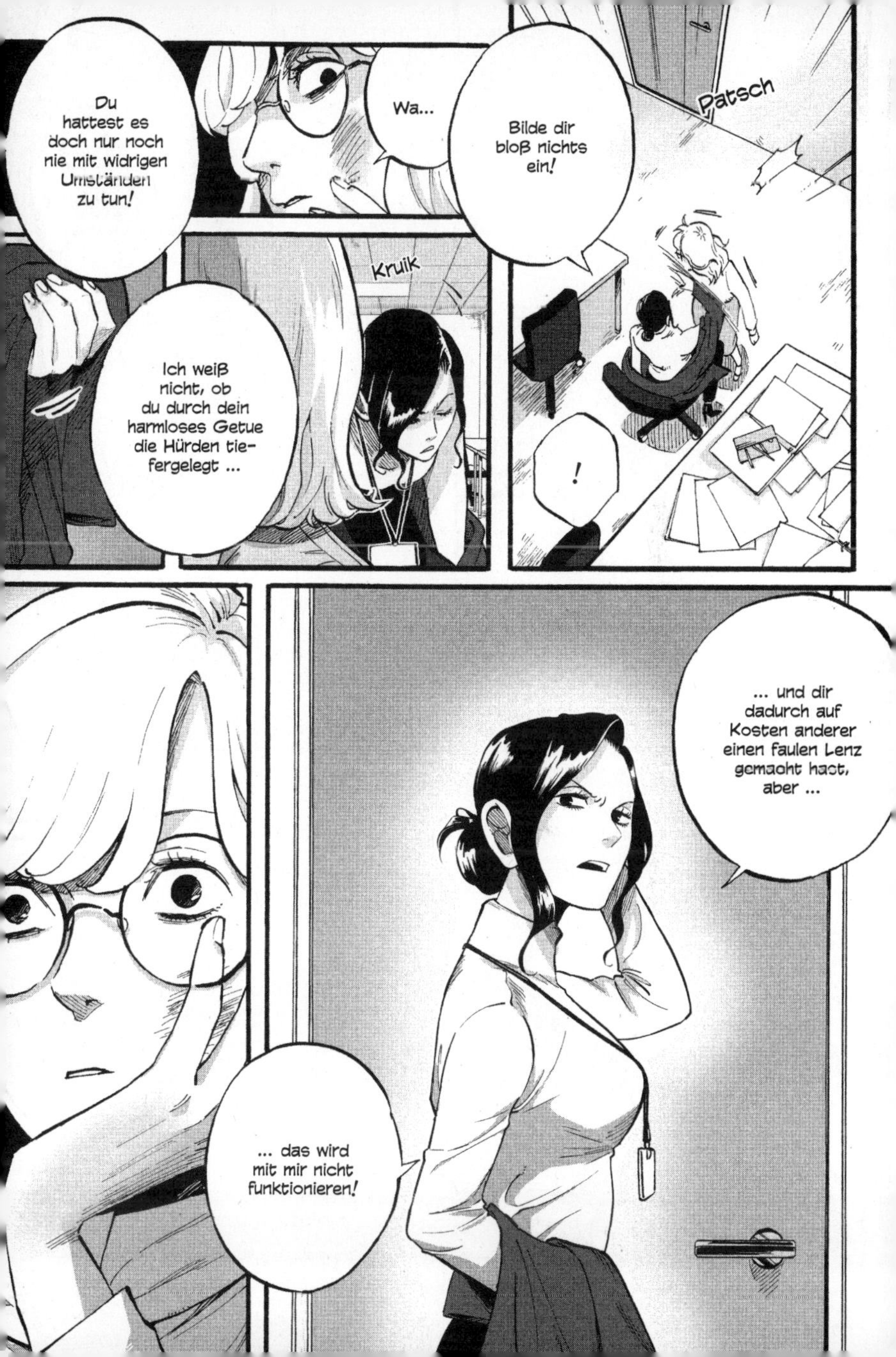
Patsch
Bilde dir bloß nichts ein!
Wa...
Du hattest es doch nur noch nie mit widrigen Umständen zu tun!
!
Kruik
Ich weiß nicht, ob du durch dein harmloses Getue die Hürden tiefergelegt ...
... und dir dadurch auf Kosten anderer einen faulen Lenz gemacht hast, aber ...
... das wird mit mir nicht funktionieren!

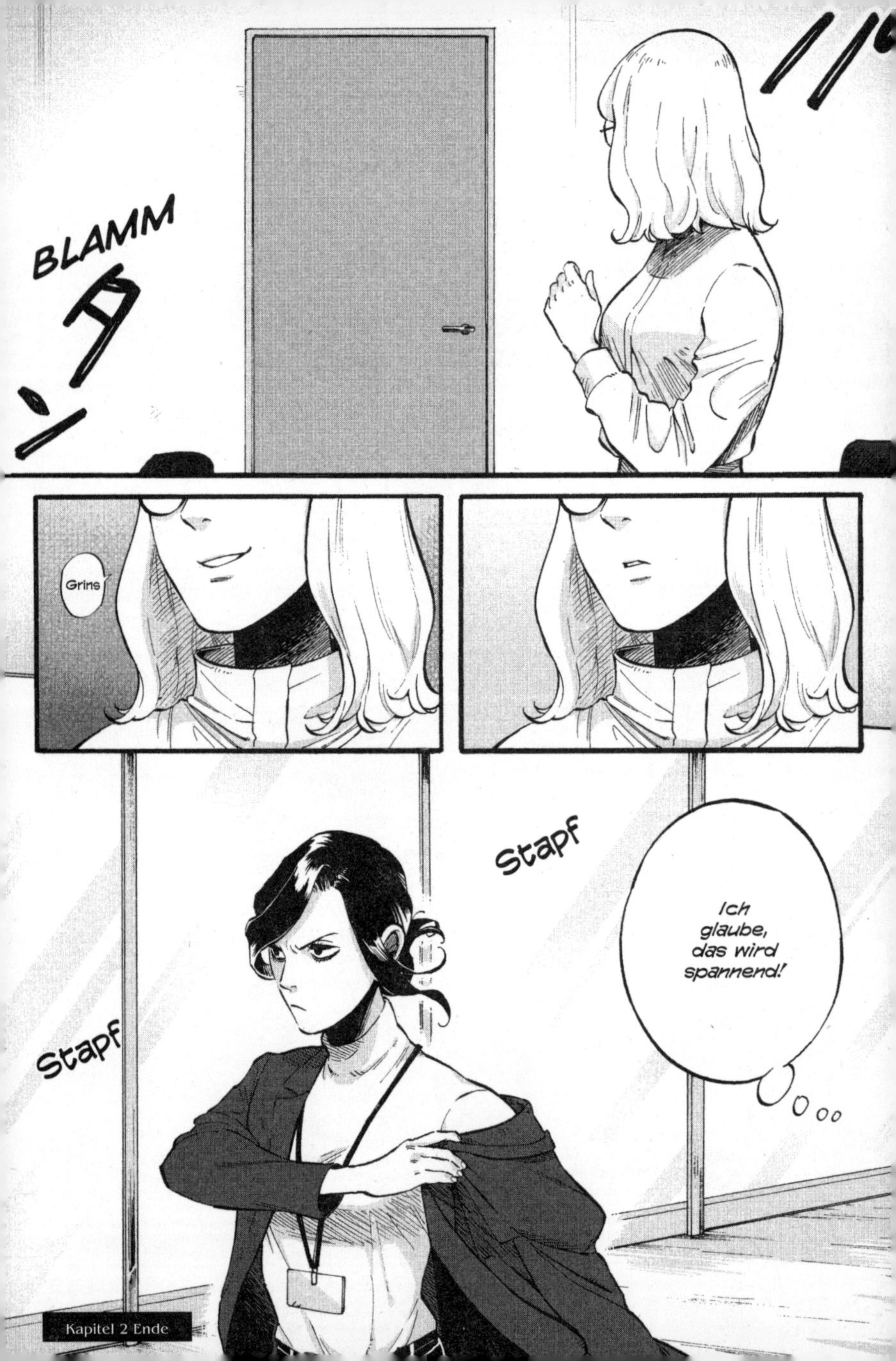
BLAMM
Grins
Stapf
Stapf
Ich glaube, das wird spannend!
Kapitel 2 Ende

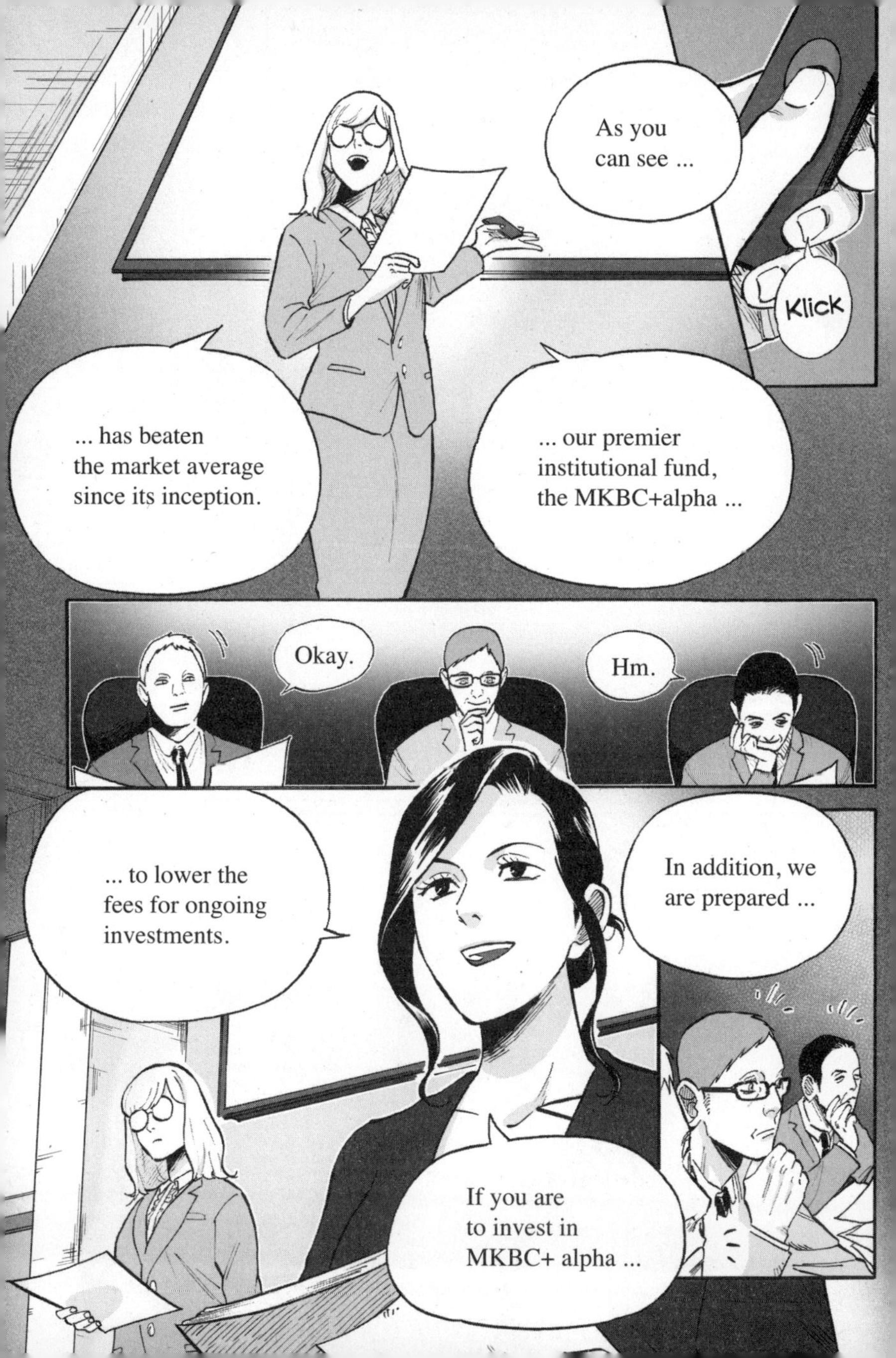
As you can see ...
Klick
... our premier institutional fund, the MKBC+alpha ...
... has beaten the market average since its inception.
Okay.
Hm.
In addition, we are prepared ...
... to lower the fees for ongoing investments.
If you are to invest in MKBC+ alpha ...

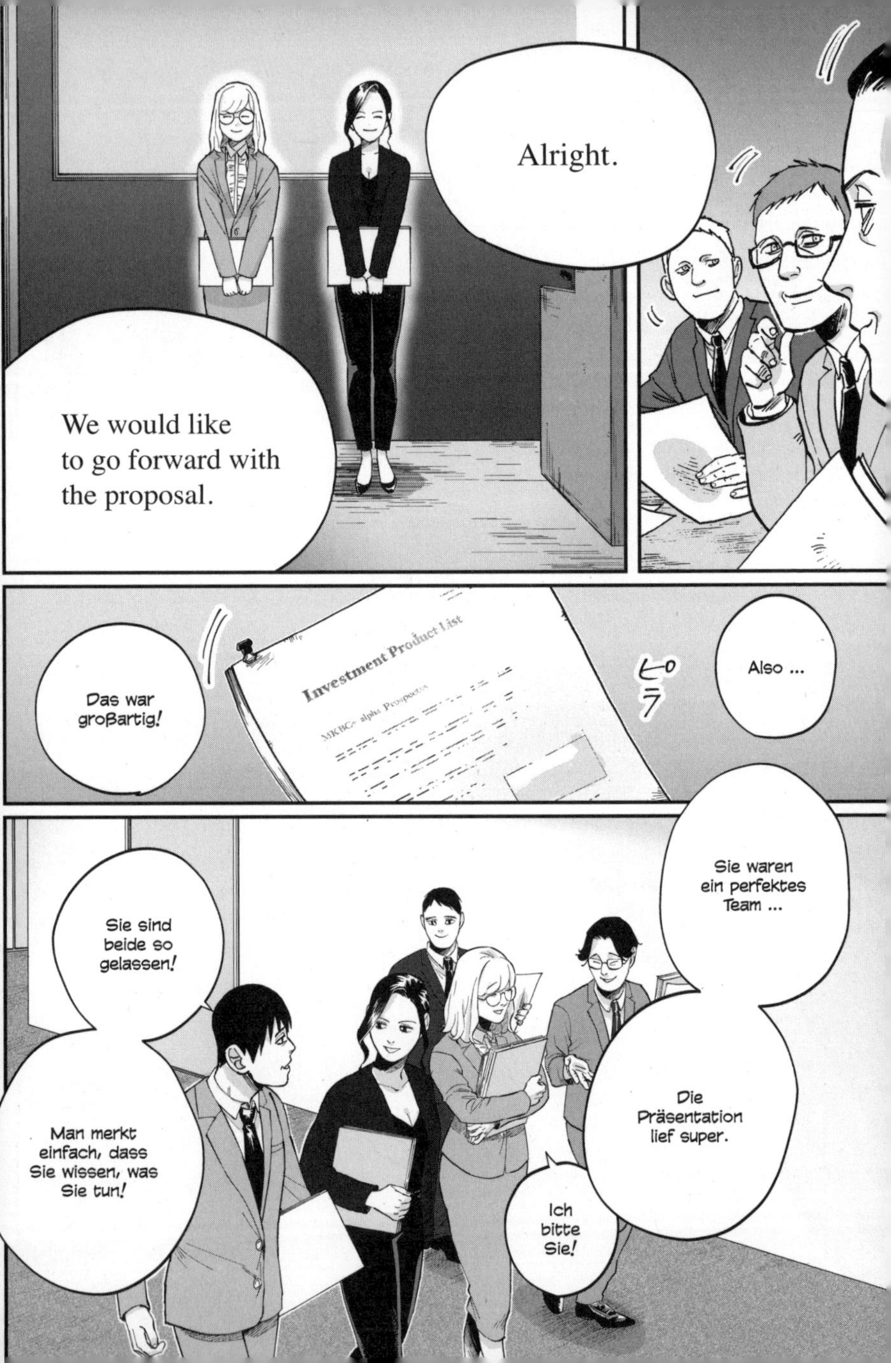
Alright.
We would like to go forward with the proposal.
Also ...
ピラ
Investment Product List
Das war großartig!
Sie waren ein perfektes Team ...
Sie sind beide so gelassen!
Die Präsentation lief super.
Man merkt einfach, dass Sie wissen, was Sie tun!
Ich bitte Sie!

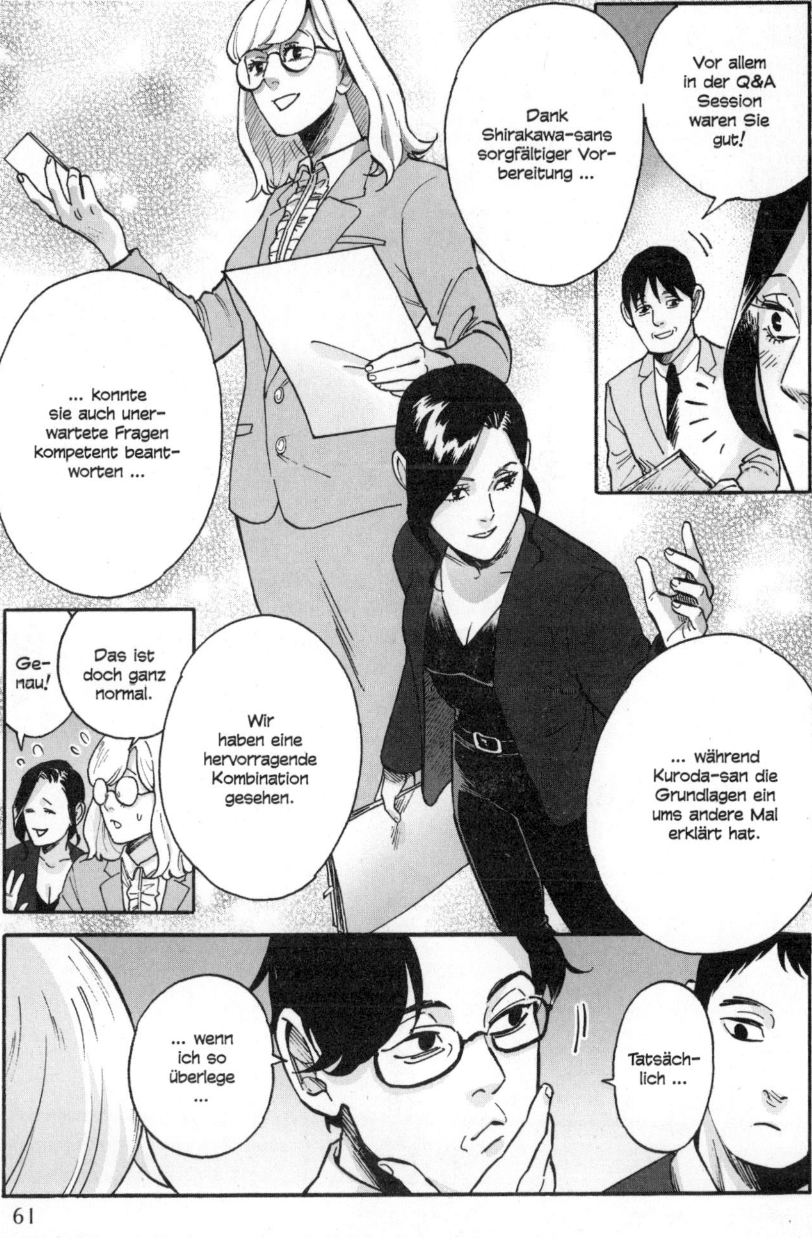
Vor allem in der Q&A Session waren Sie gut!
Dank Shirakawa-sans sorgfältiger Vorbereitung ...
... konnte sie auch unerwartete Fragen kompetent beantworten ...
... während Kuroda-san die Grundlagen ein ums andere Mal erklärt hat.
Wir haben eine hervorragende Kombination gesehen.
Das ist doch ganz normal.
Genau!
Tatsächlich ...
... wenn ich so überlege ...

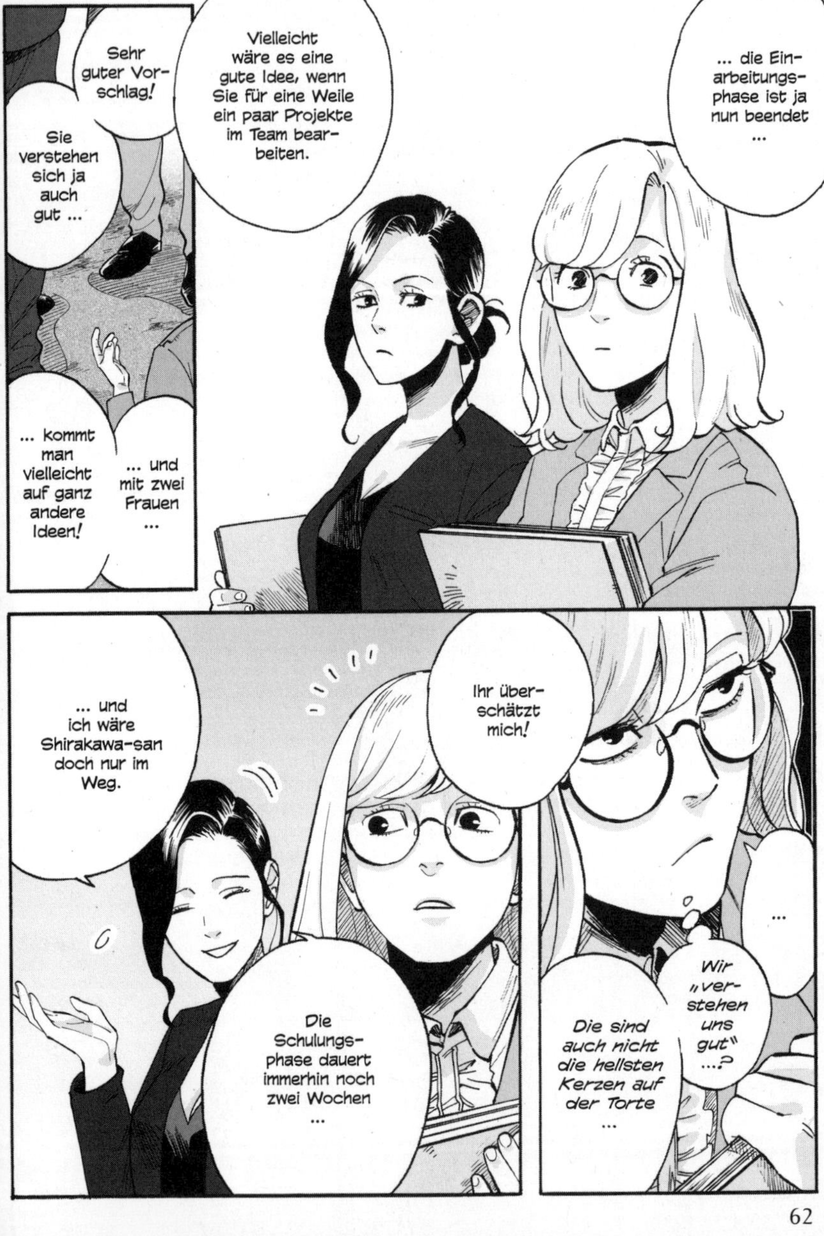
... die Einarbeitungsphase ist ja nun beendet ...
Vielleicht wäre es eine gute Idee, wenn Sie für eine Weile ein paar Projekte im Team bearbeiten.
Sehr guter Vorschlag!
Sie verstehen sich ja auch gut ...
... und mit zwei Frauen ...
... kommt man vielleicht auf ganz andere Ideen!
...
Wir „verstehen uns gut" ...?
Die sind auch nicht die hellsten Kerzen auf der Torte ...
Ihr überschätzt mich!
... und ich wäre Shirakawa-san doch nur im Weg.
Die Schulungsphase dauert immerhin noch zwei Wochen ...

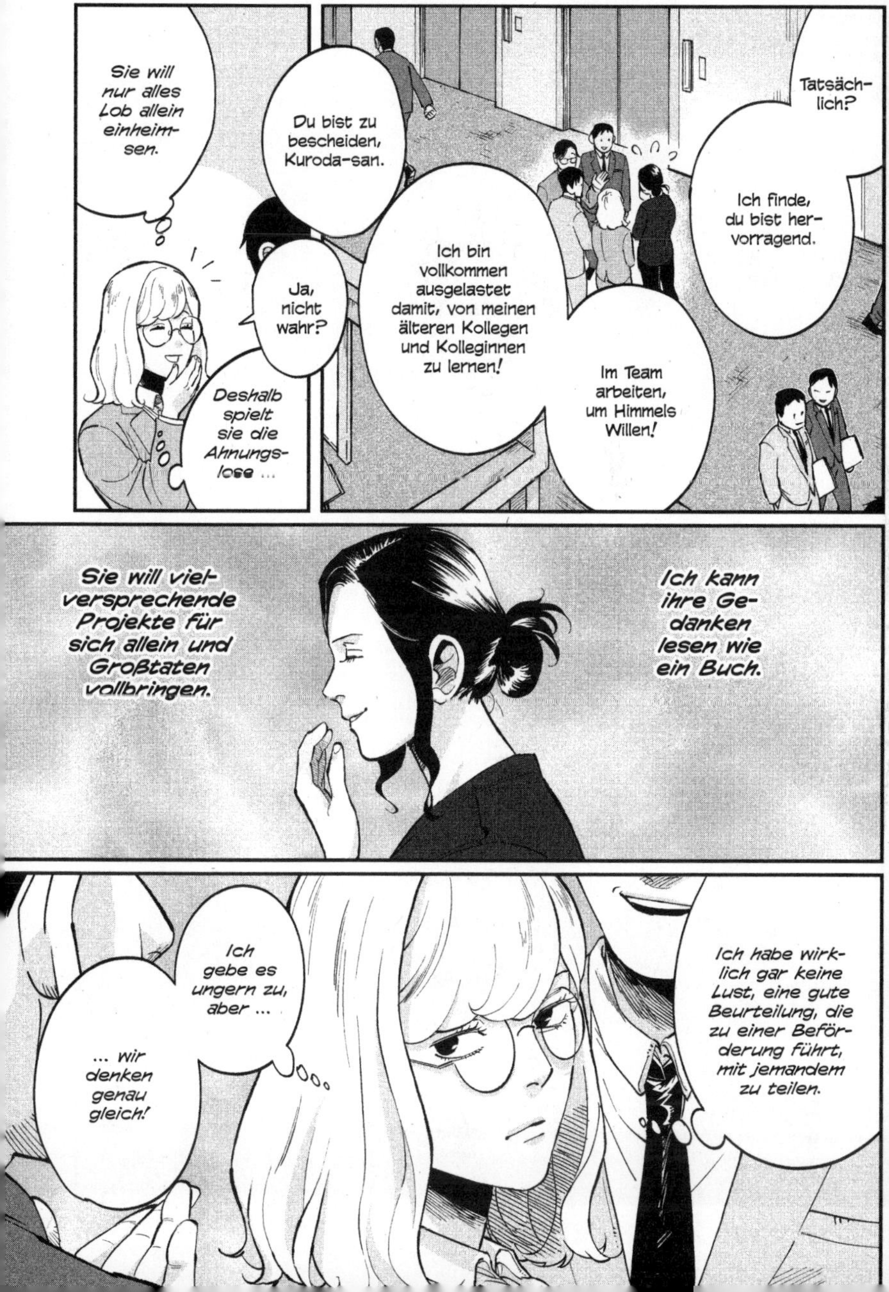
Tatsächlich?
Ich finde, du bist hervorragend.
Du bist zu bescheiden, Kuroda-san.
Ich bin vollkommen ausgelastet damit, von meinen älteren Kollegen und Kolleginnen zu lernen!
Im Team arbeiten, um Himmels Willen!
Ja, nicht wahr?
Sie will nur alles Lob allein einheimsen.
Deshalb spielt sie die Ahnungslose ...
Ich kann ihre Gedanken lesen wie ein Buch.
Sie will vielversprechende Projekte für sich allein und Großtaten vollbringen.
Ich habe wirklich gar keine Lust, eine gute Beurteilung, die zu einer Beförderung führt, mit jemandem zu teilen.
Ich gebe es ungern zu, aber ...
... wir denken genau gleich!

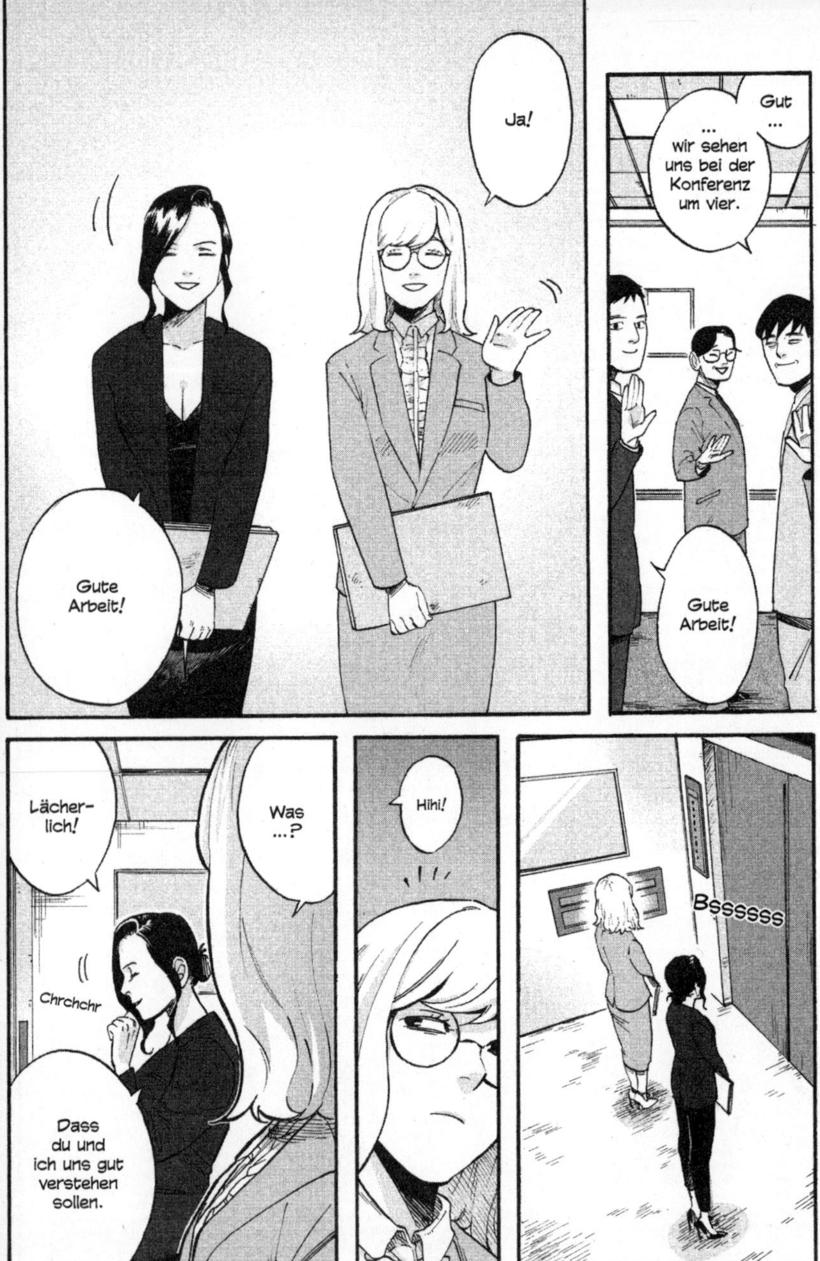
Gut ...
... wir sehen uns bei der Konferenz um vier.
Gute Arbeit!
Ja!
Gute Arbeit!
Bssssss
Hihi!
Was ...?
Lächer-lich!
Chrchchr
Dass du und ich uns gut verstehen sollen.

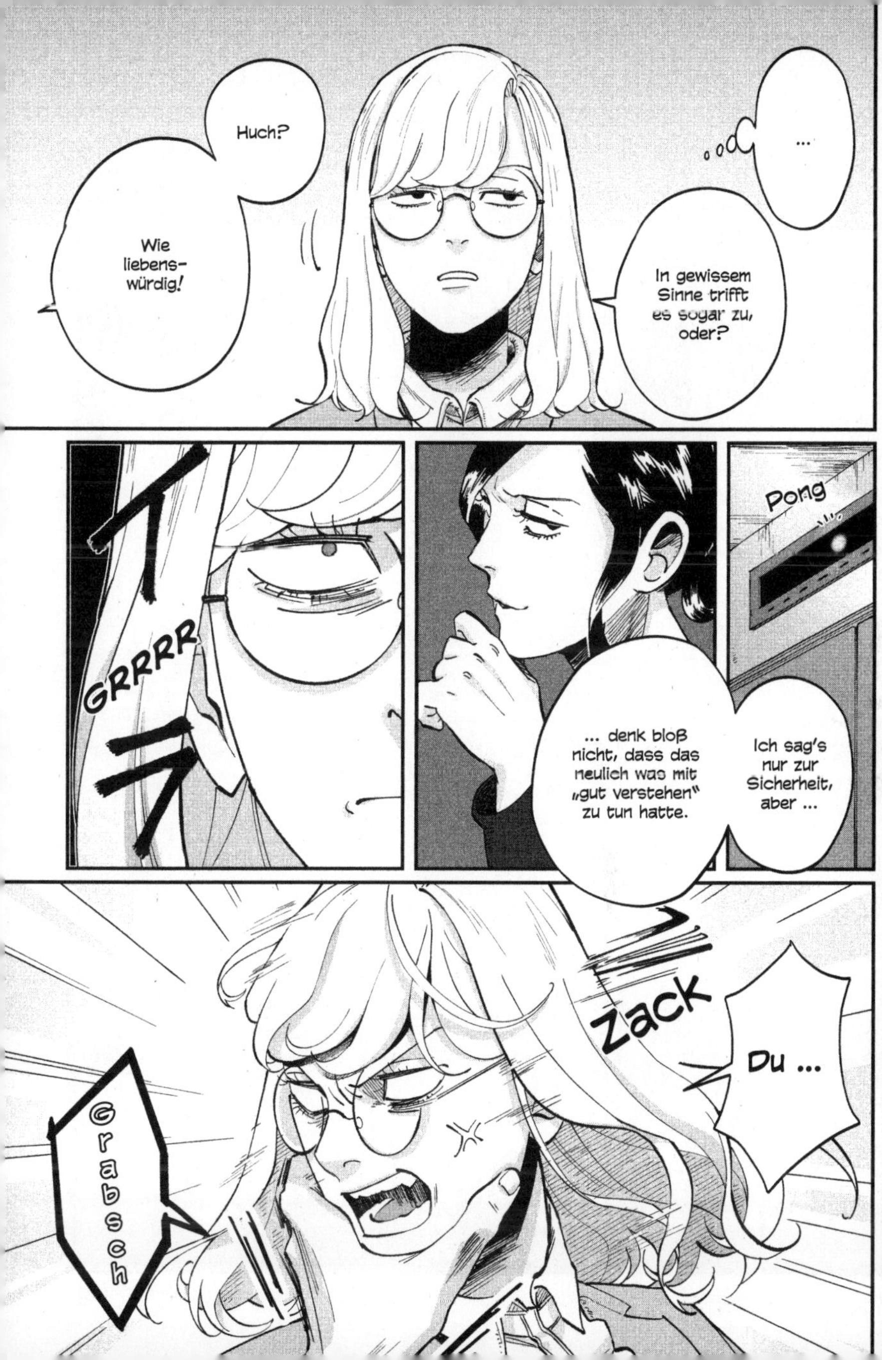
...
In gewissem Sinne trifft es sogar zu, oder?
Huch?
Wie liebens-würdig!
Pong
Ich sag's nur zur Sicherheit, aber ...
... denk bloß nicht, dass das neulich was mit „gut verstehen" zu tun hatte.
GRRRR
Zack
Du ...
Grabsch

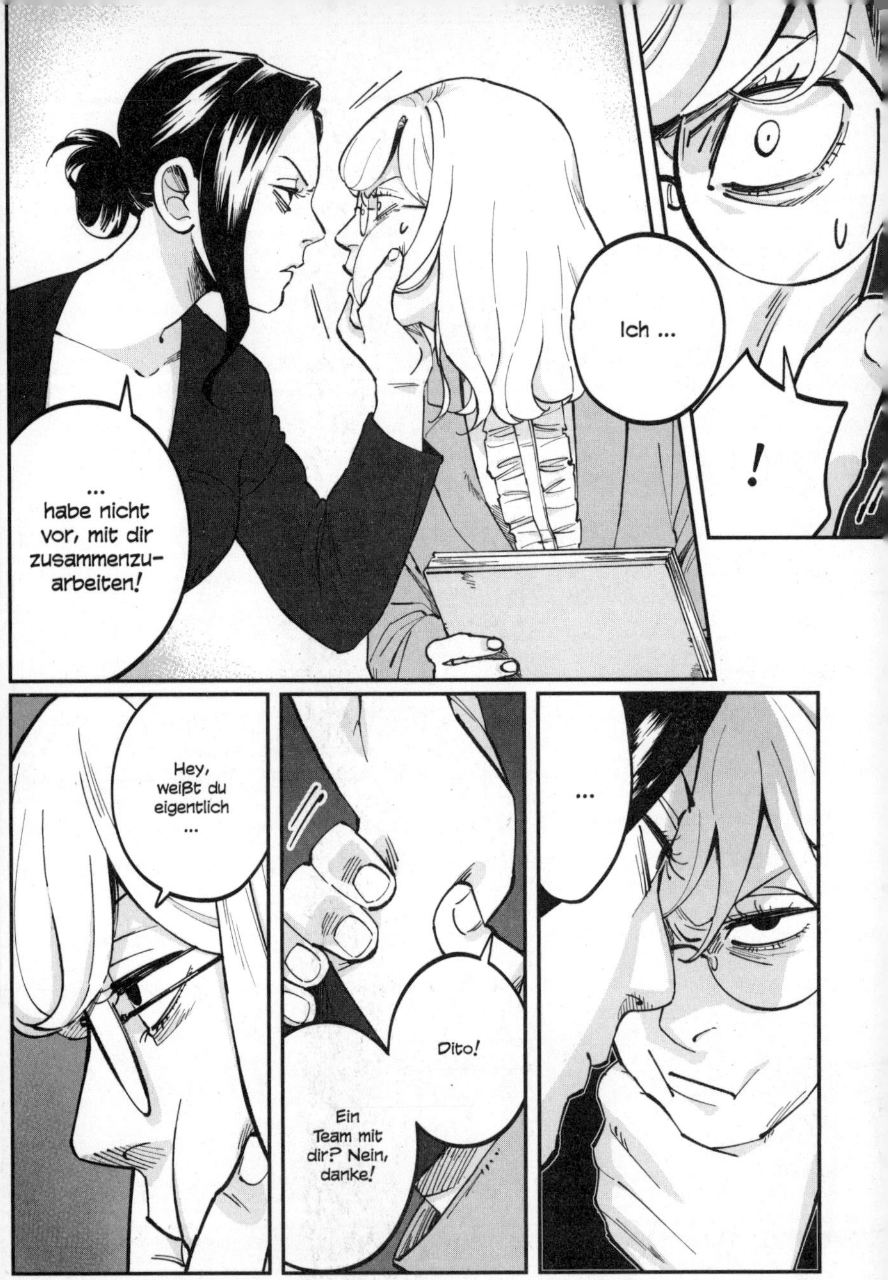
Ich ...
!
... habe nicht vor, mit dir zusammenzu-arbeiten!
Hey, weißt du eigentlich ...
Dito!
Ein Team mit dir? Nein, danke!
...

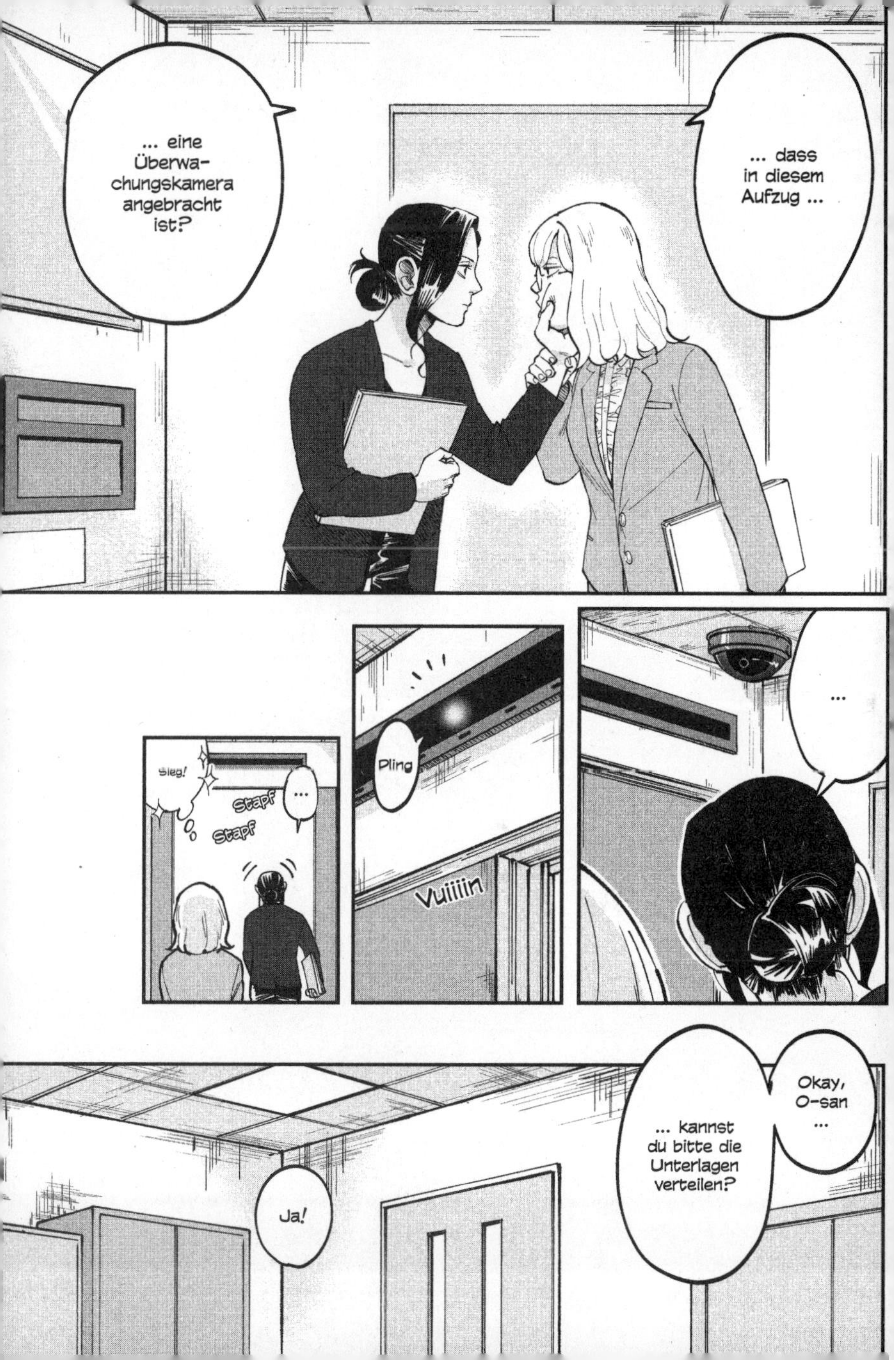
... dass in diesem Aufzug ...
... eine Überwa-chungskamera angebracht ist?
...
Pling
Vuiiiin
...
Sieg!
Stapf
Stapf
Okay, O-san ...
... kannst du bitte die Unterlagen verteilen?
Ja!

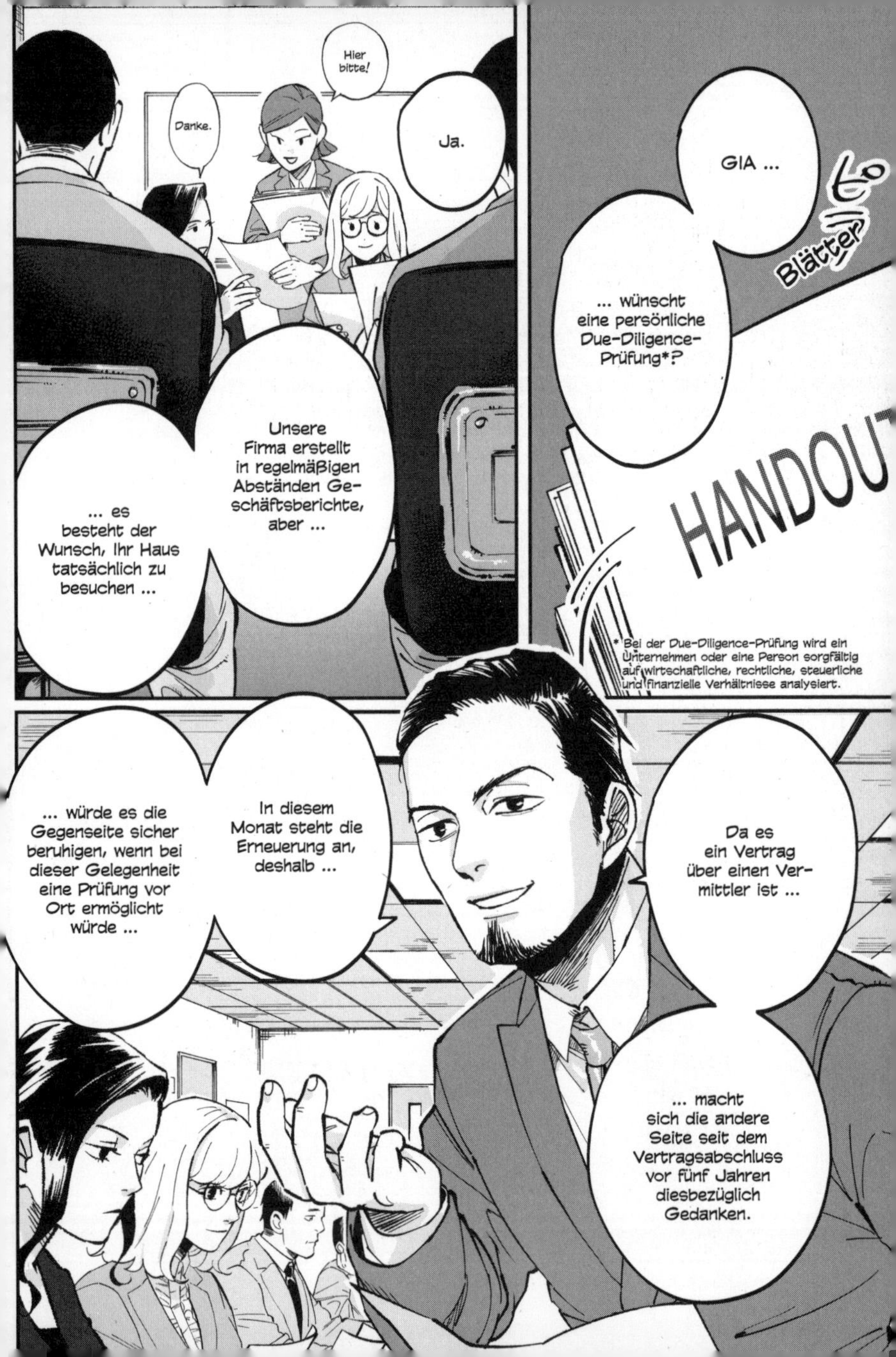

* Bei der Due-Diligence-Prüfung wird ein Unternehmen oder eine Person sorgfältig auf wirtschaftliche, rechtliche, steuerliche und finanzielle Verhältnisse analysiert.

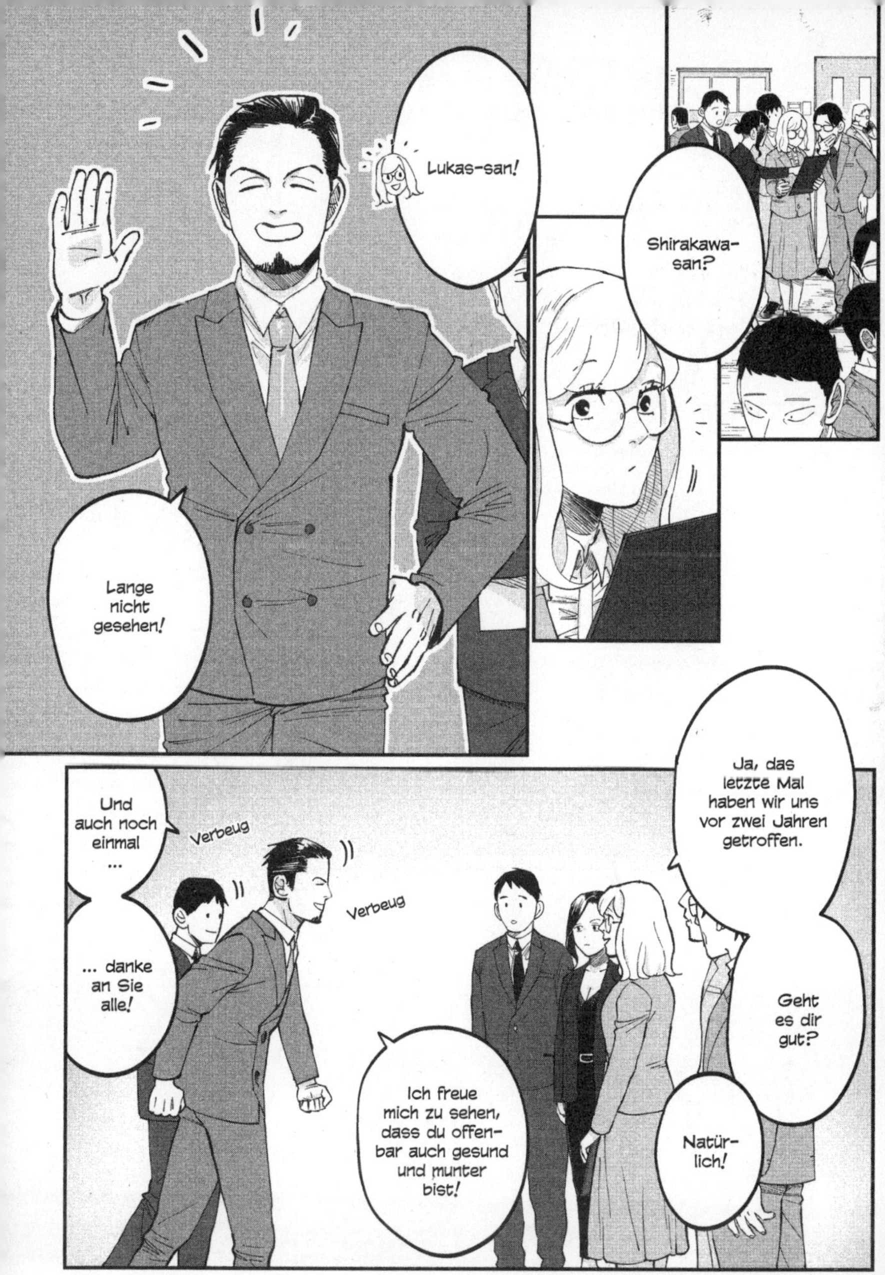
Shirakawa-san?
Lukas-san!
Lange nicht gesehen!
Ja, das letzte Mal haben wir uns vor zwei Jahren getroffen.
Geht es dir gut?
Natürlich!
Ich freue mich zu sehen, dass du offenbar auch gesund und munter bist!
Verbeug
Und auch noch einmal ...
Verbeug
... danke an Sie alle!

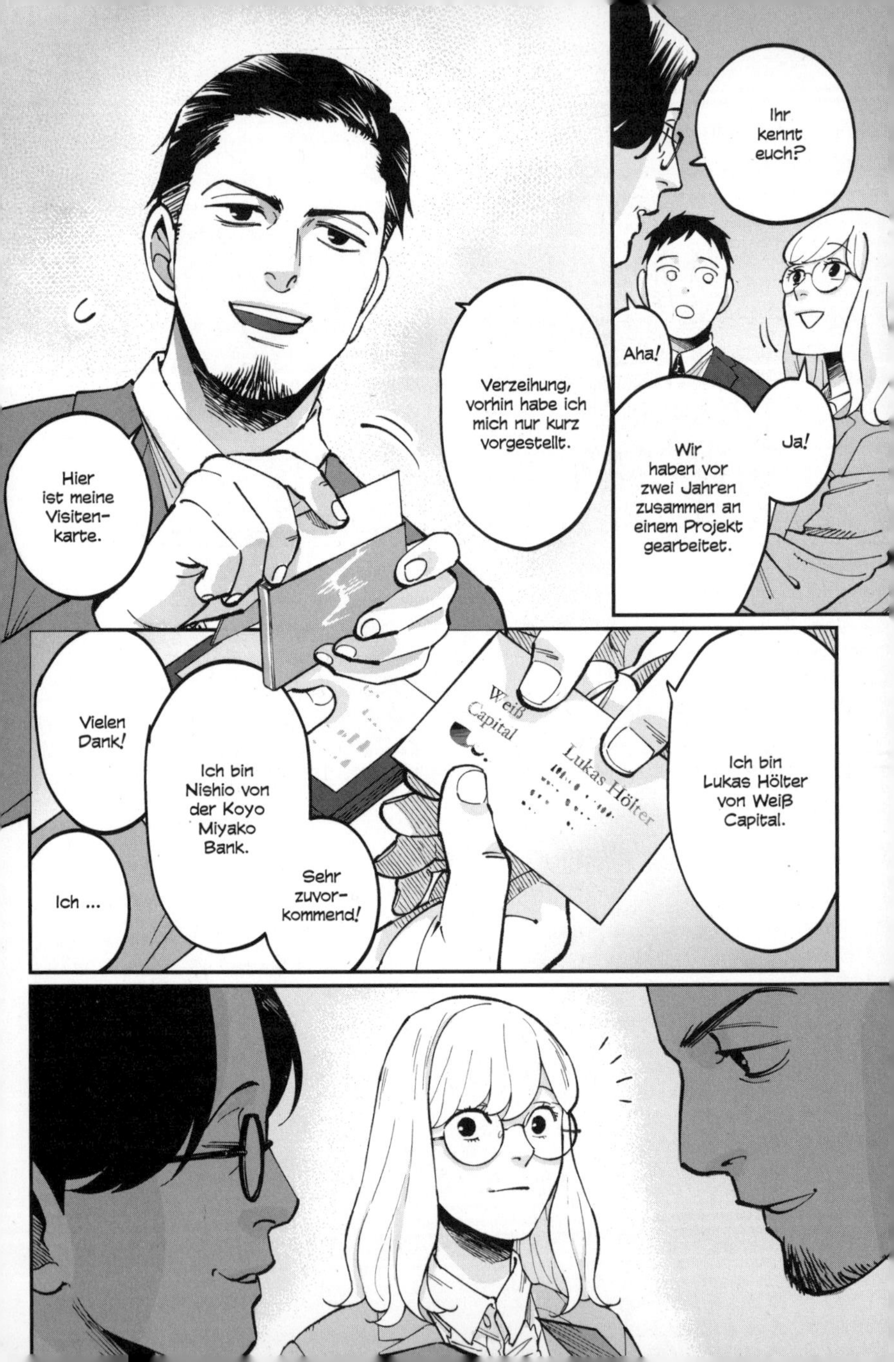
Ihr kennt euch?
Aha!
Ja!
Wir haben vor zwei Jahren zusammen an einem Projekt gearbeitet.
Verzeihung, vorhin habe ich mich nur kurz vorgestellt.
Hier ist meine Visiten-karte.
Ich bin Lukas Hölter von Weiß Capital.
Weiß Capital
Lukas Hölter
Sehr zuvor-kommend!
Ich bin Nishio von der Koyo Miyako Bank.
Vielen Dank!
Ich ...

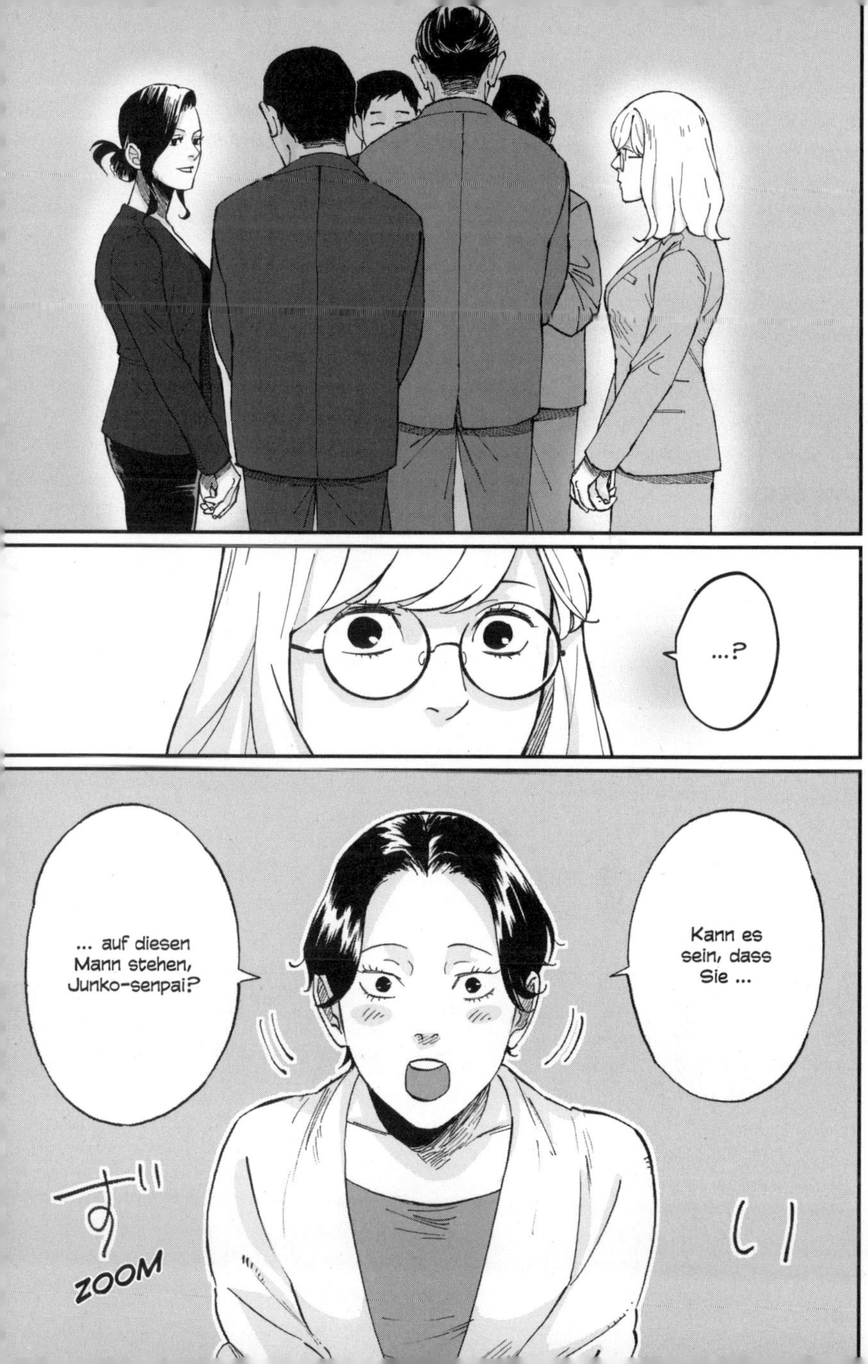

...?
Kann es sein, dass Sie ...
... auf diesen Mann stehen, Junko-senpai?
すい
ZOOM

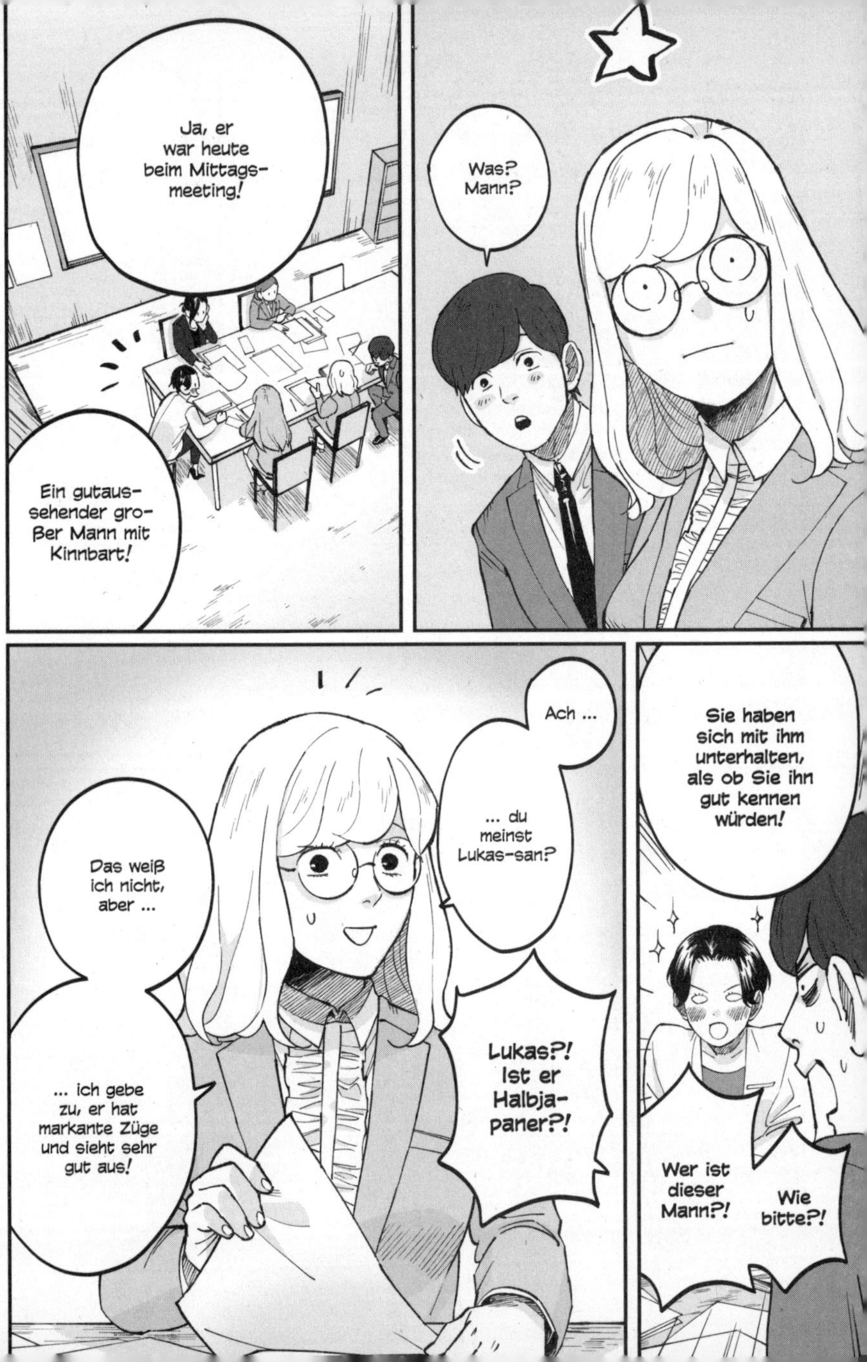
Was? Mann?
Ja, er war heute beim Mittags-meeting!
Ein gutaus-sehender gro-ßer Mann mit Kinnbart!
Sie haben sich mit ihm unterhalten, als ob Sie ihn gut kennen würden!
Wie bitte?!
Wer ist dieser Mann?!
Ach ...
... du meinst Lukas-san?
Lukas?! Ist er Halbja-paner?!
Das weiß ich nicht, aber ...
... ich gebe zu, er hat markante Züge und sieht sehr gut aus!

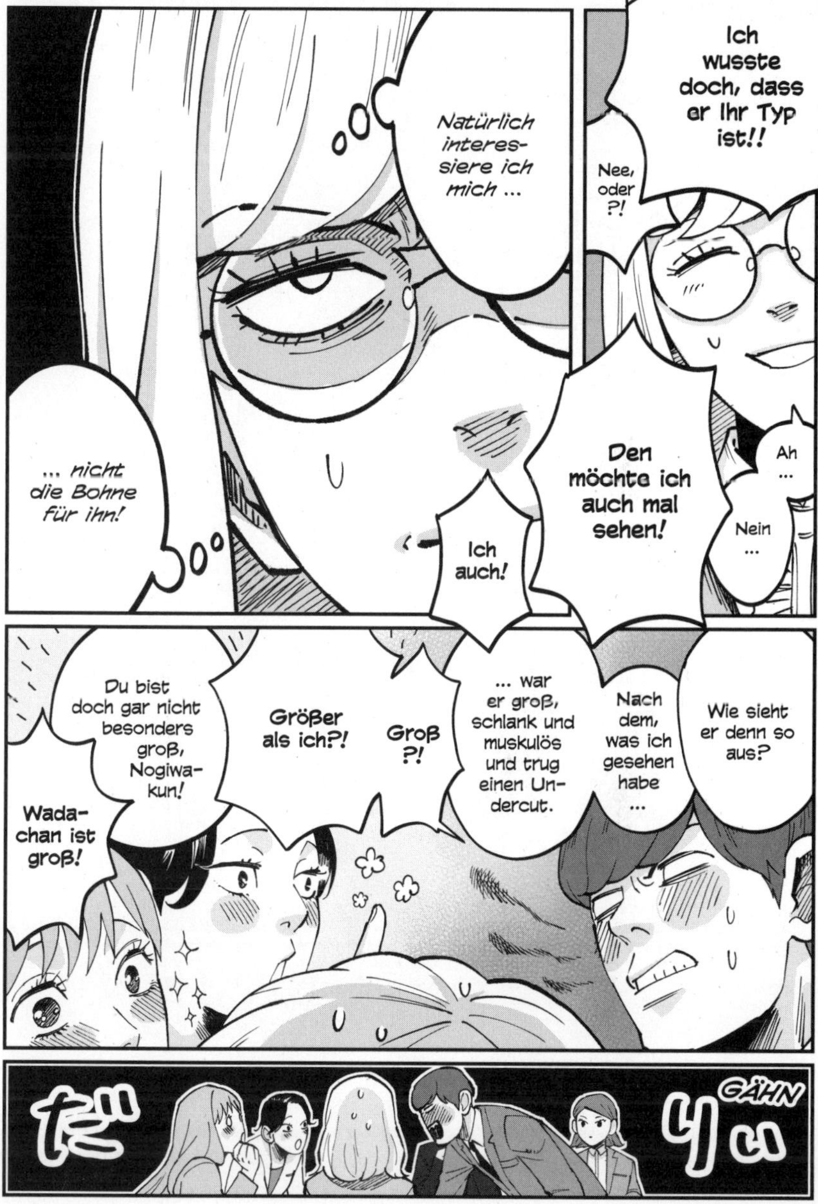
Ich wusste doch, dass er Ihr Typ ist!!
Nee, oder ?!
Natürlich interessiere ich mich ...
... nicht die Bohne für ihn!
Ah ...
Nein ...
Den möchte ich auch mal sehen!
Ich auch!
Wie sieht er denn so aus?
Nach dem, was ich gesehen habe ...
... war er groß, schlank und muskulös und trug einen Undercut.
Groß ?!
Größer als ich?!
Du bist doch gar nicht besonders groß, Nogiwa-kun!
Wada-chan ist groß!
GÄHN

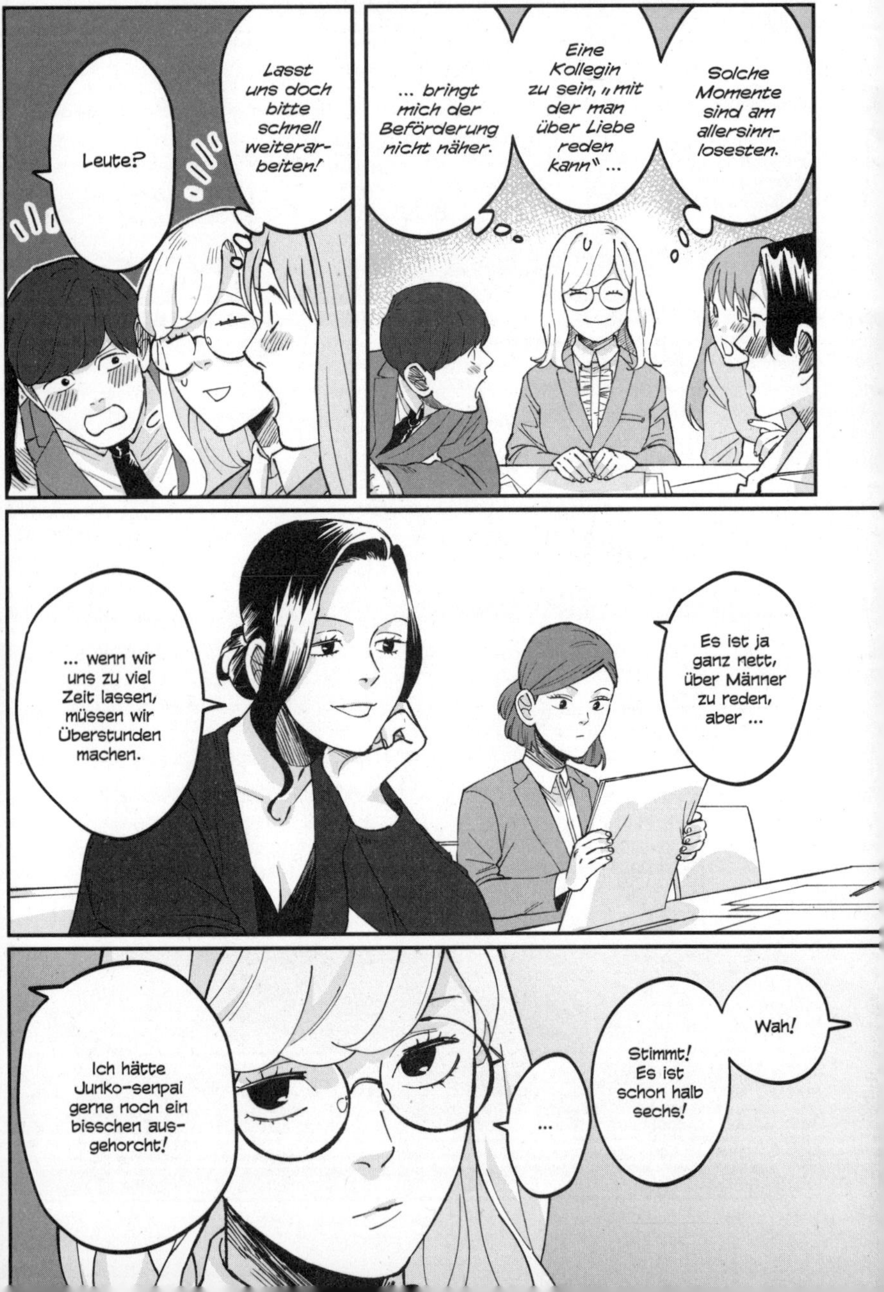
Solche Momente sind am allersinnlosesten.
Eine Kollegin zu sein, „mit der man über Liebe reden kann" …
… bringt mich der Beförderung nicht näher.
Lasst uns doch bitte schnell weiterarbeiten!
Leute?
Es ist ja ganz nett, über Männer zu reden, aber …
… wenn wir uns zu viel Zeit lassen, müssen wir Überstunden machen.
Wah!
Stimmt! Es ist schon halb sechs!
…
Ich hätte Junko-senpai gerne noch ein bisschen ausgehorcht!

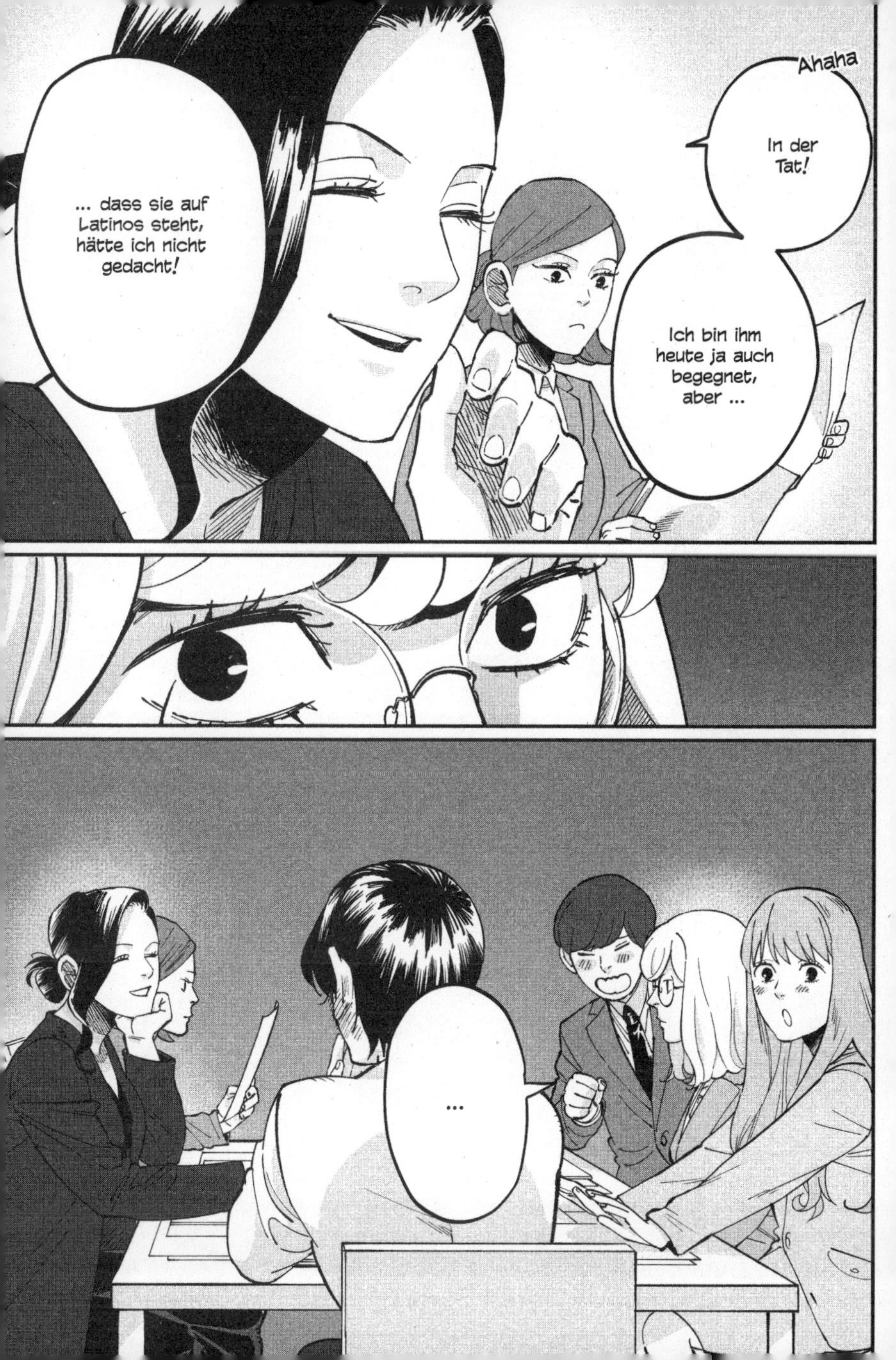
Ahaha
In der Tat!
Ich bin ihm heute ja auch begegnet, aber ...
... dass sie auf Latinos steht, hätte ich nicht gedacht!
...

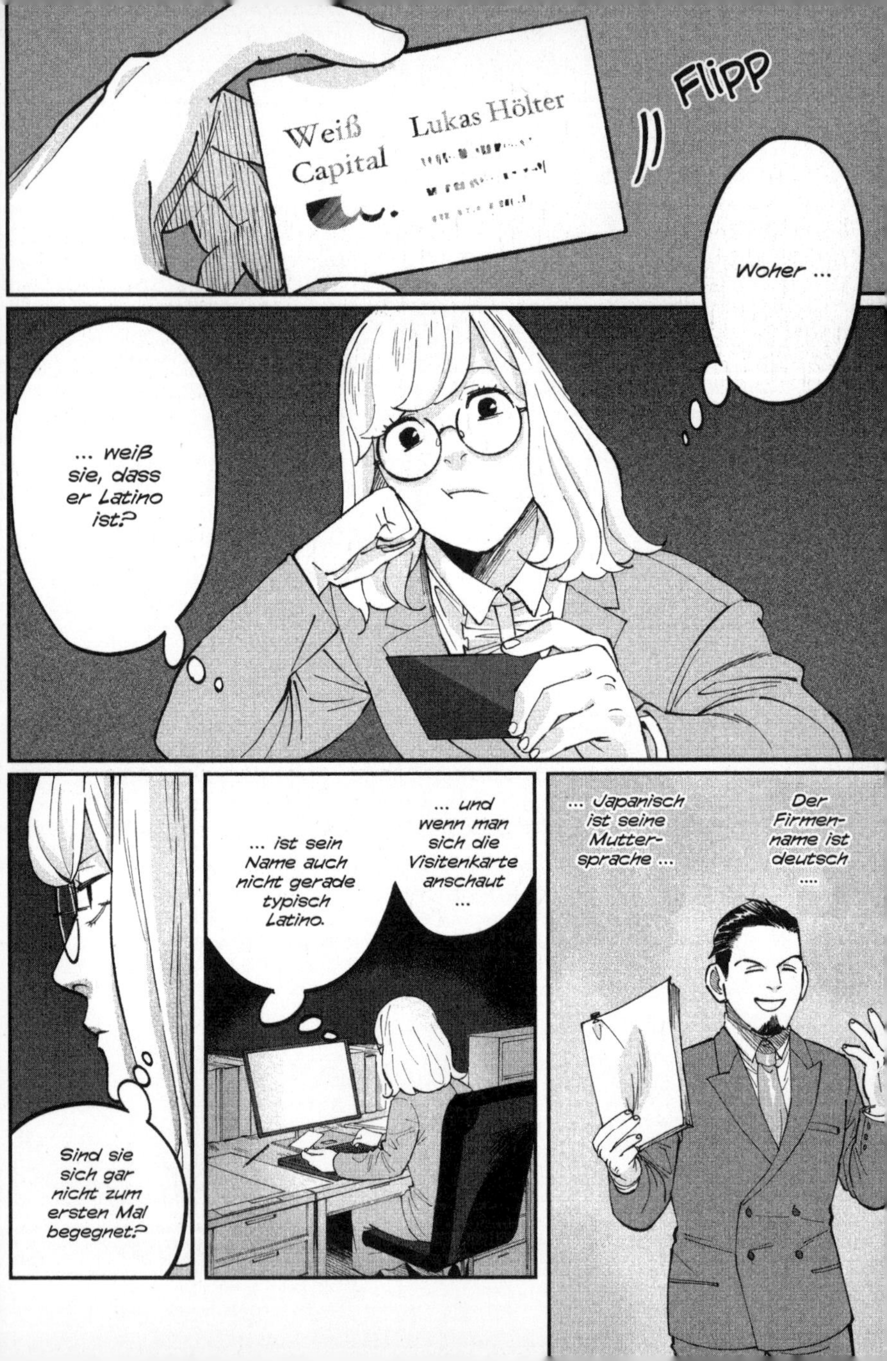
Weiß Capital
Lukas Hölter
Flipp
Woher ...
... weiß sie, dass er Latino ist?
Der Firmenname ist deutsch ....
... Japanisch ist seine Muttersprache ...
... und wenn man sich die Visitenkarte anschaut ...
... ist sein Name auch nicht gerade typisch Latino.
Sind sie sich gar nicht zum ersten Mal begegnet?

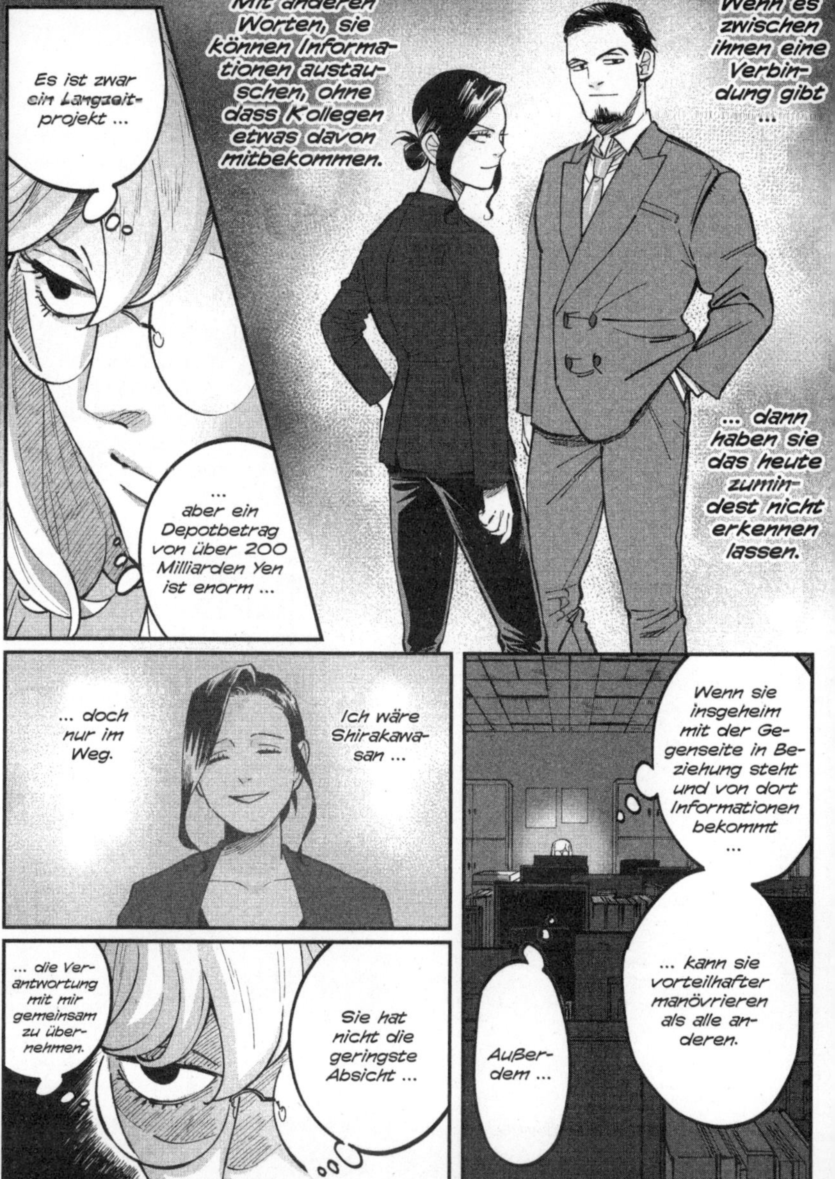
Wenn es zwischen ihnen eine Verbindung gibt ...
... dann haben sie das heute zumindest nicht erkennen lassen.
Mit anderen Worten, sie können Informationen austauschen, ohne dass Kollegen etwas davon mitbekommen.
Es ist zwar ein Langzeitprojekt ...
... aber ein Depotbetrag von über 200 Milliarden Yen ist enorm ...
Wenn sie insgeheim mit der Gegenseite in Beziehung steht und von dort Informationen bekommt ...
... kann sie vorteilhafter manövrieren als alle anderen.
Außerdem ...
Ich wäre Shirakawa-san ...
... doch nur im Weg.
Sie hat nicht die geringste Absicht ...
... die Verantwortung mit mir gemeinsam zu übernehmen.

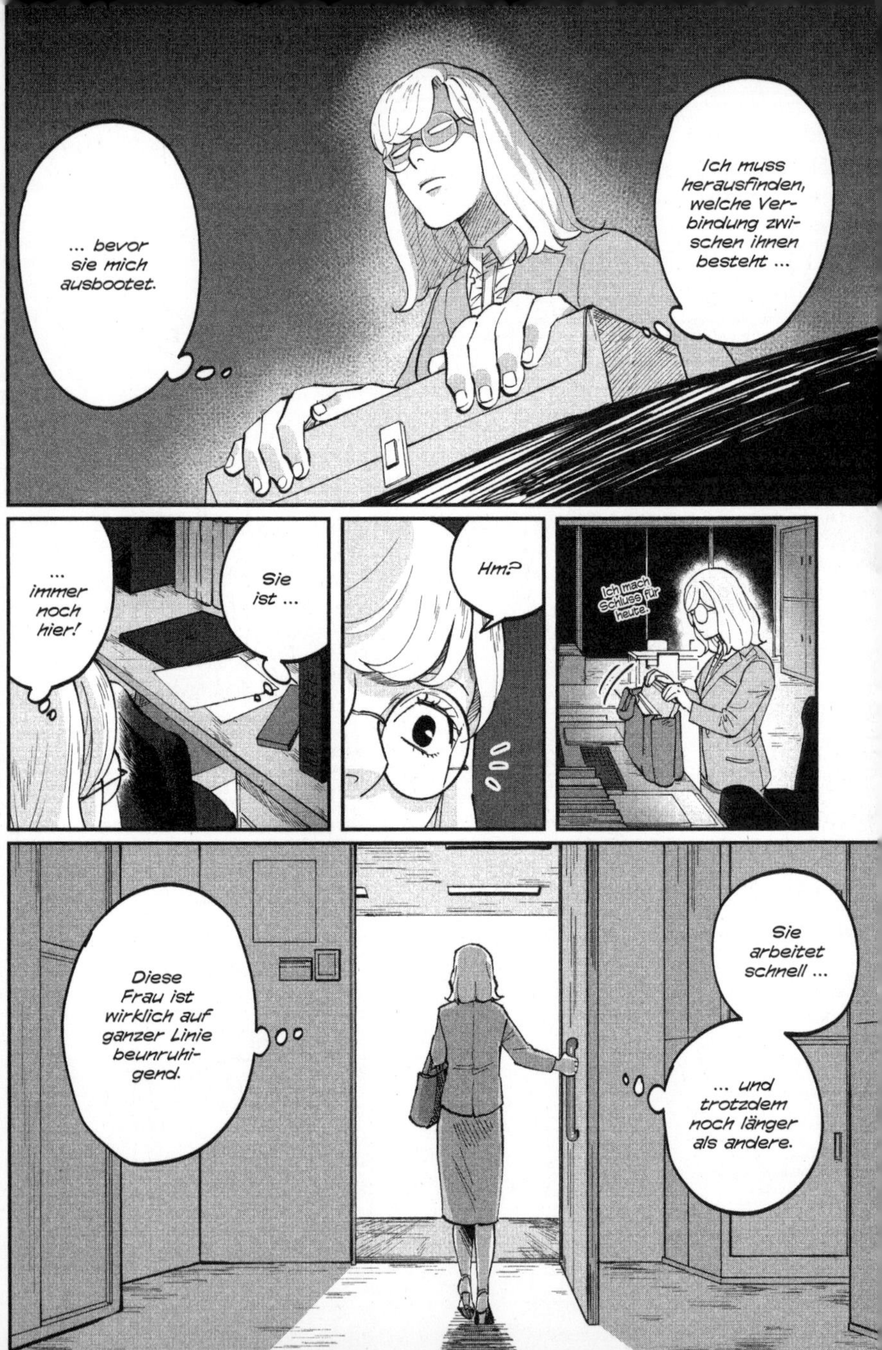
Ich muss herausfinden, welche Verbindung zwischen ihnen besteht ...
... bevor sie mich ausbootet.
Ich mach Schluss für heute.
Hm?
Sie ist ...
... immer noch hier!
Sie arbeitet schnell ...
... und trotzdem noch länger als andere.
Diese Frau ist wirklich auf ganzer Linie beunruhigend.

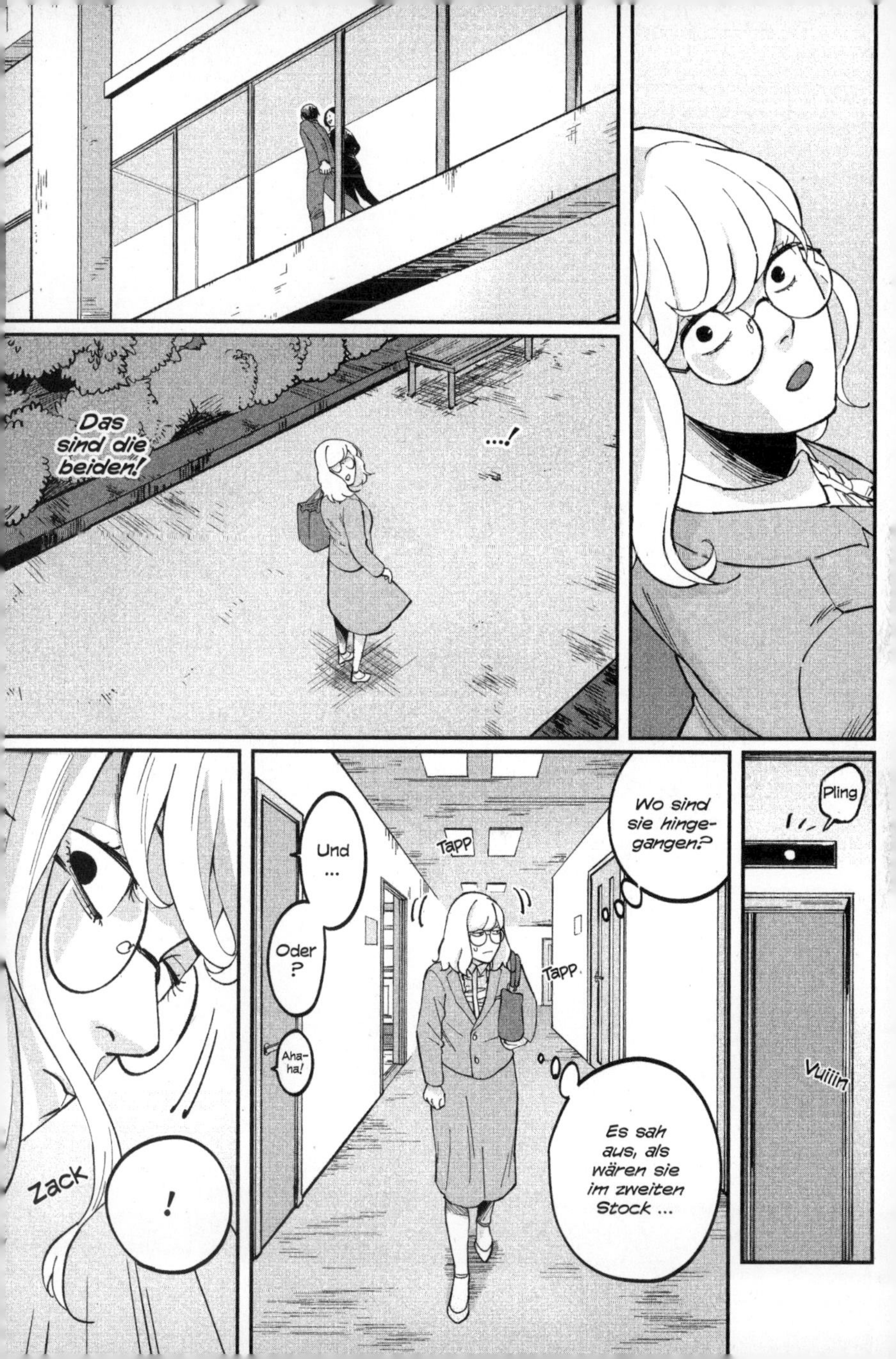
Das sind die beiden!
...!
Und ...
Oder ?
Aha-ha!
Tapp
Wo sind sie hingegangen?
Tapp
Es sah aus, als wären sie im zweiten Stock ...
Zack
!
Pling
Vuiiin

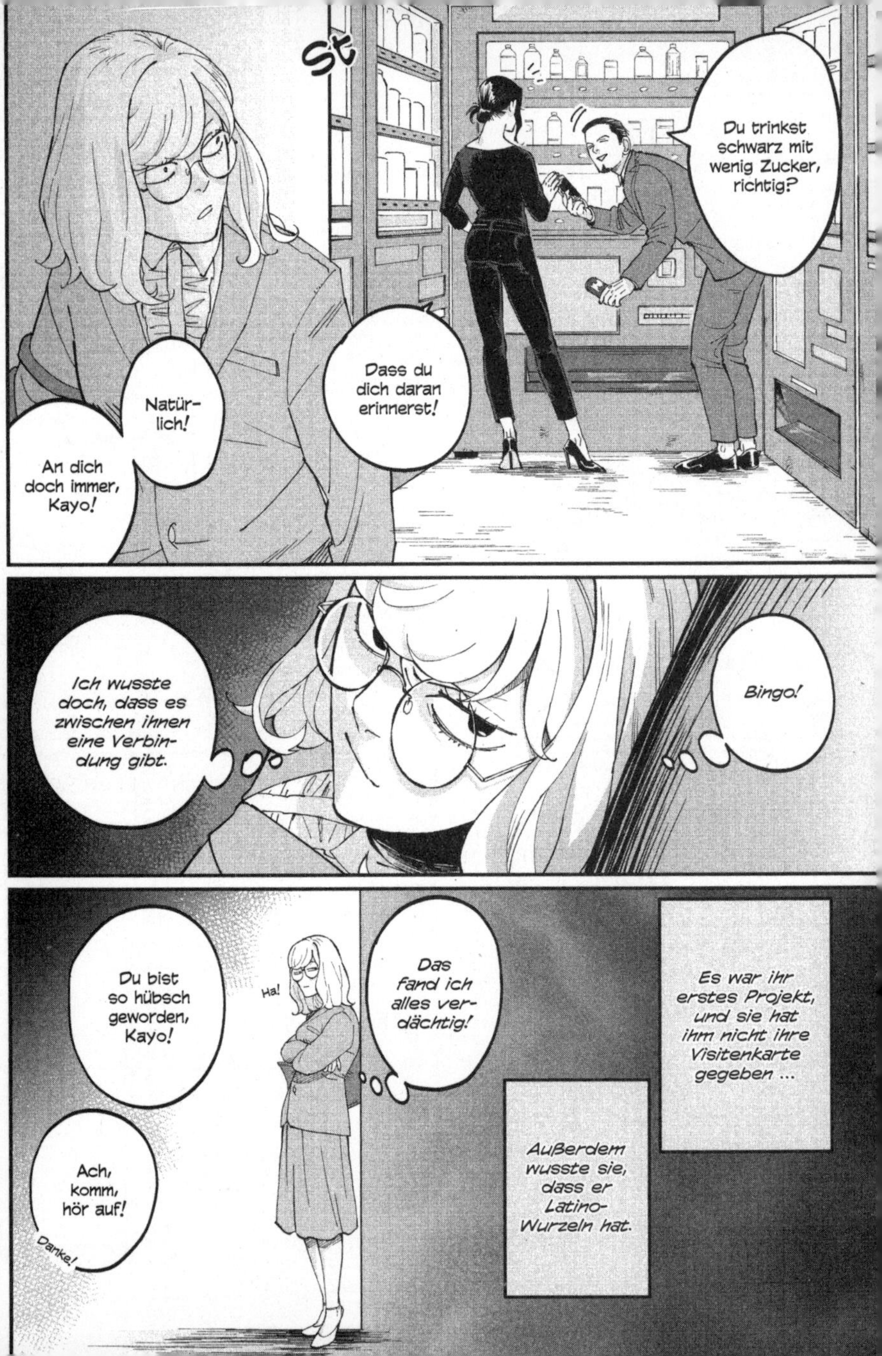
St
Du trinkst schwarz mit wenig Zucker, richtig?
Dass du dich daran erinnerst!
Natür-lich!
An dich doch immer, Kayo!
Bingo!
Ich wusste doch, dass es zwischen ihnen eine Verbin-dung gibt.
Es war ihr erstes Projekt, und sie hat ihm nicht ihre Visitenkarte gegeben ...
Außerdem wusste sie, dass er Latino-Wurzeln hat.
Das fand ich alles ver-dächtig!
Ha!
Du bist so hübsch geworden, Kayo!
Ach, komm, hör auf!
Danke!

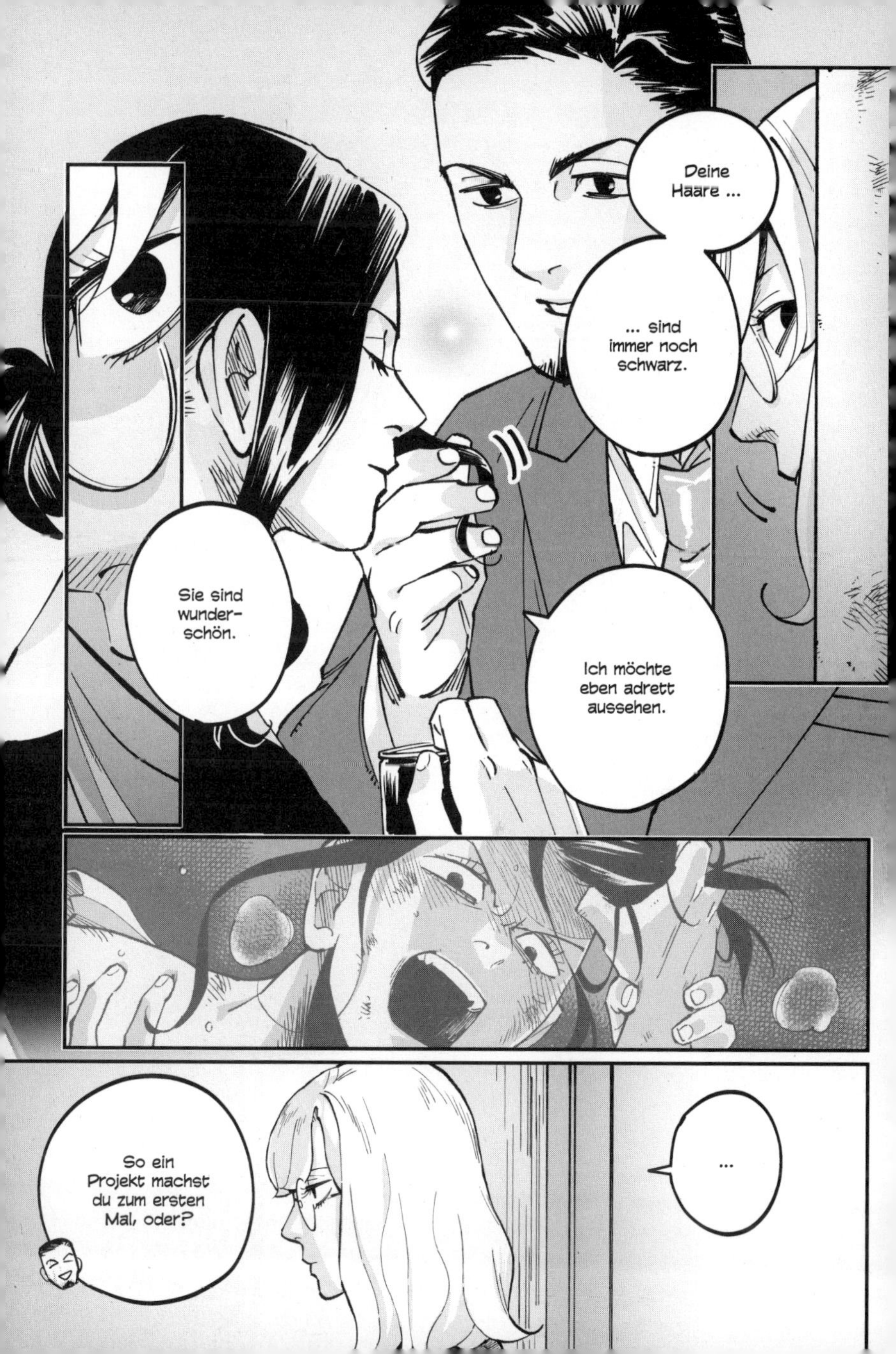
Deine Haare ...
... sind immer noch schwarz.
Ich möchte eben adrett aussehen.
Sie sind wunderschön.
...
So ein Projekt machst du zum ersten Mal, oder?

*Abteilung für institutionelle Investoren aus dem Ausland

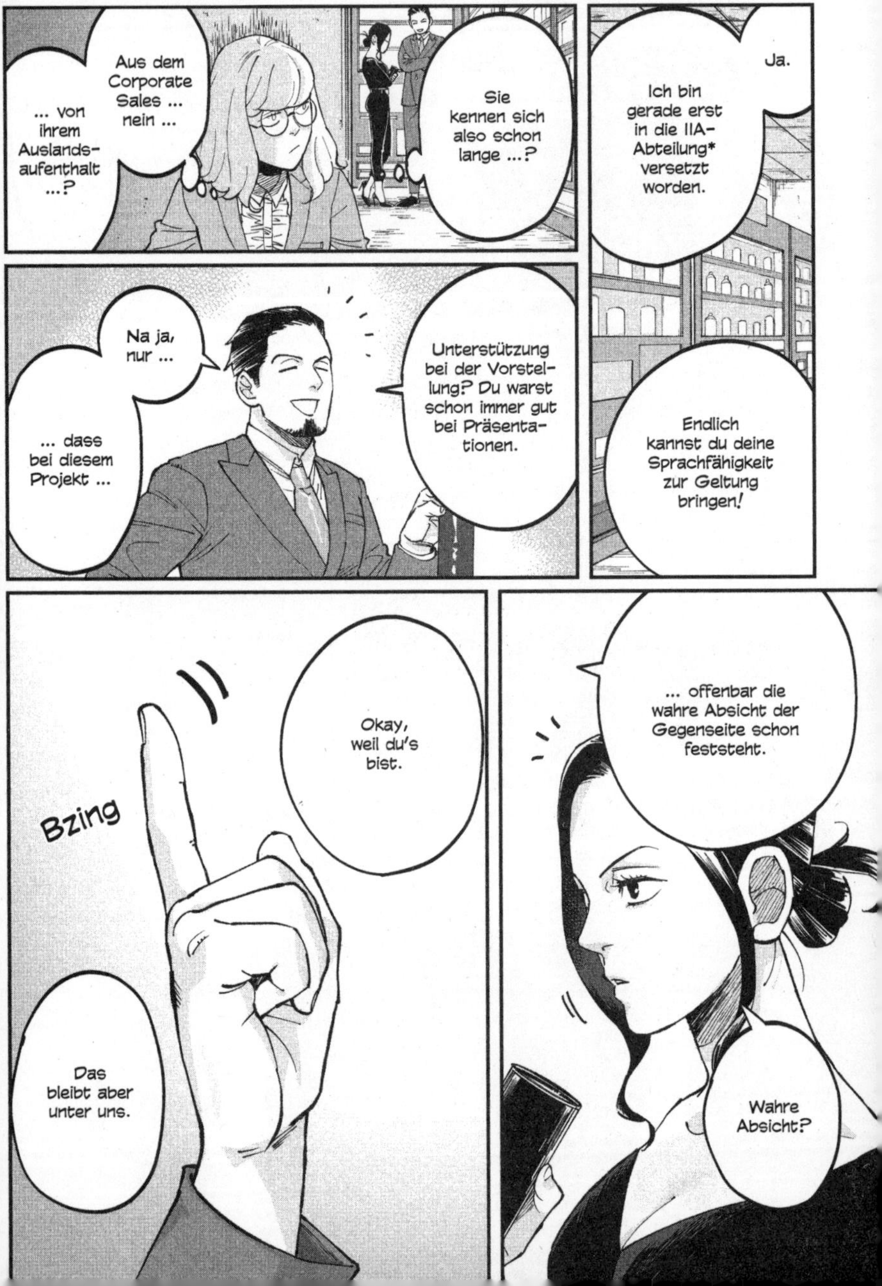

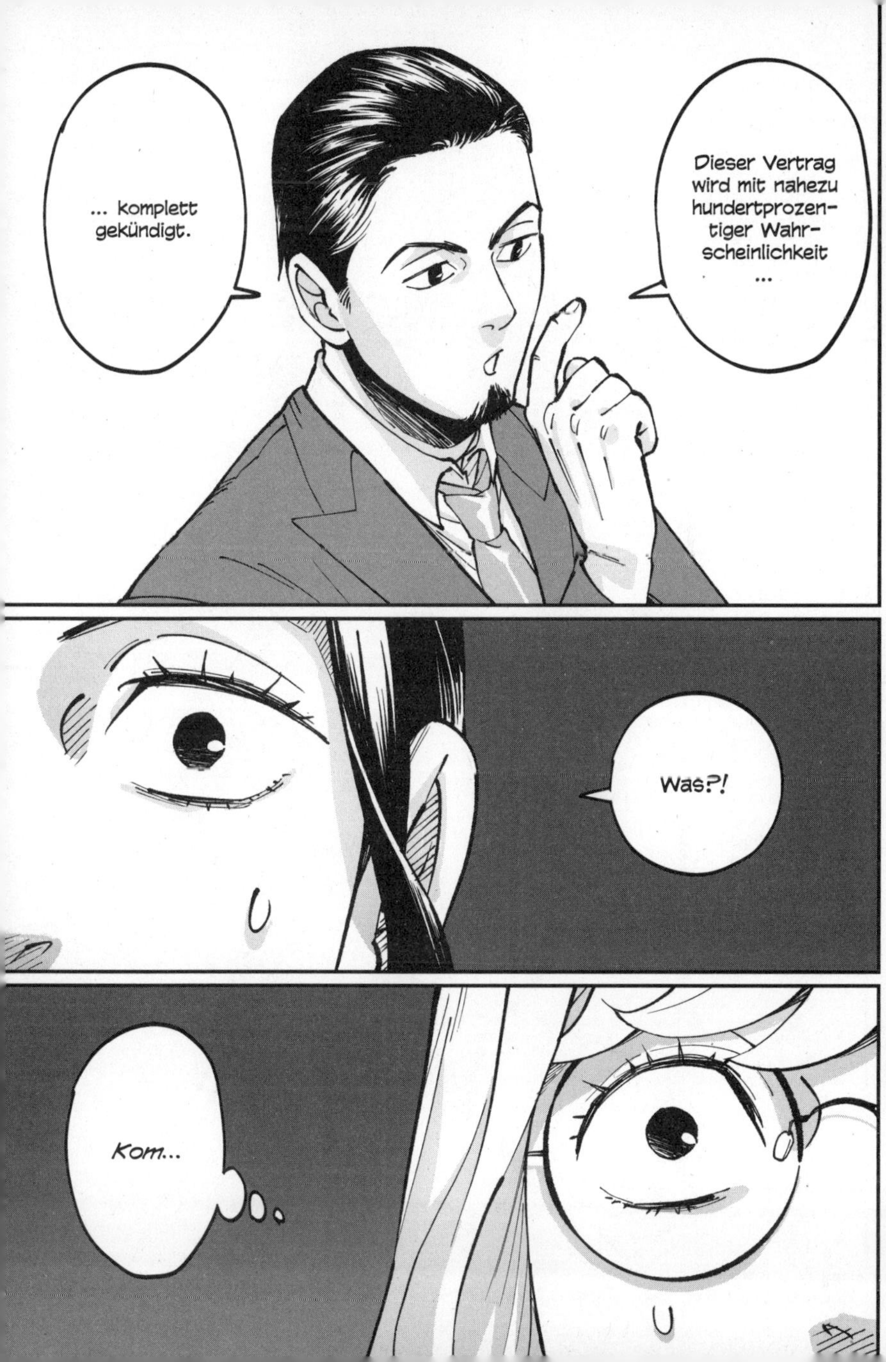
Dieser Vertrag wird mit nahezu hundertprozentiger Wahrscheinlichkeit ...
... komplett gekündigt.
Was?!
Kom...

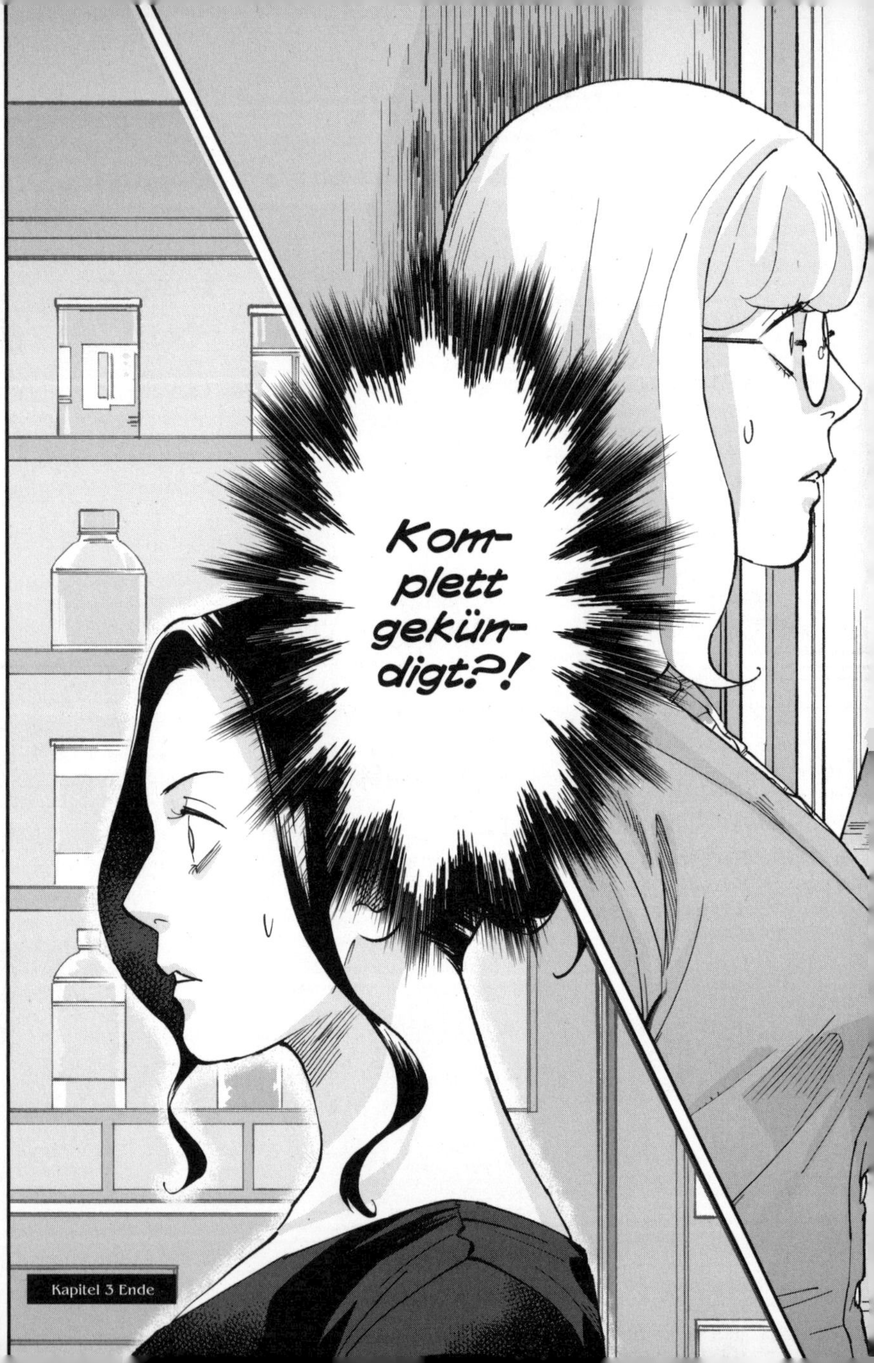
Komplett gekündigt?!
Kapitel 3 Ende

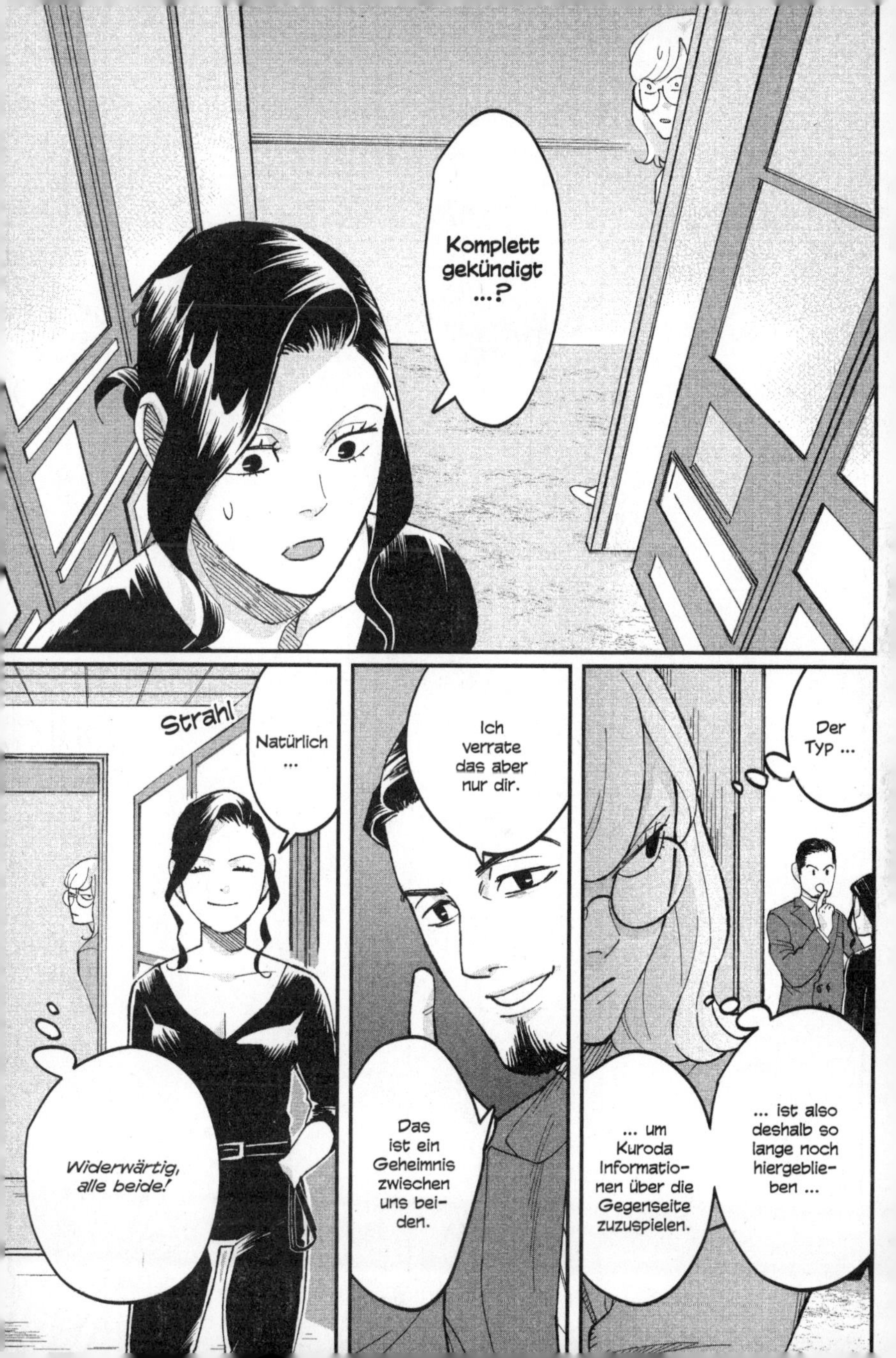
Komplett gekündigt ...?
Der Typ ...
... ist also deshalb so lange noch hiergeblieben ...
... um Kuroda Informationen über die Gegenseite zuzuspielen.
Ich verrate das aber nur dir.
Das ist ein Geheimnis zwischen uns beiden.
Strahl
Natürlich ...
Widerwärtig, alle beide!

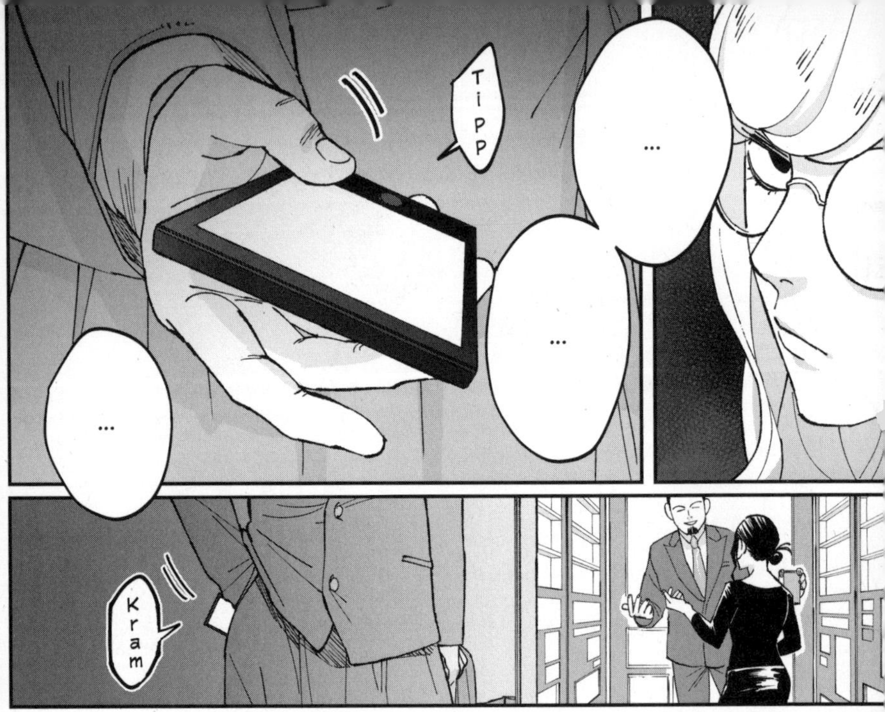

Kapitel 4 Gemeinsamer Kampf (Teil 2)

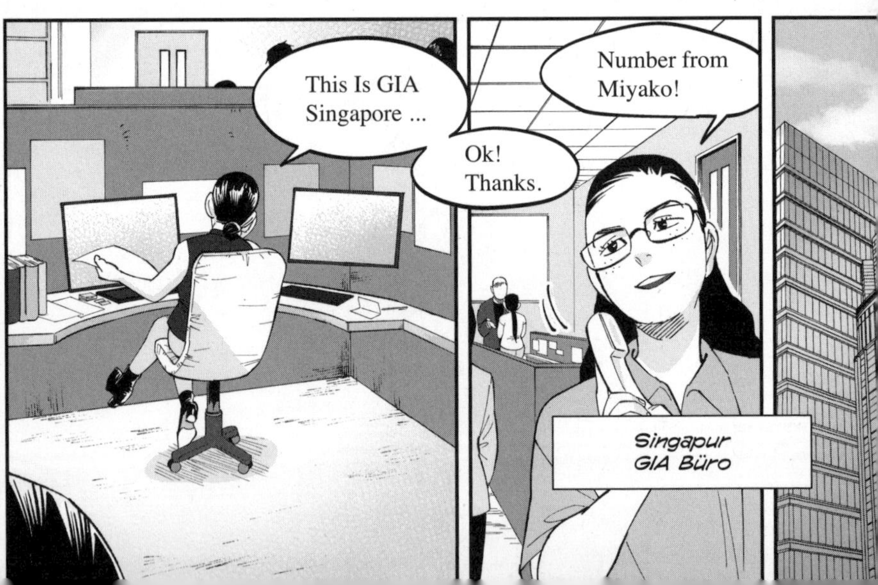

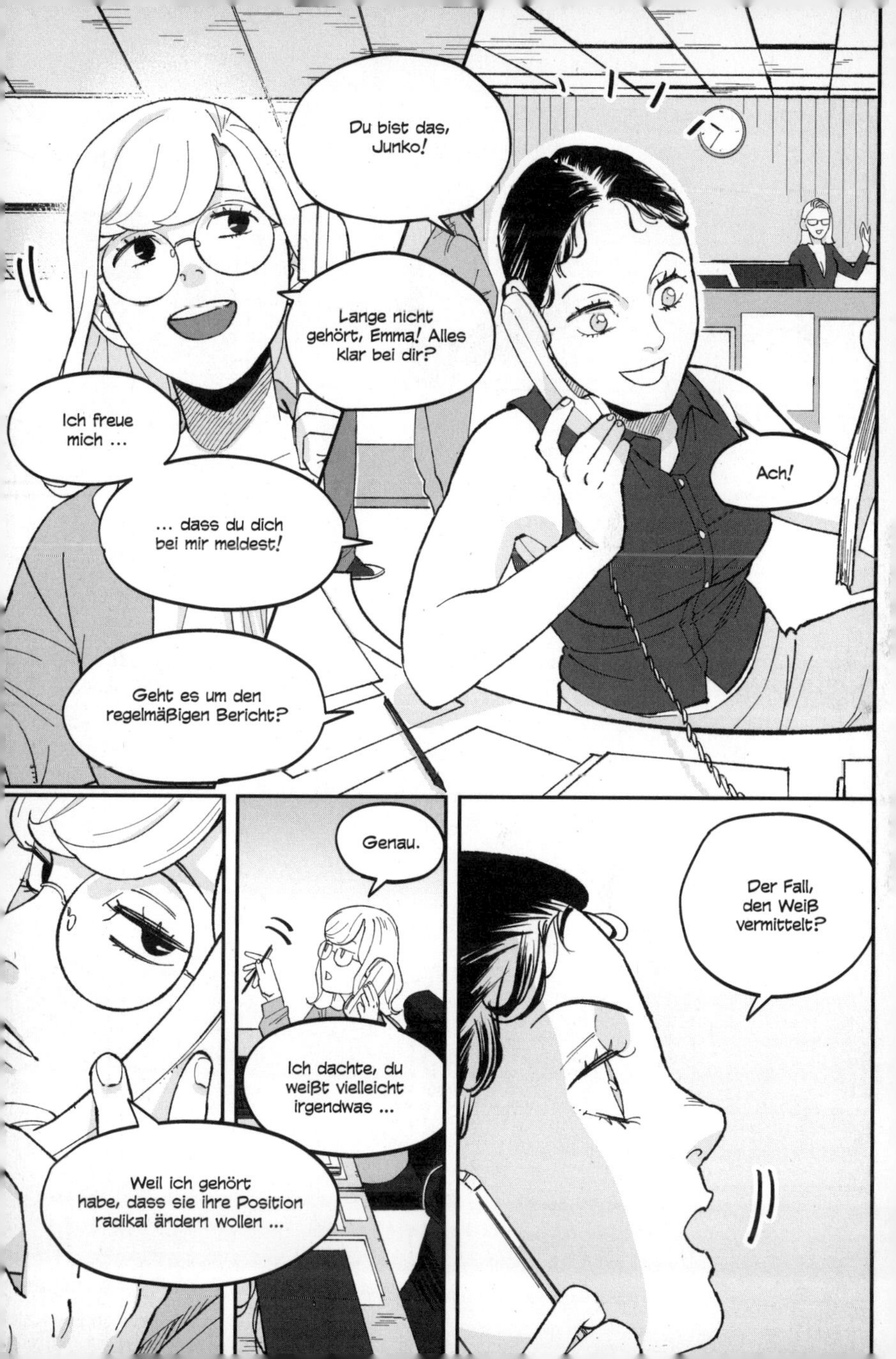

Du bist das, Junko!
Lange nicht gehört, Emma! Alles klar bei dir?
Ich freue mich ...
... dass du dich bei mir meldest!
Ach!
Geht es um den regelmäßigen Bericht?
Genau.
Der Fall, den Weiß vermittelt?
Ich dachte, du weißt vielleicht irgendwas ...
Weil ich gehört habe, dass sie ihre Position radikal ändern wollen ...

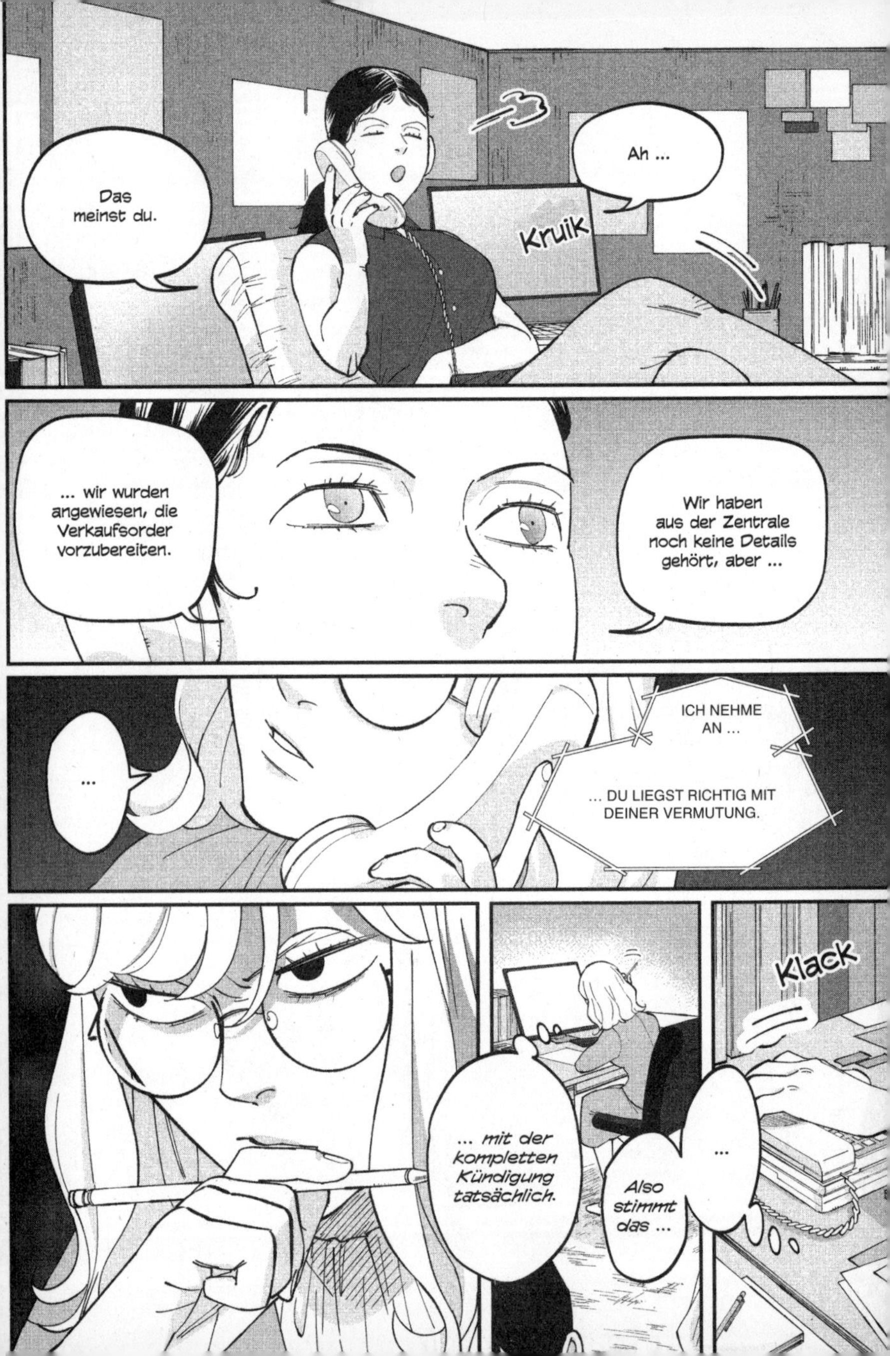
Ah ...
Kruik
Das meinst du.
Wir haben aus der Zentrale noch keine Details gehört, aber ...
... wir wurden angewiesen, die Verkaufsorder vorzubereiten.
ICH NEHME AN ...
... DU LIEGST RICHTIG MIT DEINER VERMUTUNG.
...
Klack
...
Also stimmt das ...
... mit der kompletten Kündigung tatsächlich.

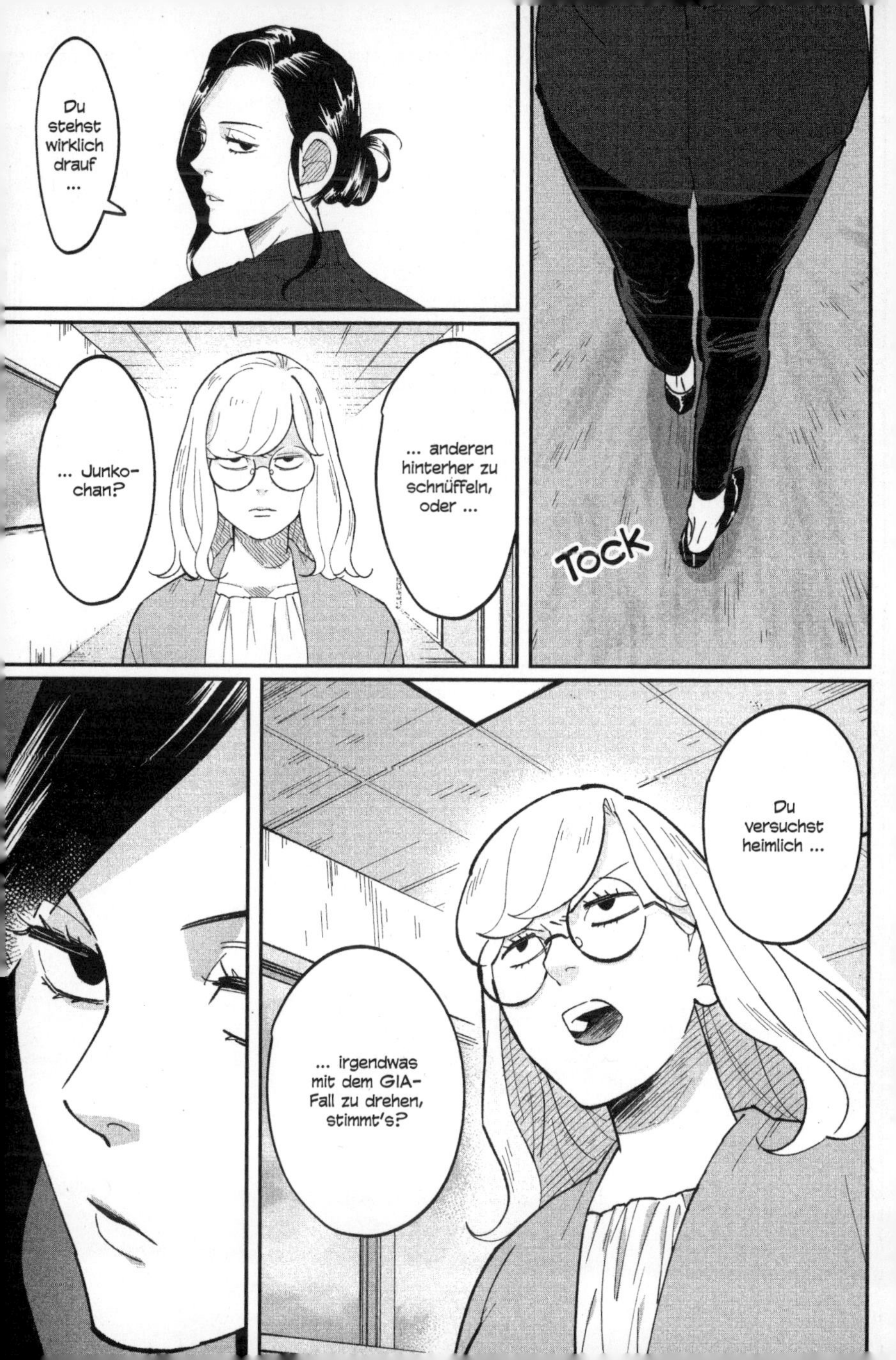

Tock
Du stehst wirklich drauf ...
... anderen hinterher zu schnüffeln, oder ...
... Junko-chan?
Du versuchst heimlich ...
... irgendwas mit dem GIA-Fall zu drehen, stimmt's?

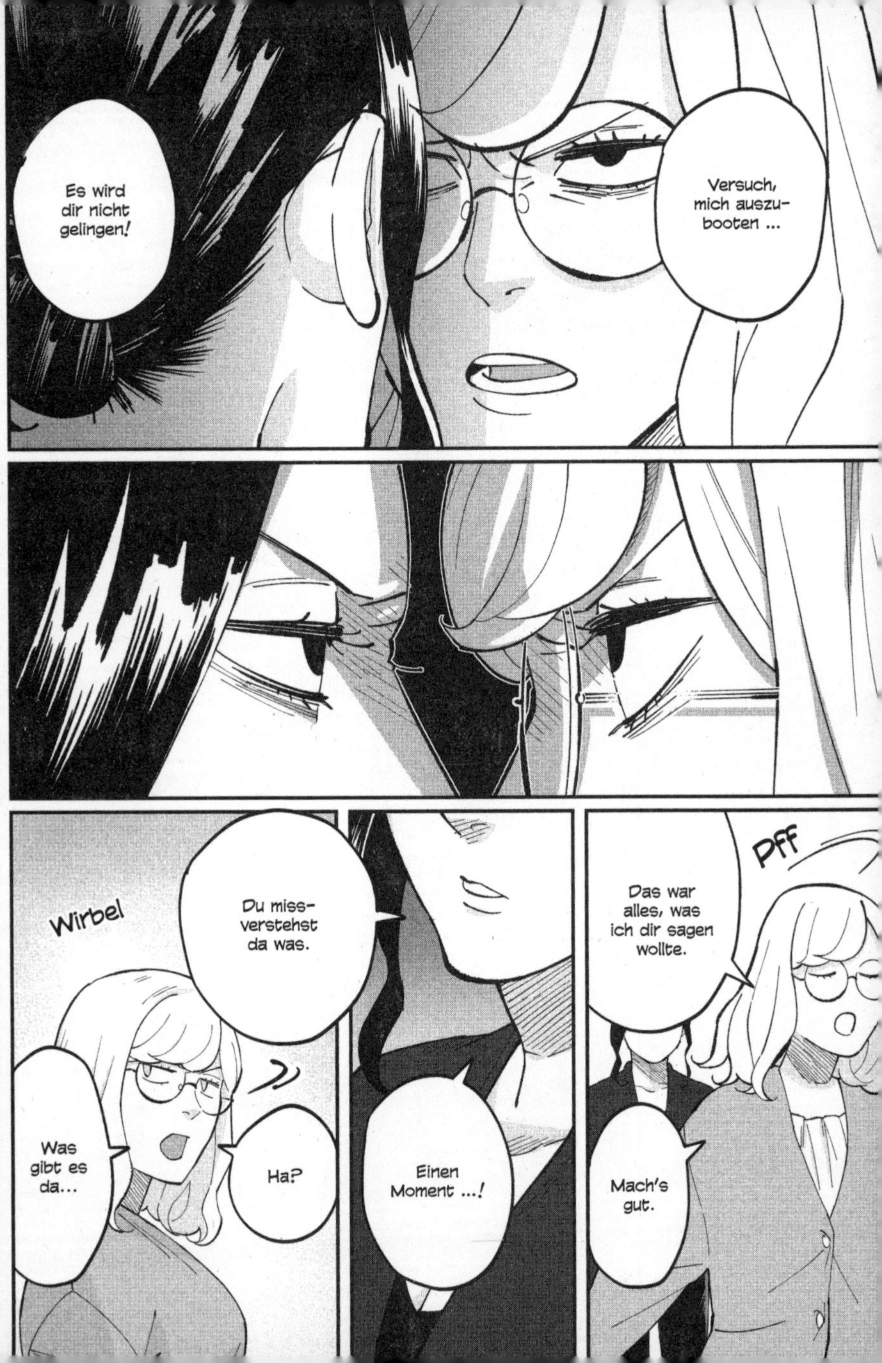
Es wird dir nicht gelingen!
Versuch, mich auszubooten ...
Wirbel
Du missverstehst da was.
Was gibt es da...
Ha?
Einen Moment ...!
Pff
Das war alles, was ich dir sagen wollte.
Mach's gut.

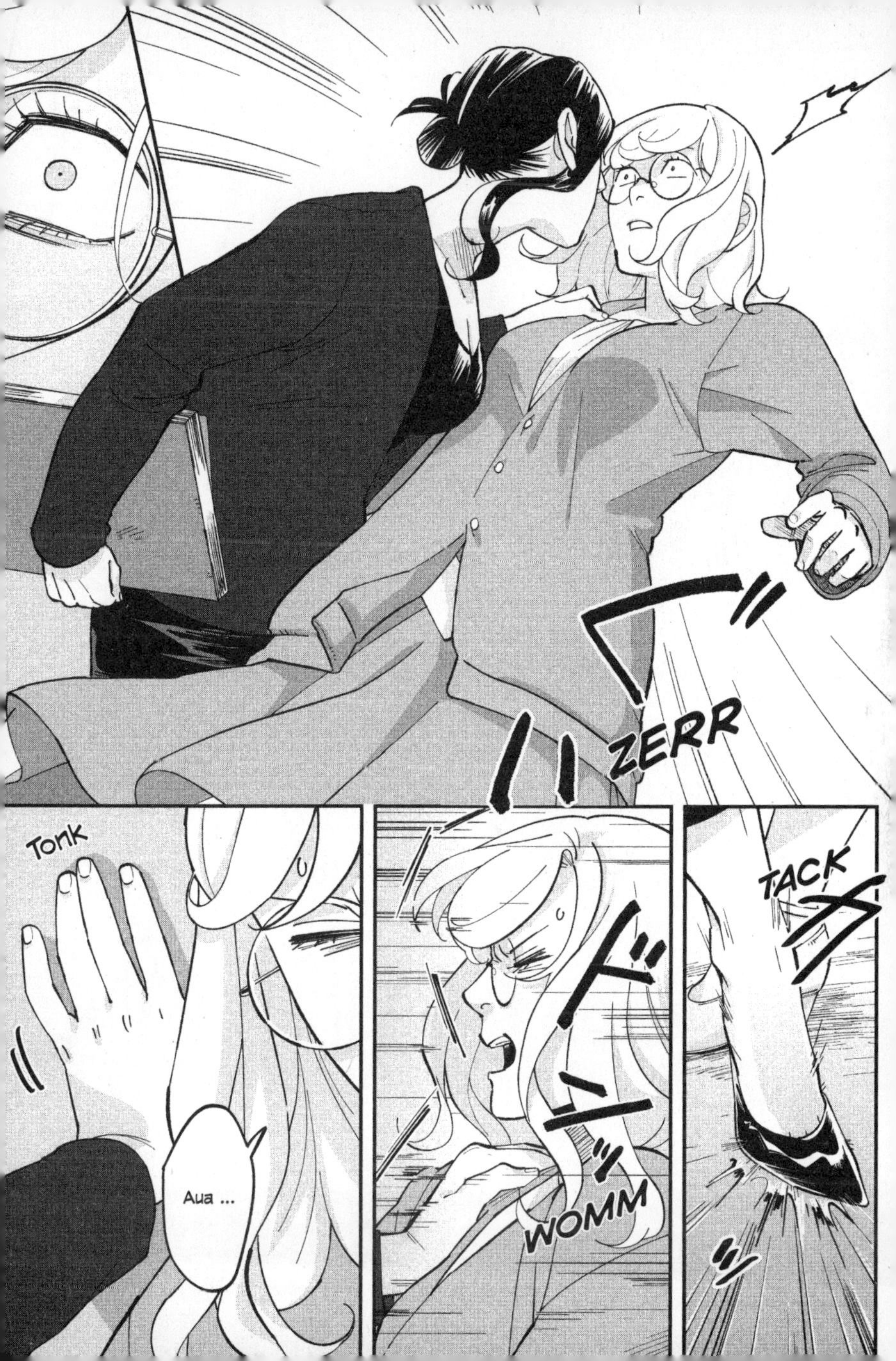
ZERR
TACK
WOMM
Tonk
Aua ...

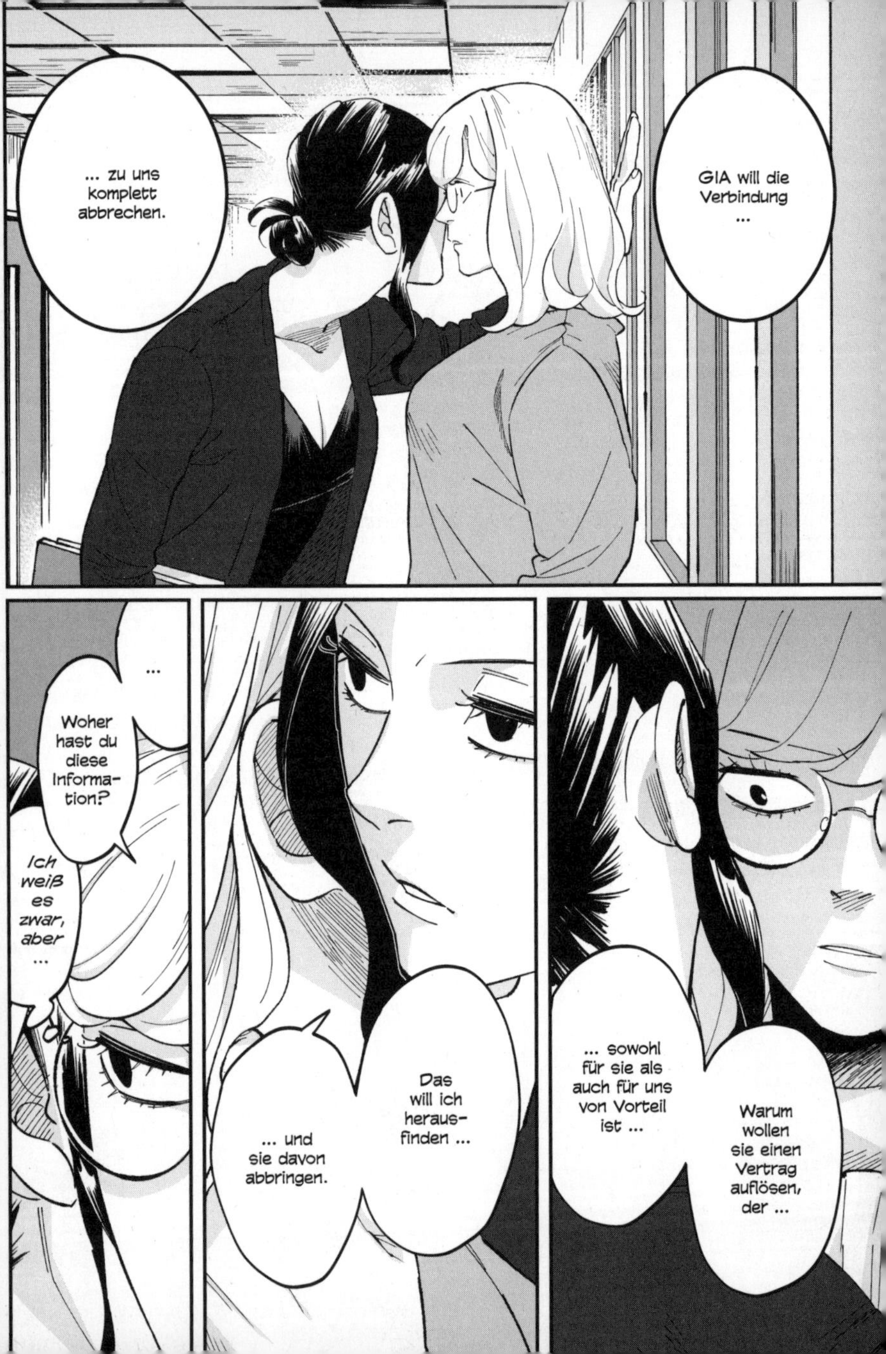
GIA will die Verbindung ...
... zu uns komplett abbrechen.
Warum wollen sie einen Vertrag auflösen, der ...
... sowohl für sie als auch für uns von Vorteil ist ...
Das will ich heraus-finden ...
... und sie davon abbringen.
...
Woher hast du diese Informa-tion?
Ich weiß es zwar, aber ...

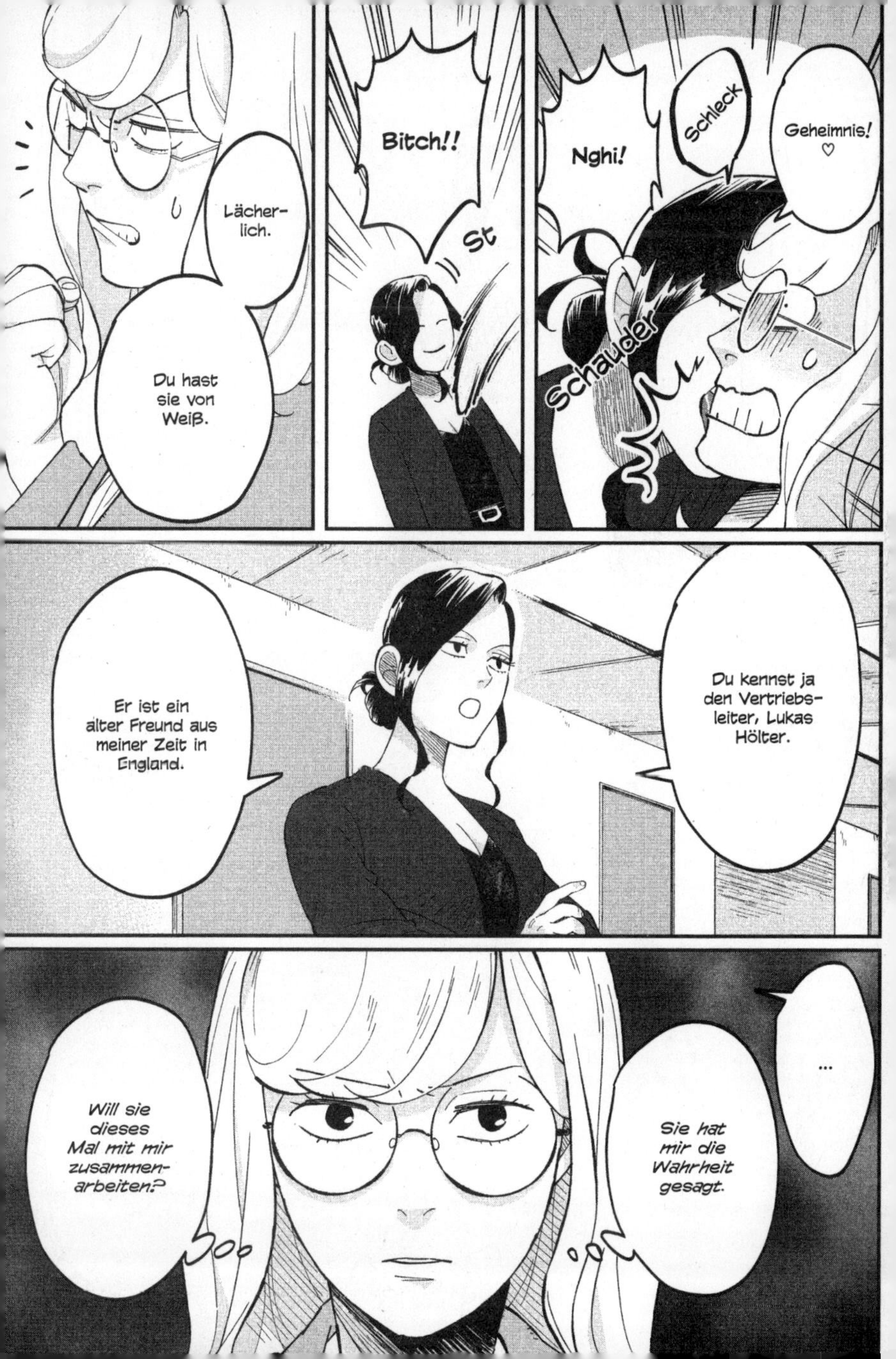
Geheimnis! ♡
Schleck
Nghi!
Schauder
Bitch!!
St
Lächerlich.
Du hast sie von Weiß.
Du kennst ja den Vertriebsleiter, Lukas Hölter.
Er ist ein alter Freund aus meiner Zeit in England.
...
Sie hat mir die Wahrheit gesagt.
Will sie dieses Mal mit mir zusammenarbeiten?

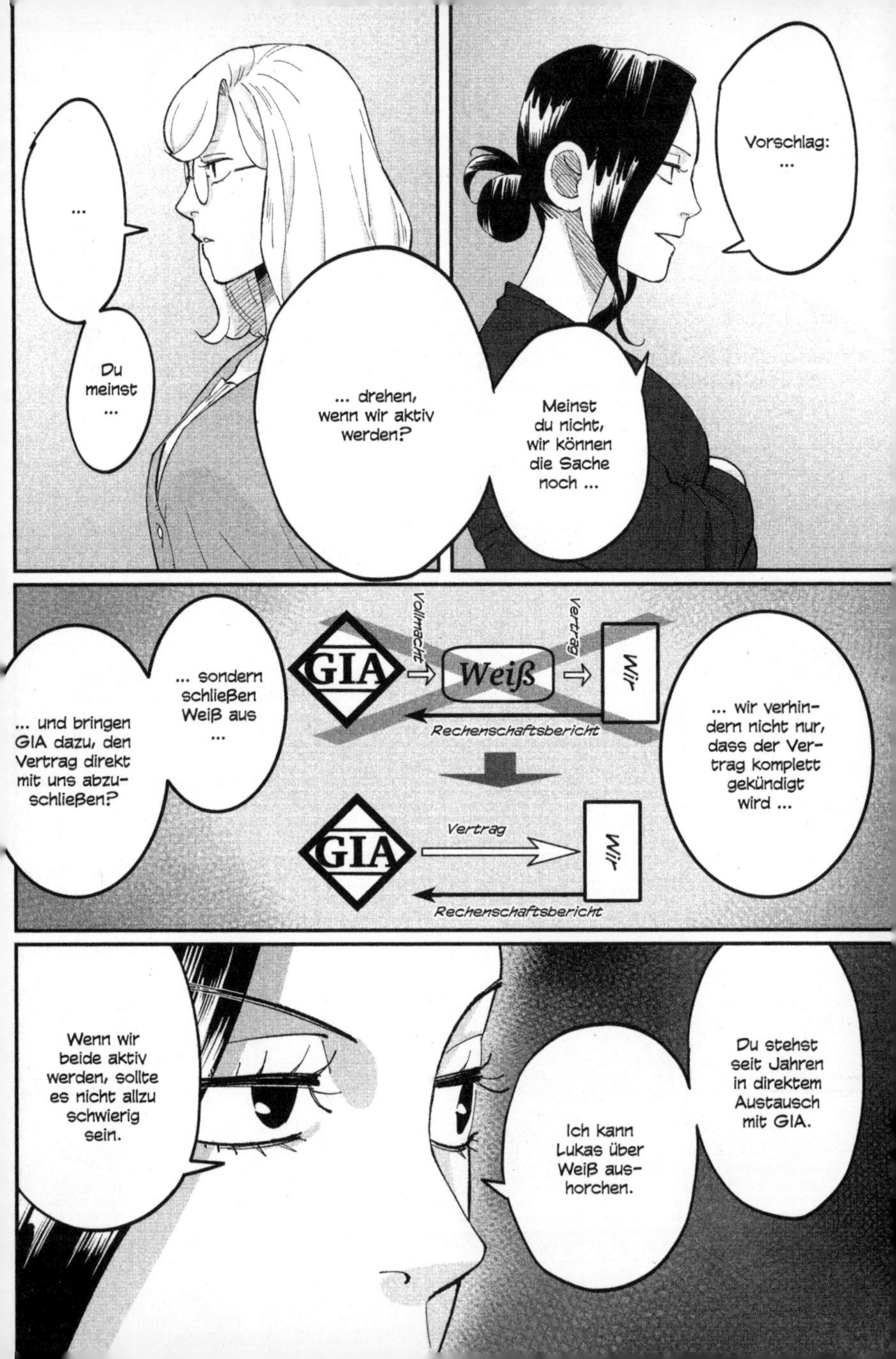
Vorschlag: ...
Meinst du nicht, wir können die Sache noch ...
... drehen, wenn wir aktiv werden?
...
Du meinst ...
... wir verhindern nicht nur, dass der Vertrag komplett gekündigt wird ...
GIA
Vollmacht
Weiß
Vertrag
Wir
Rechenschaftsbericht
GIA
Vertrag
Wir
Rechenschaftsbericht
... sondern schließen Weiß aus ...
... und bringen GIA dazu, den Vertrag direkt mit uns abzuschließen?
Du stehst seit Jahren in direktem Austausch mit GIA.
Ich kann Lukas über Weiß aushorchen.
Wenn wir beide aktiv werden, sollte es nicht allzu schwierig sein.

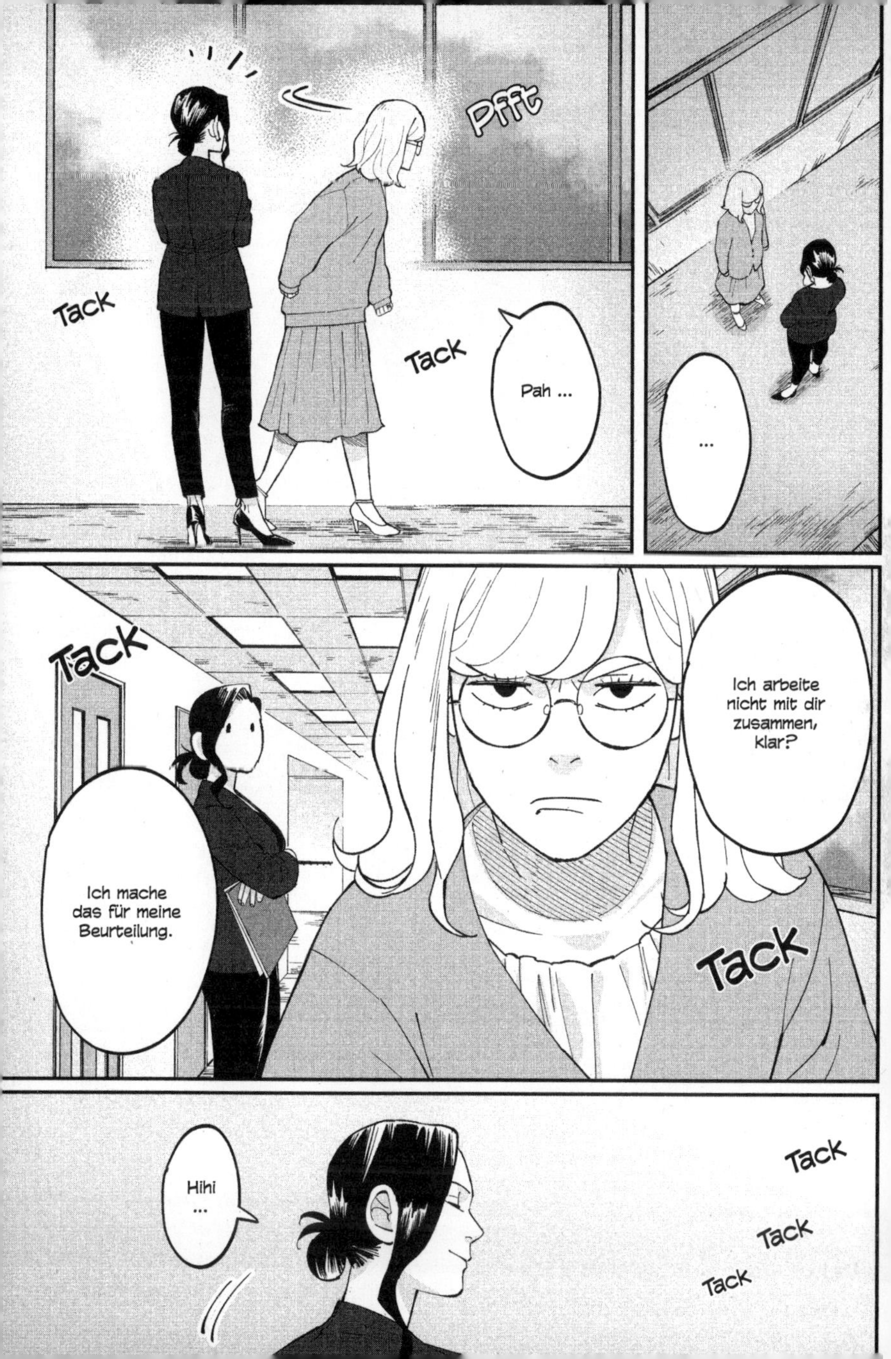
Pfft
Tack
Tack
Pah ...
...
Tack
Ich arbeite nicht mit dir zusammen, klar?
Ich mache das für meine Beurteilung.
Tack
Hihi ...
Tack
Tack
Tack

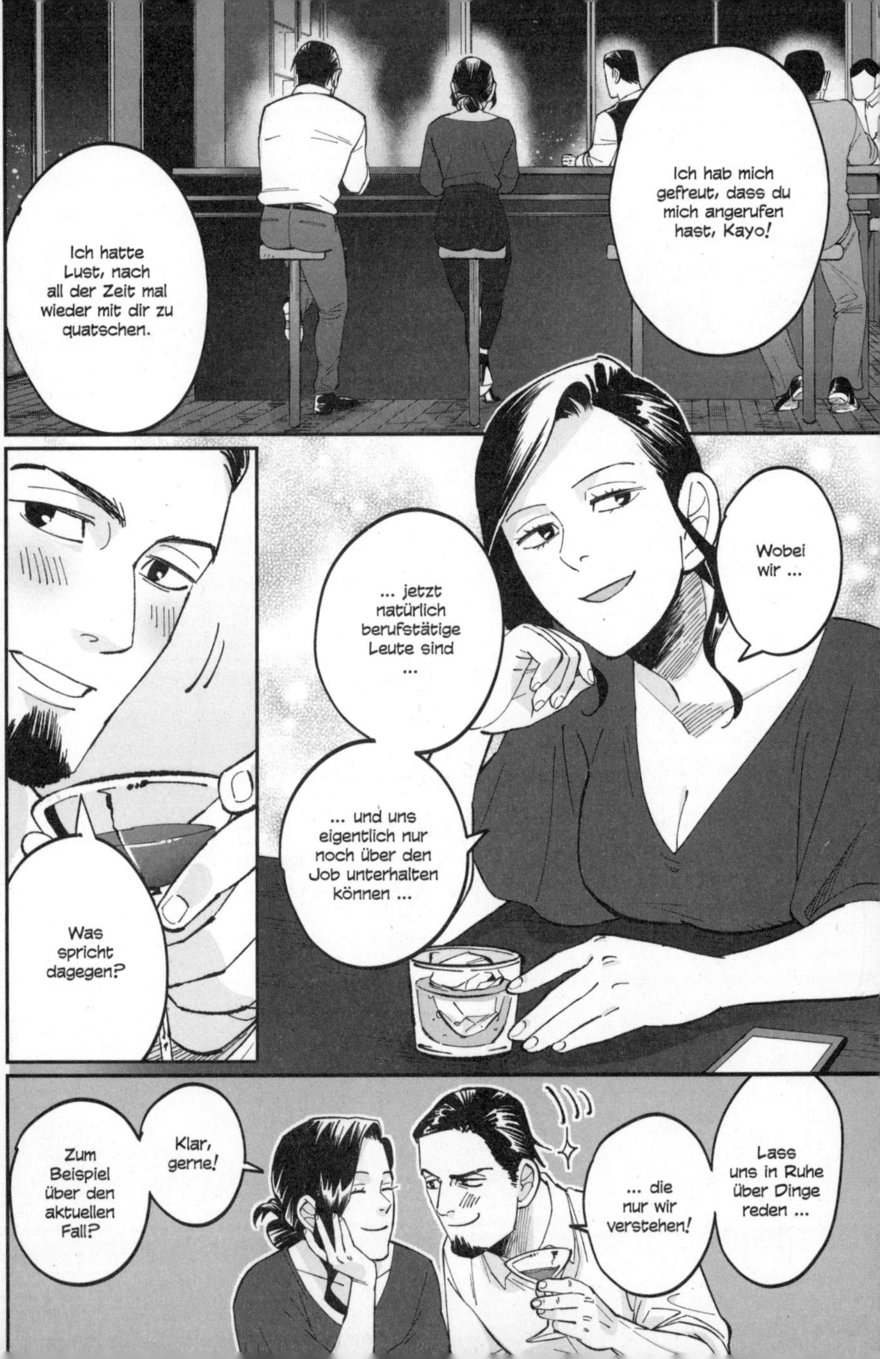
Ich hab mich gefreut, dass du mich angerufen hast, Kayo!
Ich hatte Lust, nach all der Zeit mal wieder mit dir zu quatschen.
Wobei wir ...
... jetzt natürlich berufstätige Leute sind ...
... und uns eigentlich nur noch über den Job unterhalten können ...
Was spricht dagegen?
Lass uns in Ruhe über Dinge reden ...
... die nur wir verstehen!
Klar, gerne!
Zum Beispiel über den aktuellen Fall?

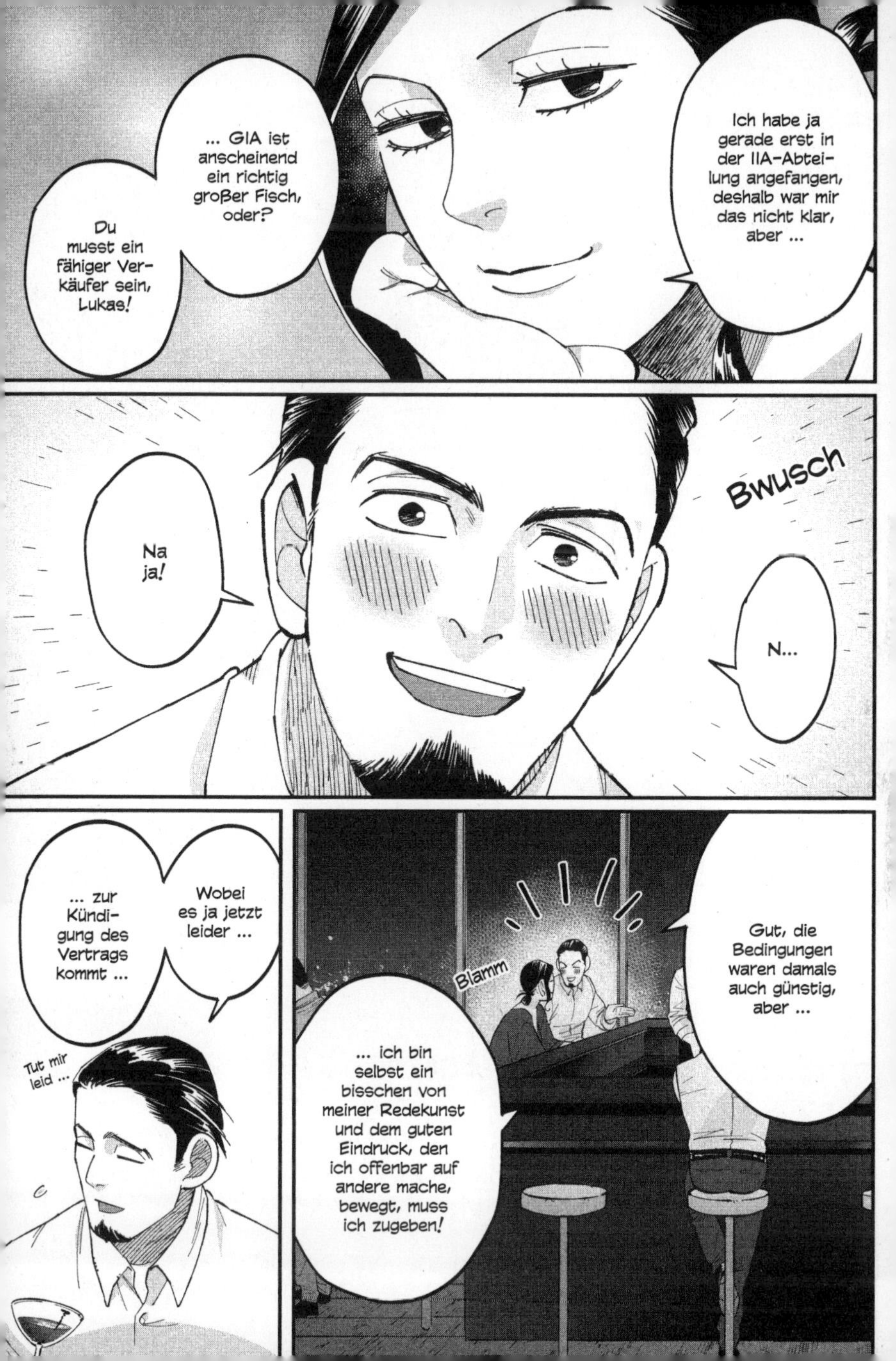
Ich habe ja gerade erst in der IIA-Abteilung angefangen, deshalb war mir das nicht klar, aber ...
... GIA ist anscheinend ein richtig großer Fisch, oder?
Du musst ein fähiger Verkäufer sein, Lukas!
Bwusch
N...
Na ja!
Gut, die Bedingungen waren damals auch günstig, aber ...
Blamm
... ich bin selbst ein bisschen von meiner Redekunst und dem guten Eindruck, den ich offenbar auf andere mache, bewegt, muss ich zugeben!
Wobei es ja jetzt leider ...
... zur Kündigung des Vertrags kommt ...
Tut mir leid ...

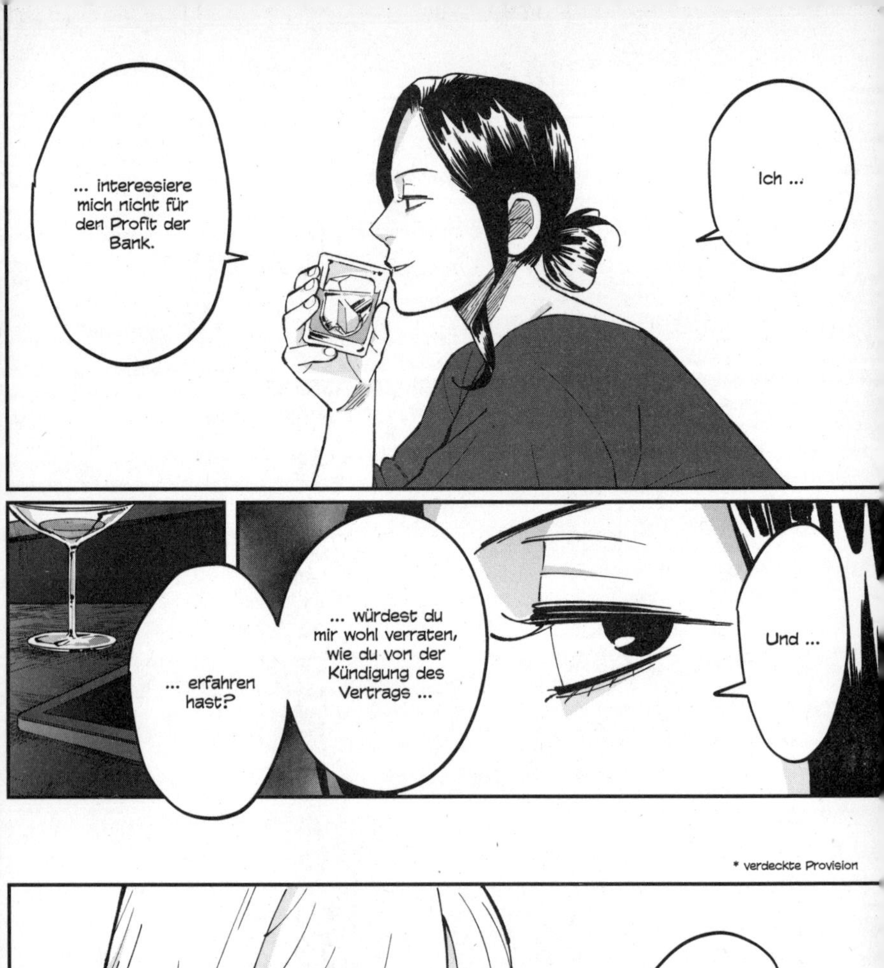

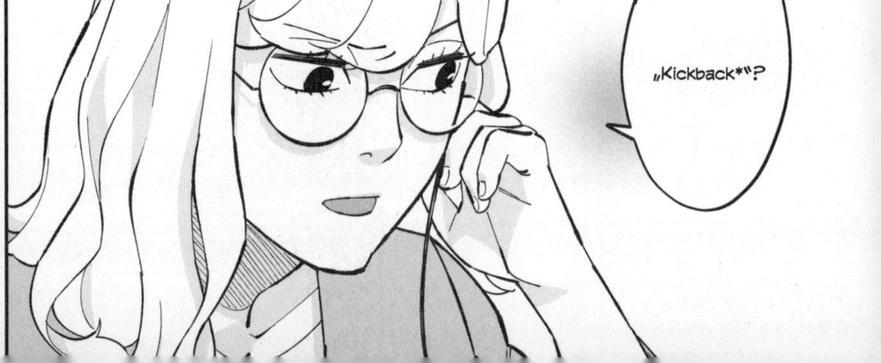

* verdeckte Provision

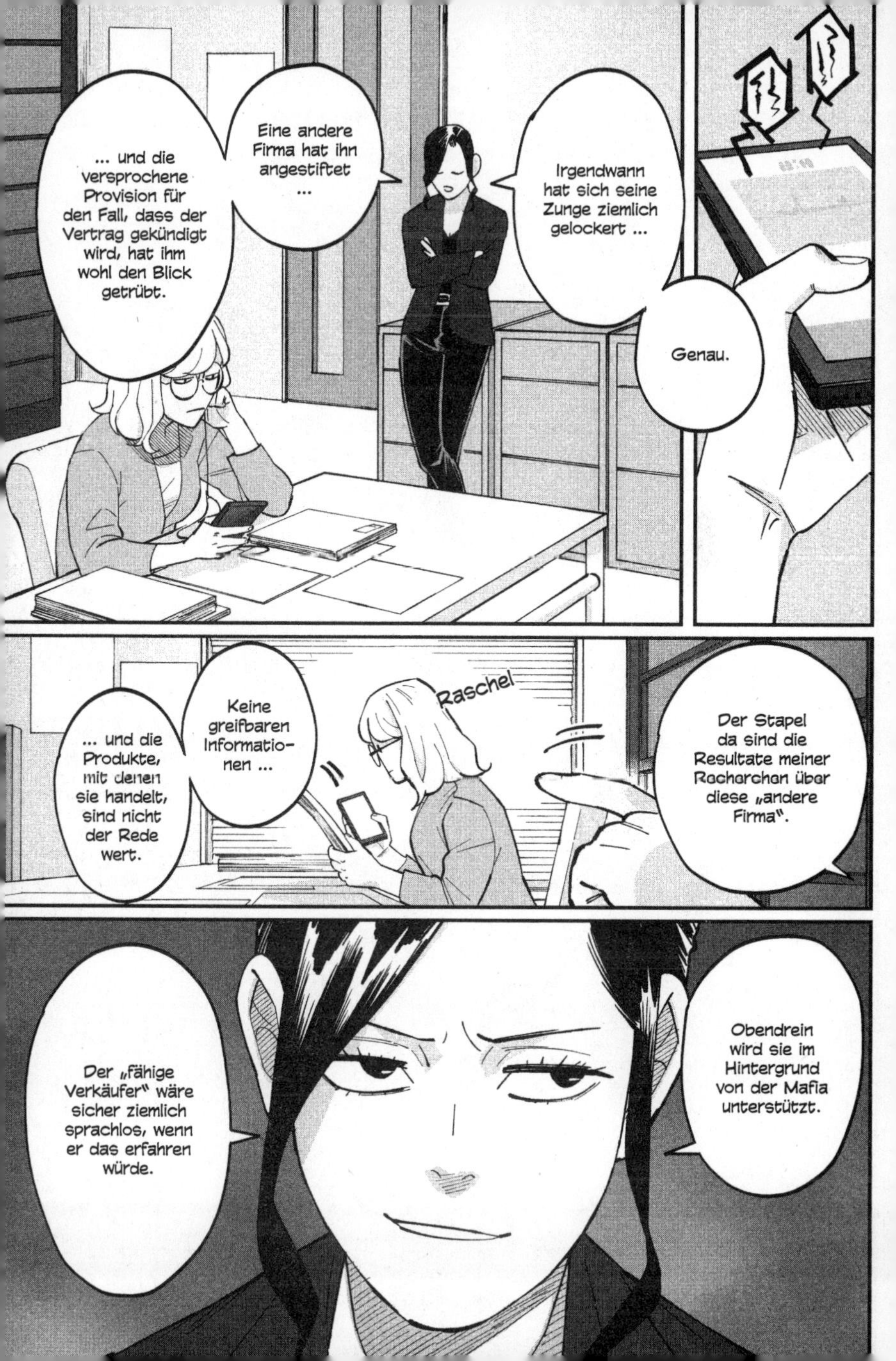

Genau.
Irgendwann hat sich seine Zunge ziemlich gelockert ...
Eine andere Firma hat ihn angestiftet ...
... und die versprochene Provision für den Fall, dass der Vertrag gekündigt wird, hat ihm wohl den Blick getrübt.
Der Stapel da sind die Resultate meiner Recherchen über diese „andere Firma".
Raschel
Keine greifbaren Informatio-nen ...
... und die Produkte, mit denen sie handelt, sind nicht der Rede wert.
Obendrein wird sie im Hintergrund von der Mafia unterstützt.
Der „fähige Verkäufer" wäre sicher ziemlich sprachlos, wenn er das erfahren würde.

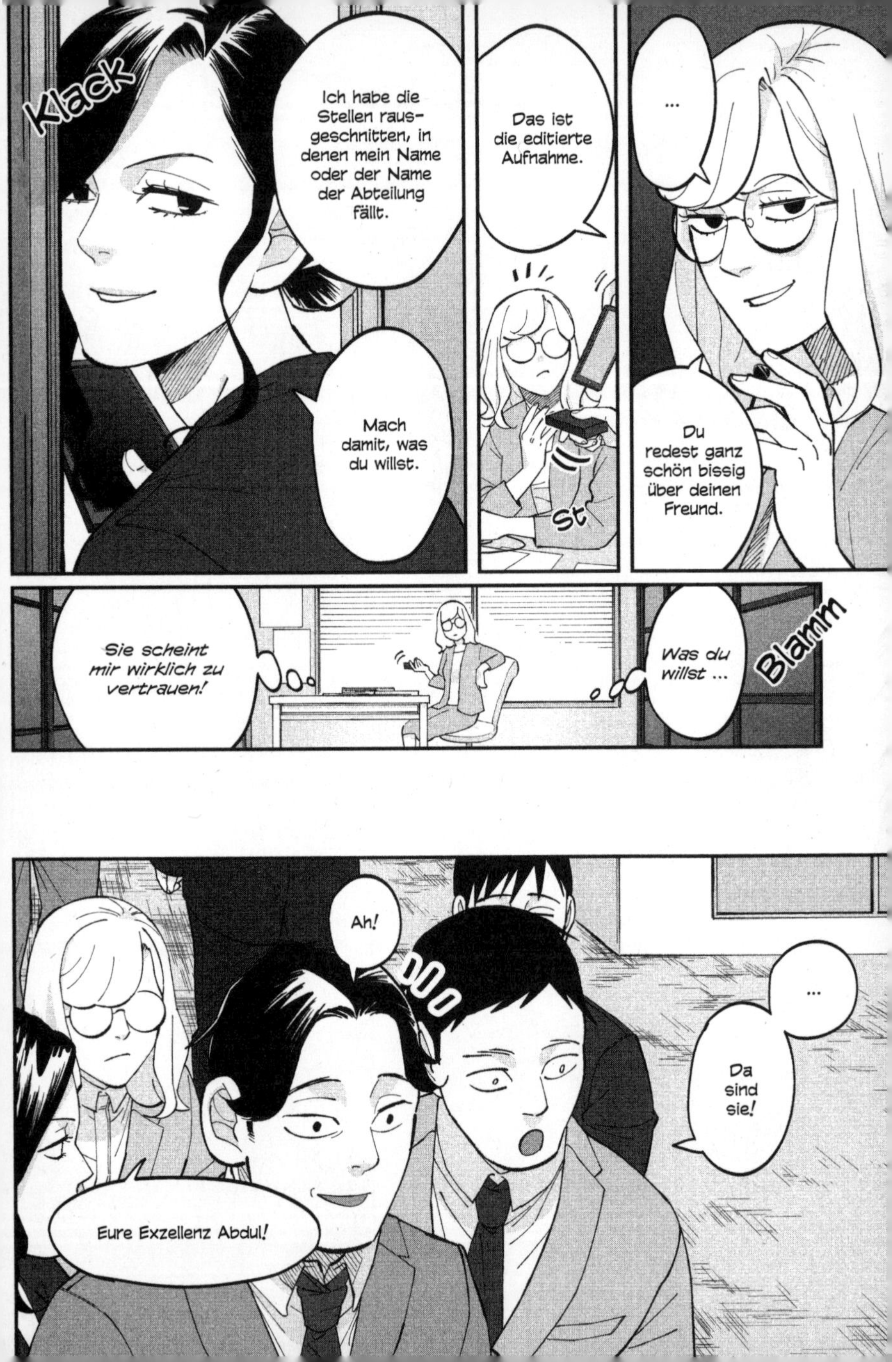
Klack
Ich habe die Stellen rausgeschnitten, in denen mein Name oder der Name der Abteilung fällt.
Mach damit, was du willst.
Das ist die editierte Aufnahme.
St
...
Du redest ganz schön bissig über deinen Freund.
Sie scheint mir wirklich zu vertrauen!
Was du willst ...
Blamm
Ah!
...
Da sind sie!
Eure Exzellenz Abdul!

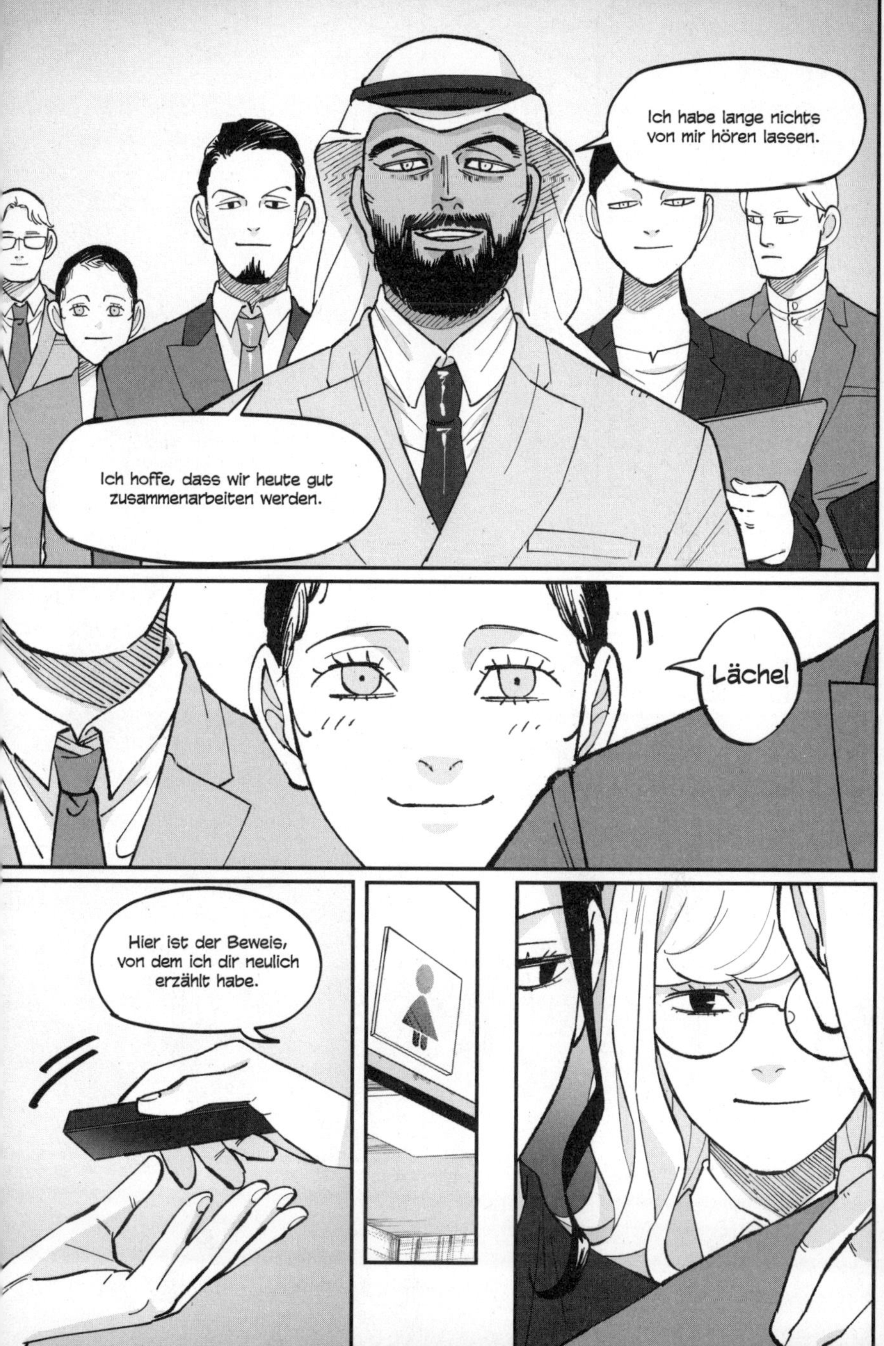
Ich habe lange nichts von mir hören lassen.
Ich hoffe, dass wir heute gut zusammenarbeiten werden.
Lächel
Hier ist der Beweis, von dem ich dir neulich erzählt habe.

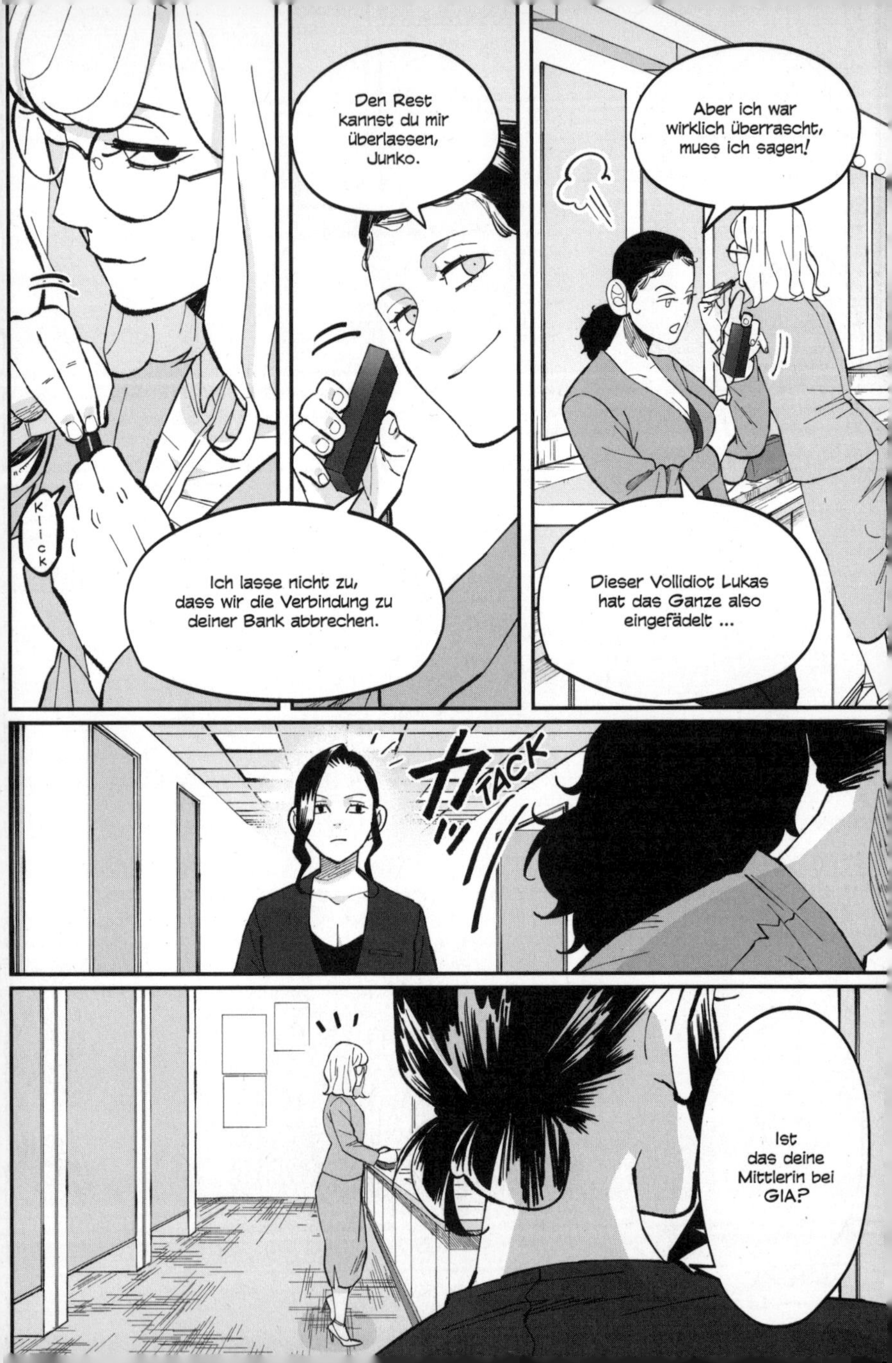
Aber ich war wirklich überrascht, muss ich sagen!
Dieser Vollidiot Lukas hat das Ganze also eingefädelt ...
Den Rest kannst du mir überlassen, Junko.
Ich lasse nicht zu, dass wir die Verbindung zu deiner Bank abbrechen.
Klick
TACK
Ist das deine Mittlerin bei GIA?

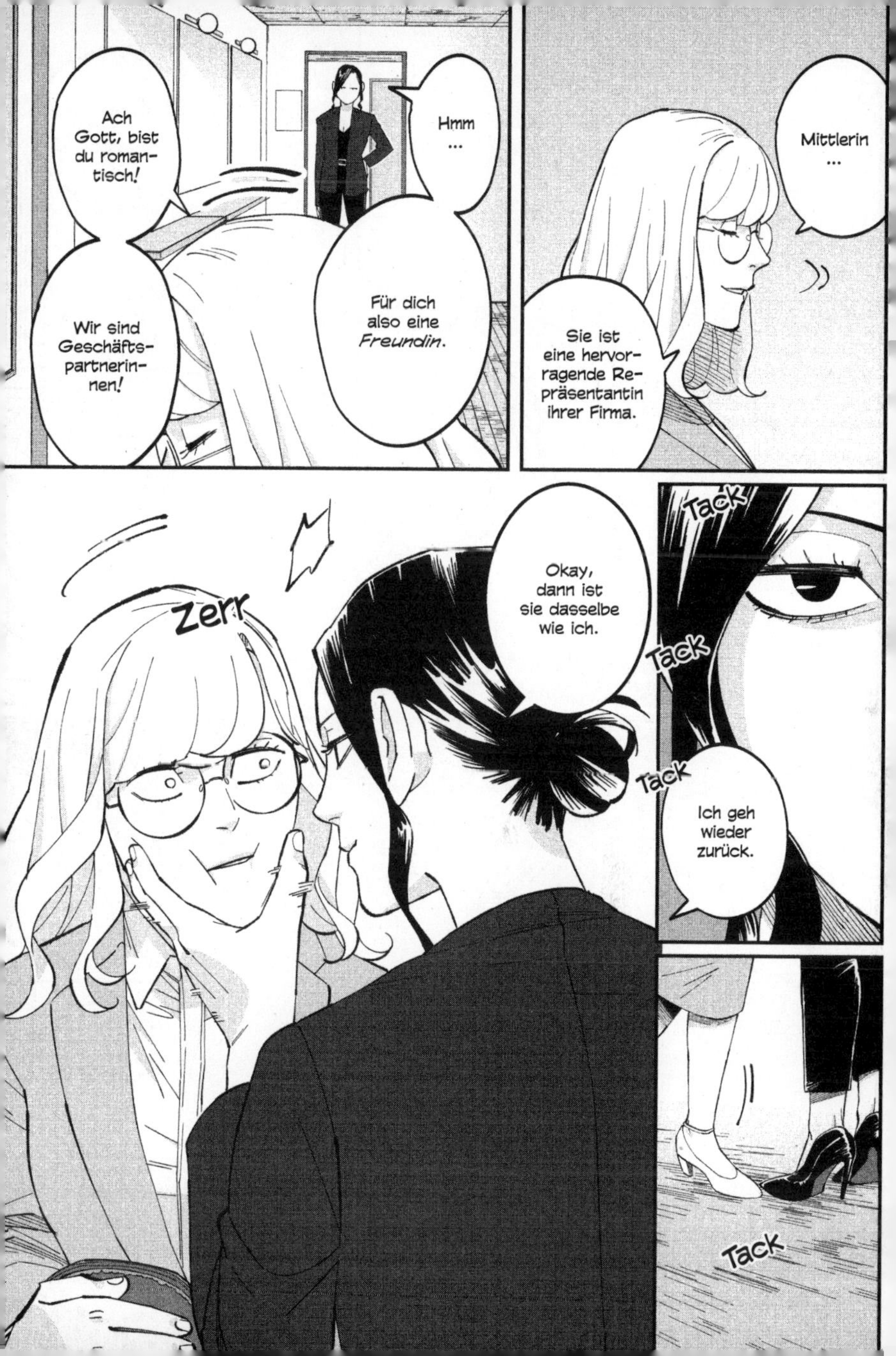
Mittlerin ...
Sie ist eine hervorragende Repräsentantin ihrer Firma.
Hmm ...
Für dich also eine *Freundin*.
Ach Gott, bist du romantisch!
Wir sind Geschäftspartnerinnen!
Zerr
Okay, dann ist sie dasselbe wie ich.
Tack
Tack
Tack
Ich geh wieder zurück.
Tack

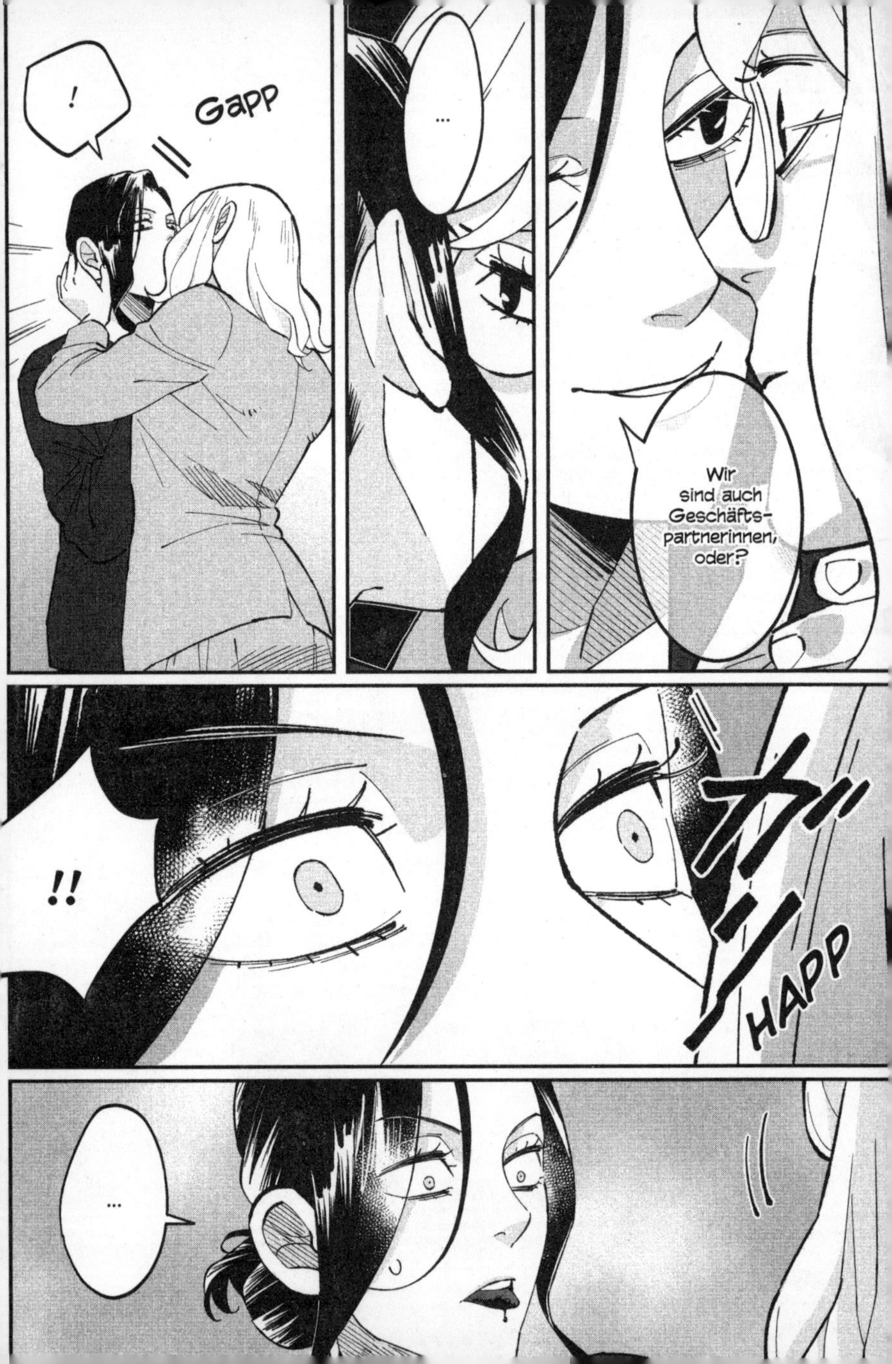

!
Gapp
...
Wir sind auch Geschäfts-partnerinnen, oder?
!!
HAPP
...

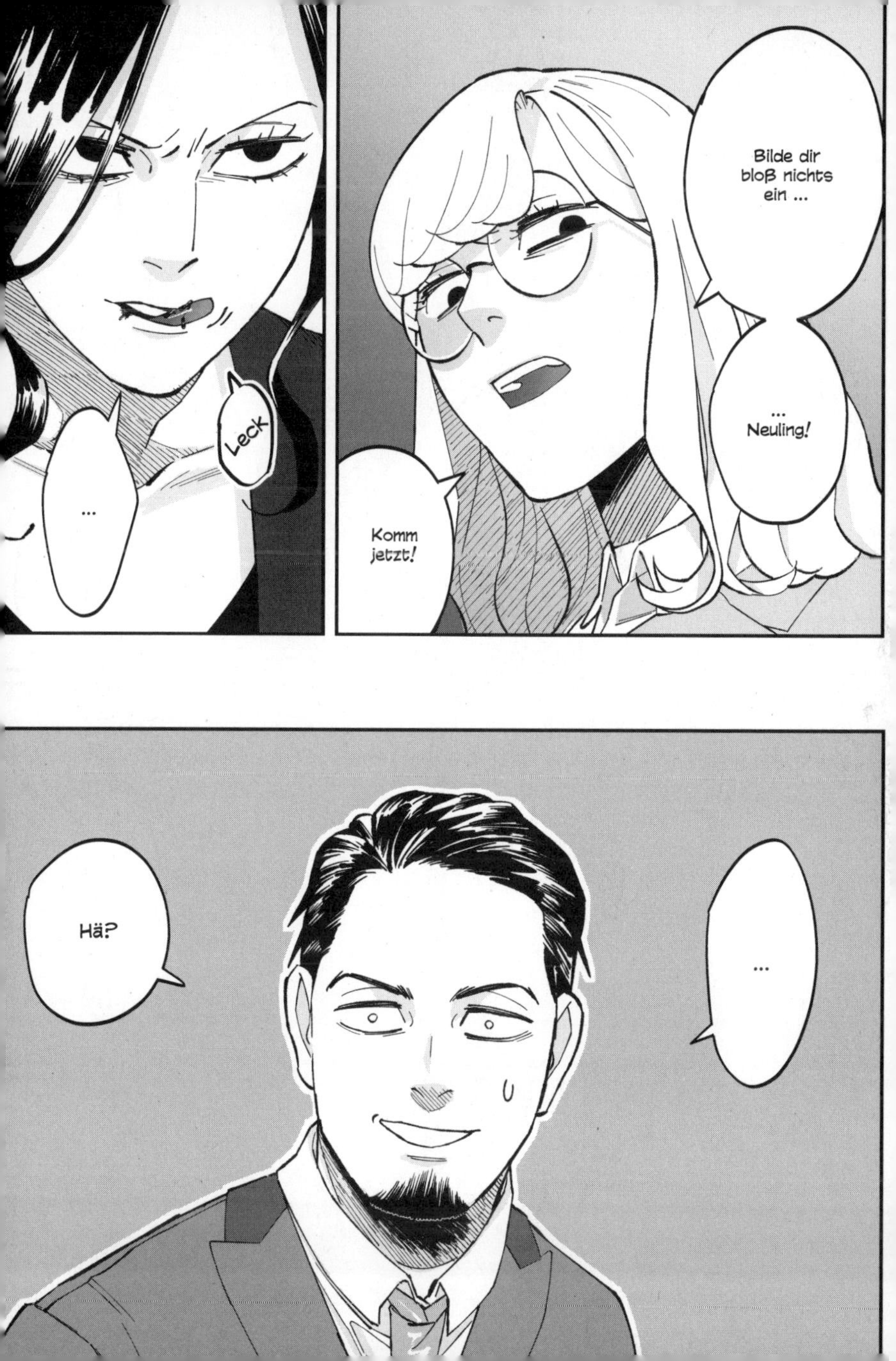
Bilde dir bloß nichts ein ...
... Neuling!
Komm jetzt!
Leck
...
...
Hä?

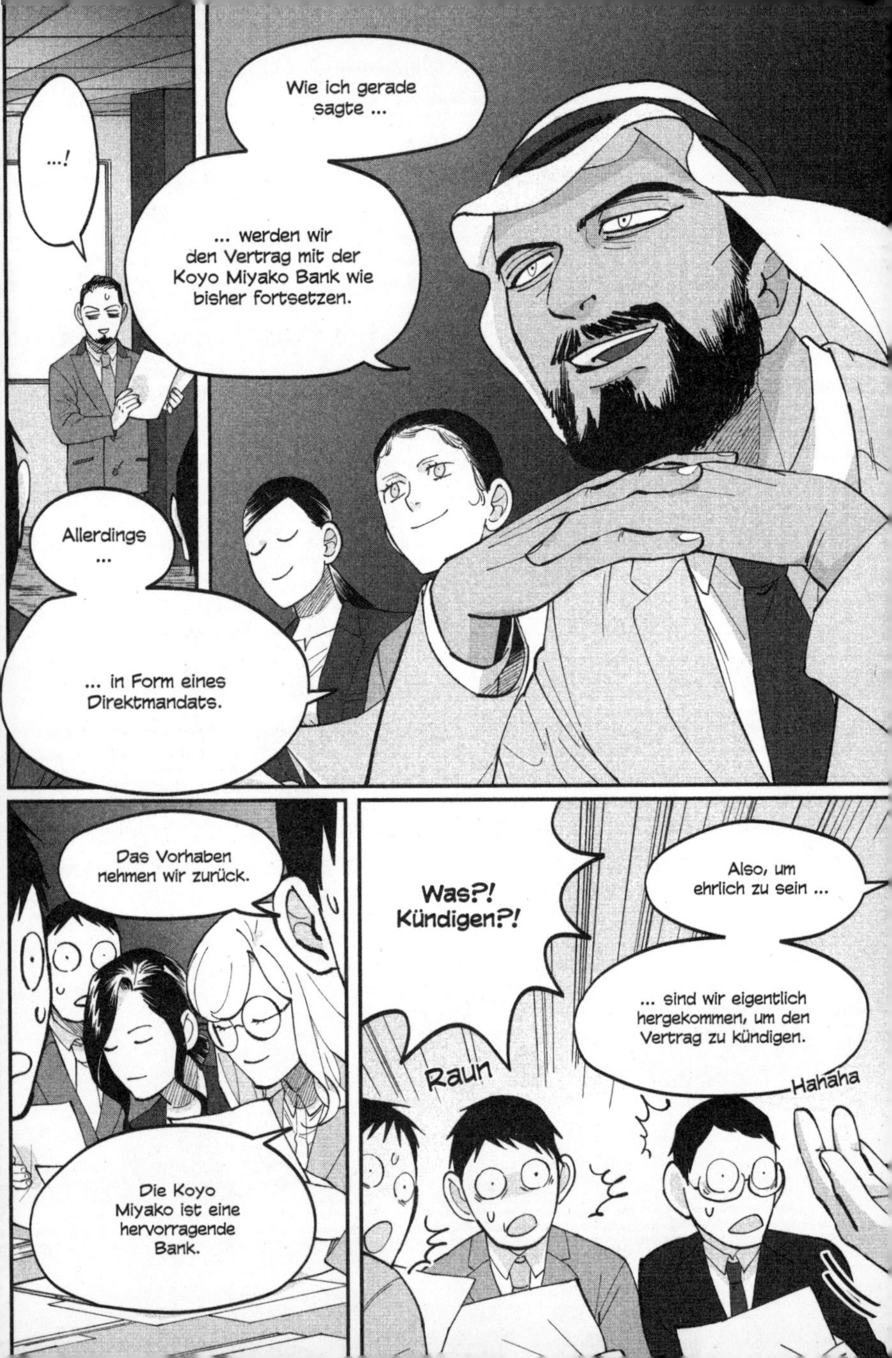
Wie ich gerade sagte ...
... werden wir den Vertrag mit der Koyo Miyako Bank wie bisher fortsetzen.
...!
Allerdings ...
... in Form eines Direktmandats.
Also, um ehrlich zu sein ...
... sind wir eigentlich hergekommen, um den Vertrag zu kündigen.
Hahaha
Was?! Kündigen?!
Raun
Das Vorhaben nehmen wir zurück.
Die Koyo Miyako ist eine hervorragende Bank.

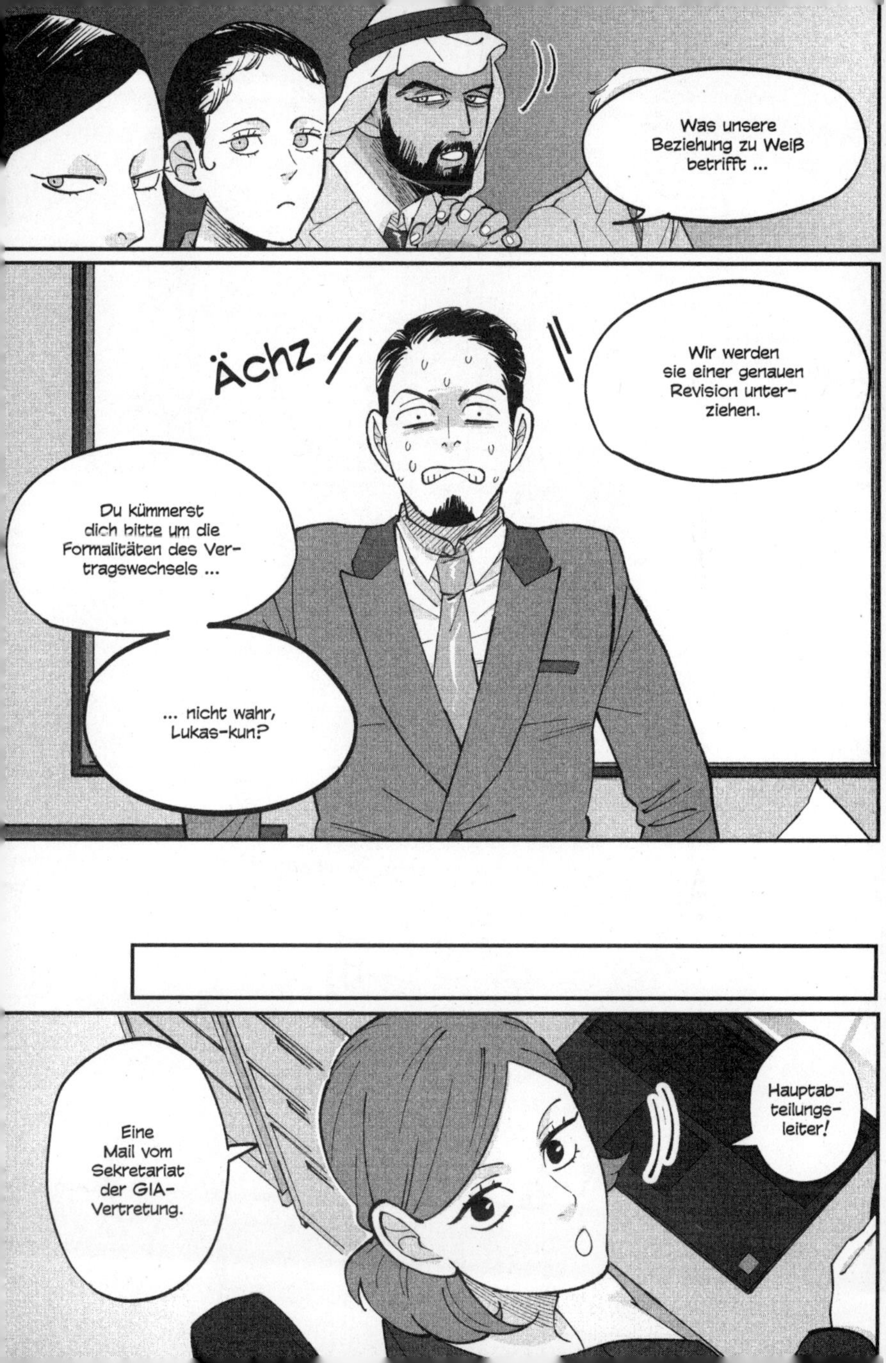
Was unsere Beziehung zu Weiß betrifft ...
Wir werden sie einer genauen Revision unter-ziehen.
Ächz
Du kümmerst dich bitte um die Formalitäten des Ver-tragswechsels ...
... nicht wahr, Lukas-kun?
Hauptab-teilungs-leiter!
Eine Mail vom Sekretariat der GIA-Vertretung.

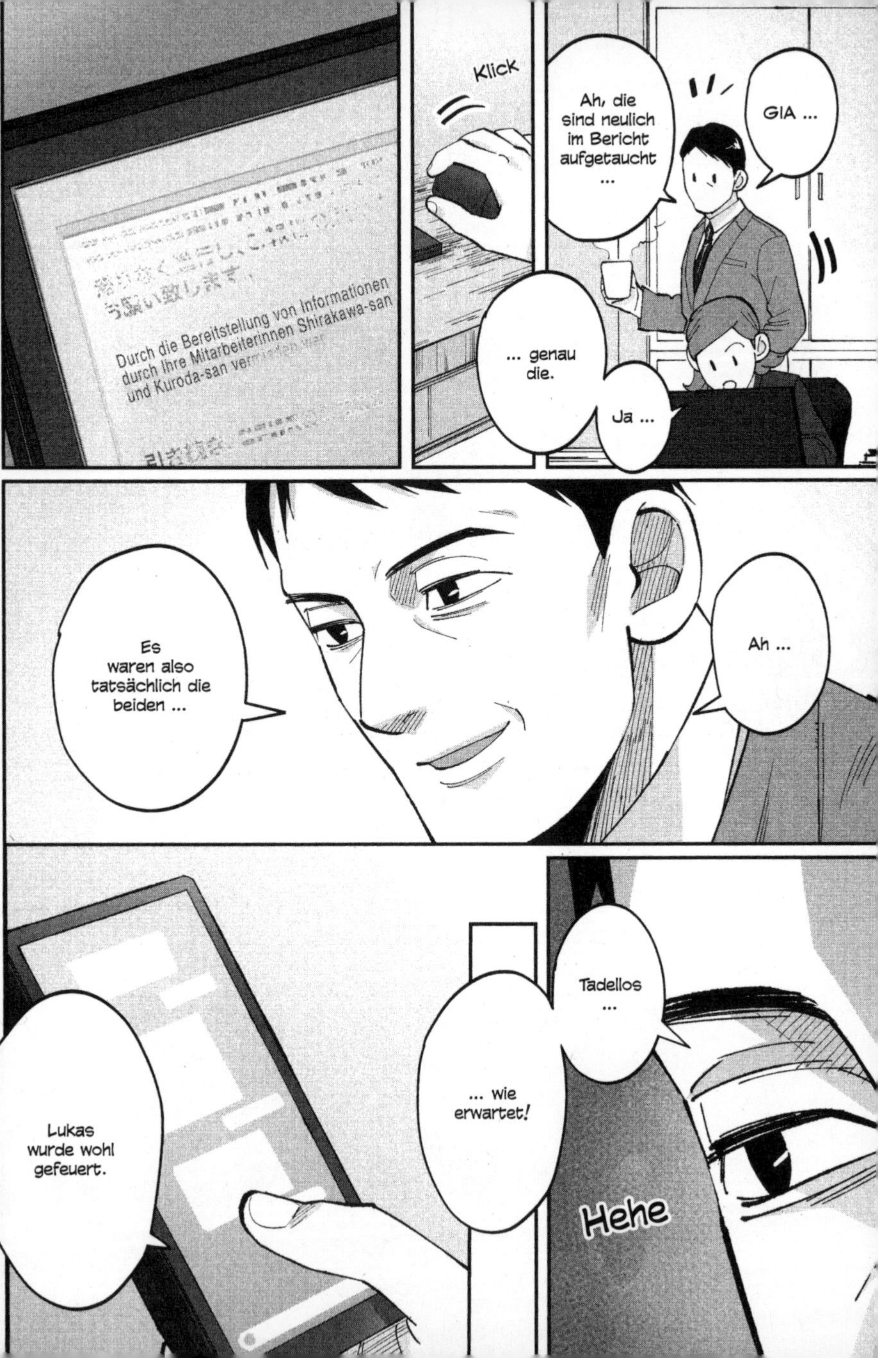
GIA ...
Ah, die sind neulich im Bericht aufgetaucht ...
Ja ...
... genau die.
Klick
Durch die Bereitstellung von Informationen durch Ihre Mitarbeiterinnen Shirakawa-san und Kuroda-san
Ah ...
Es waren also tatsächlich die beiden ...
Tadellos ...
... wie erwartet!
Hehe
Lukas wurde wohl gefeuert.

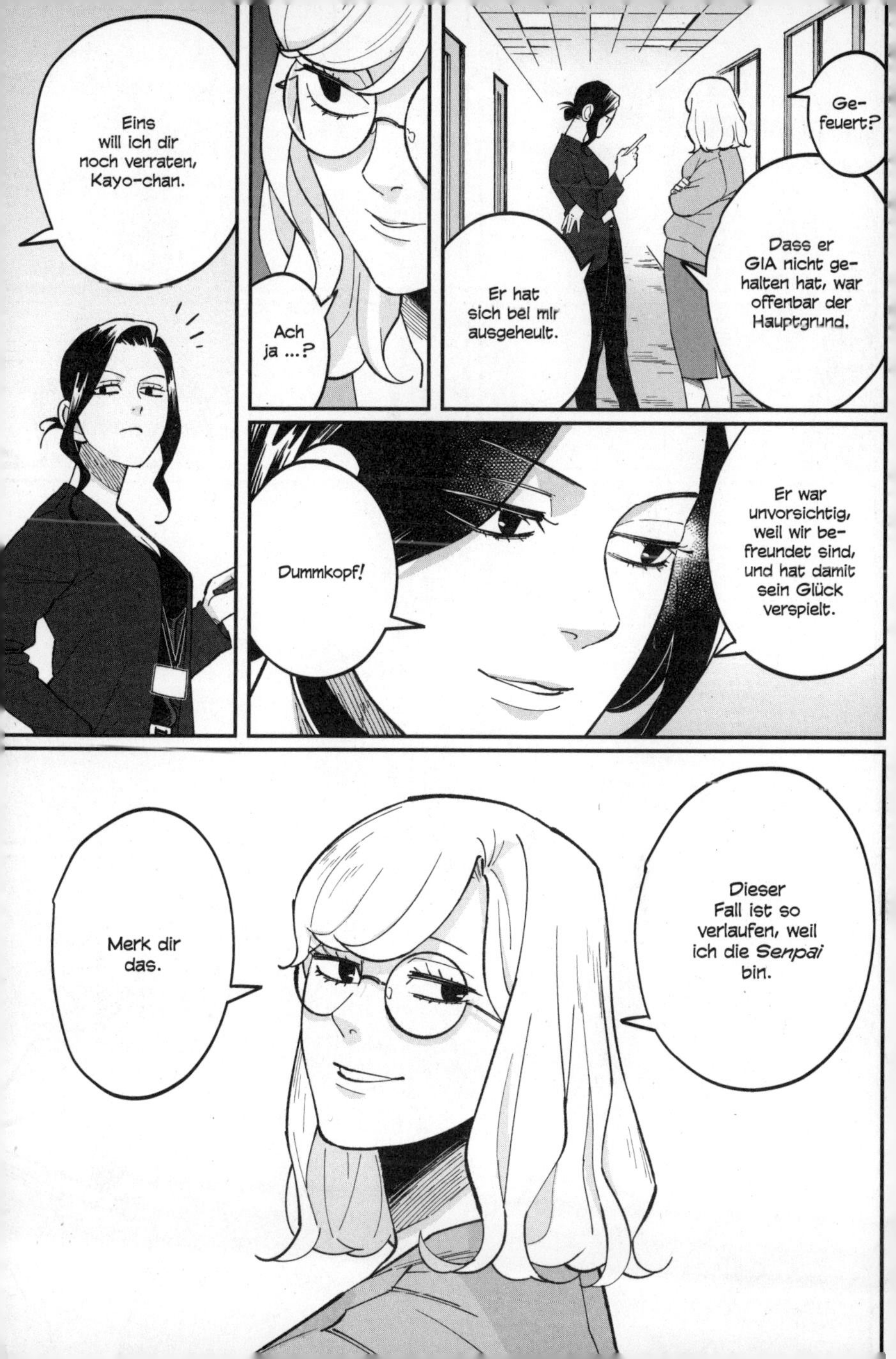
Gefeuert?
Dass er GIA nicht gehalten hat, war offenbar der Hauptgrund.
Er hat sich bei mir ausgeheult.
Ach ja ...?
Eins will ich dir noch verraten, Kayo-chan.
Er war unvorsichtig, weil wir befreundet sind, und hat damit sein Glück verspielt.
Dummkopf!
Dieser Fall ist so verlaufen, weil ich die *Senpai* bin.
Merk dir das.

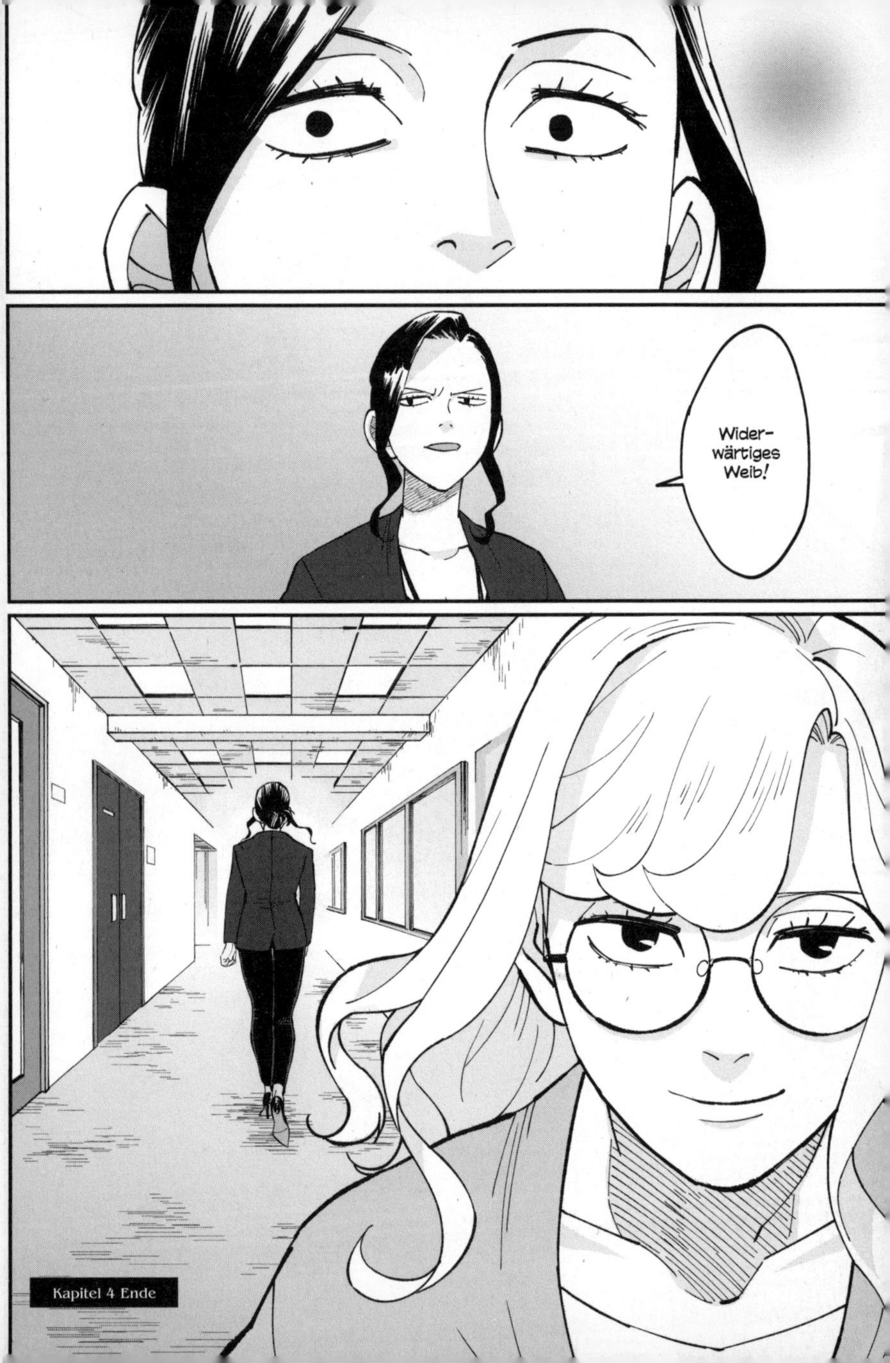
Wider-wärtiges Weib!
Kapitel 4 Ende

Kapitel 5 Erziehungsrichtlinien

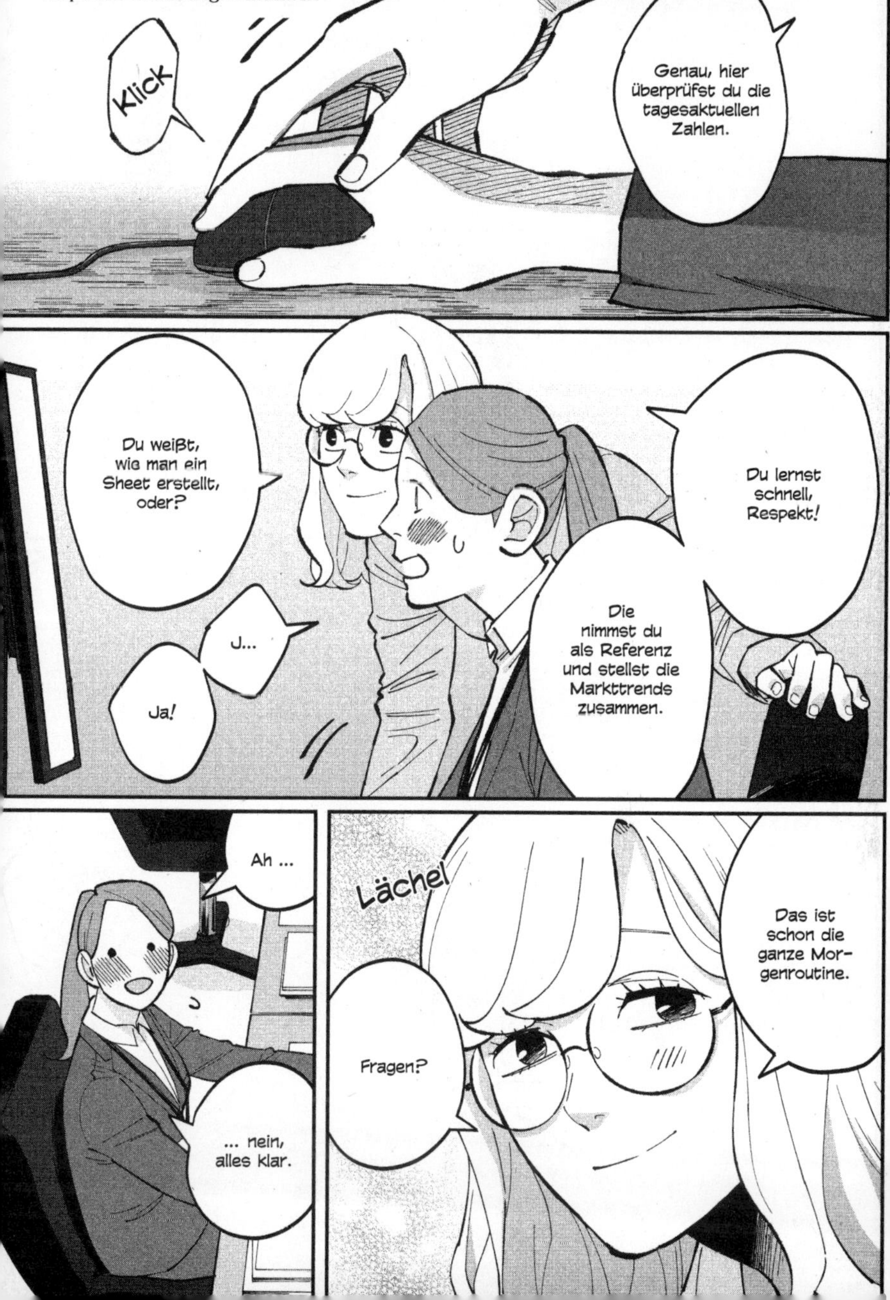

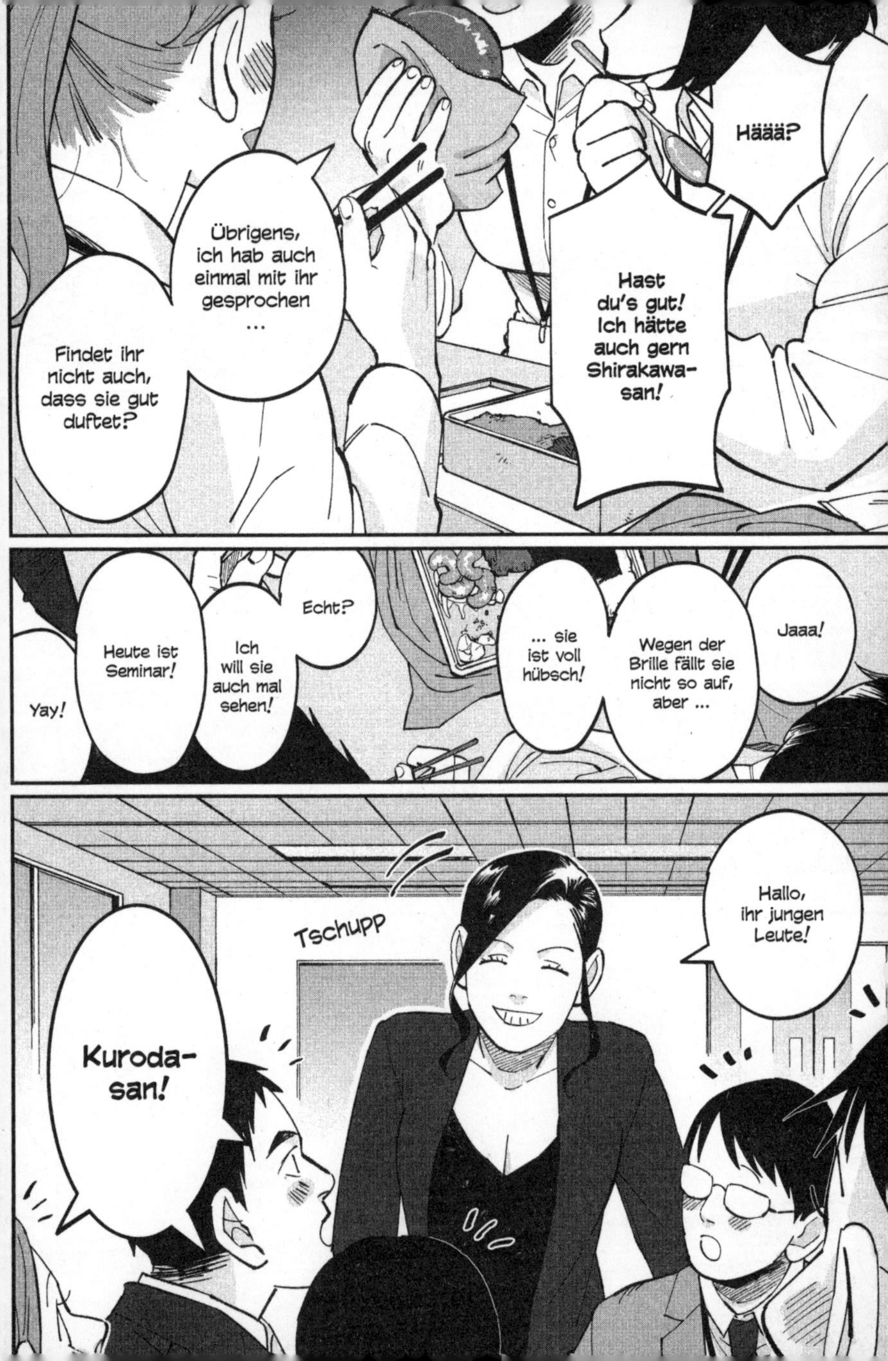

Übrigens, ich hab auch einmal mit ihr gesprochen ...
Findet ihr nicht auch, dass sie gut duftet?
Häää?
Hast du's gut! Ich hätte auch gern Shirakawa-san!
Jaaa!
Wegen der Brille fällt sie nicht so auf, aber ...
... sie ist voll hübsch!
Echt?
Ich will sie auch mal sehen!
Heute ist Seminar!
Yay!
Hallo, ihr jungen Leute!
Tschupp
Kuroda-san!

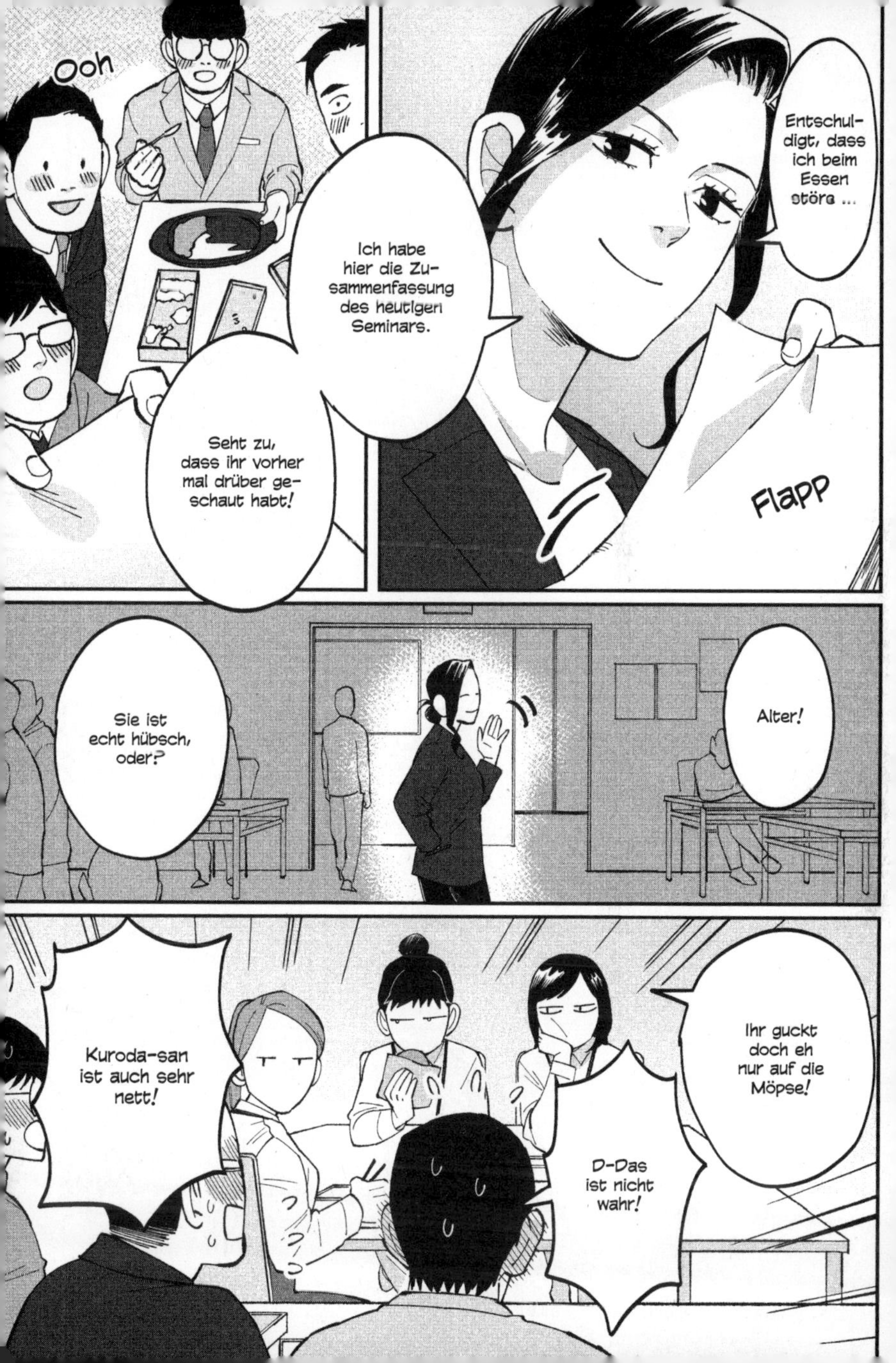
Entschul-digt, dass ich beim Essen störe ...
Ich habe hier die Zusammenfassung des heutigen Seminars.
Seht zu, dass ihr vorher mal drüber geschaut habt!
Flapp
Ooh
Alter!
Sie ist echt hübsch, oder?
Ihr guckt doch eh nur auf die Möpse!
D-Das ist nicht wahr!
Kuroda-san ist auch sehr nett!

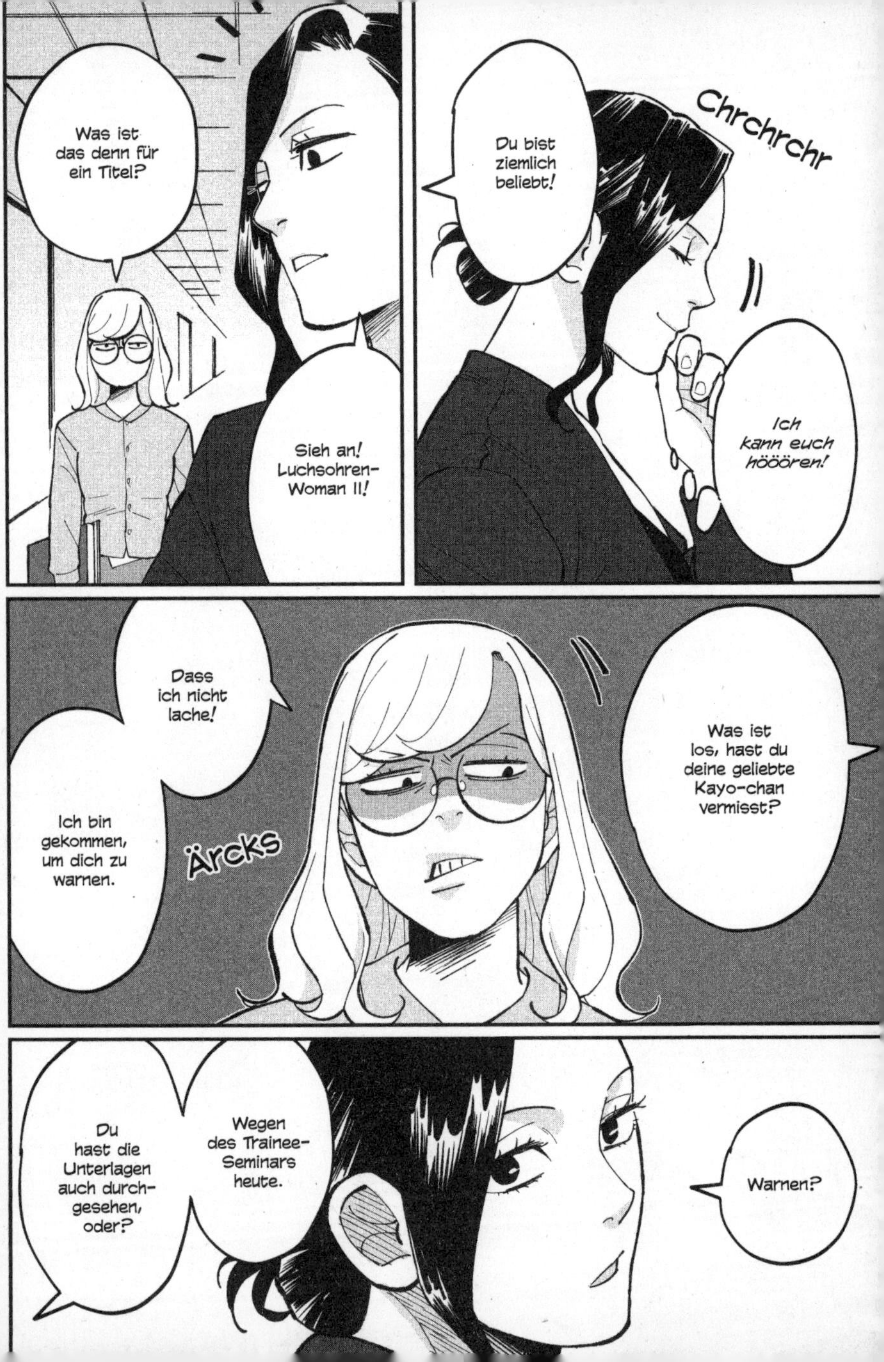

Chrchrchr
Du bist ziemlich beliebt!
Ich kann euch hööören!
Sieh an! Luchsohren-Woman II!
Was ist das denn für ein Titel?
Was ist los, hast du deine geliebte Kayo-chan vermisst?
Ärcks
Dass ich nicht lache!
Ich bin gekommen, um dich zu warnen.
Warnen?
Wegen des Trainee-Seminars heute.
Du hast die Unterlagen auch durchgesehen, oder?

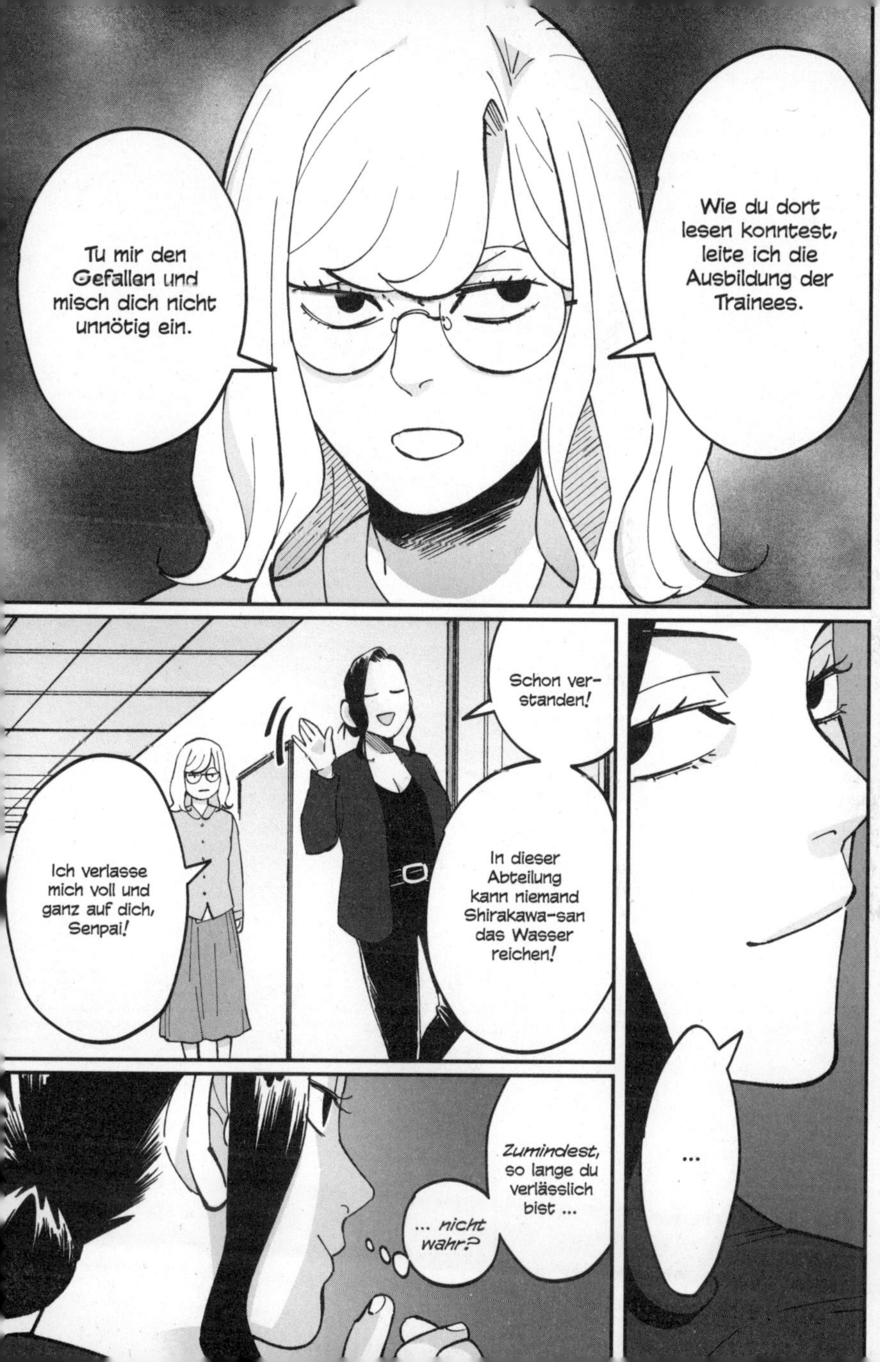
Wie du dort lesen konntest, leite ich die Ausbildung der Trainees.
Tu mir den Gefallen und misch dich nicht unnötig ein.
Schon verstanden!
In dieser Abteilung kann niemand Shirakawa-san das Wasser reichen!
Ich verlasse mich voll und ganz auf dich, Senpai!
...
Zumindest, so lange du verlässlich bist ...
... nicht wahr?

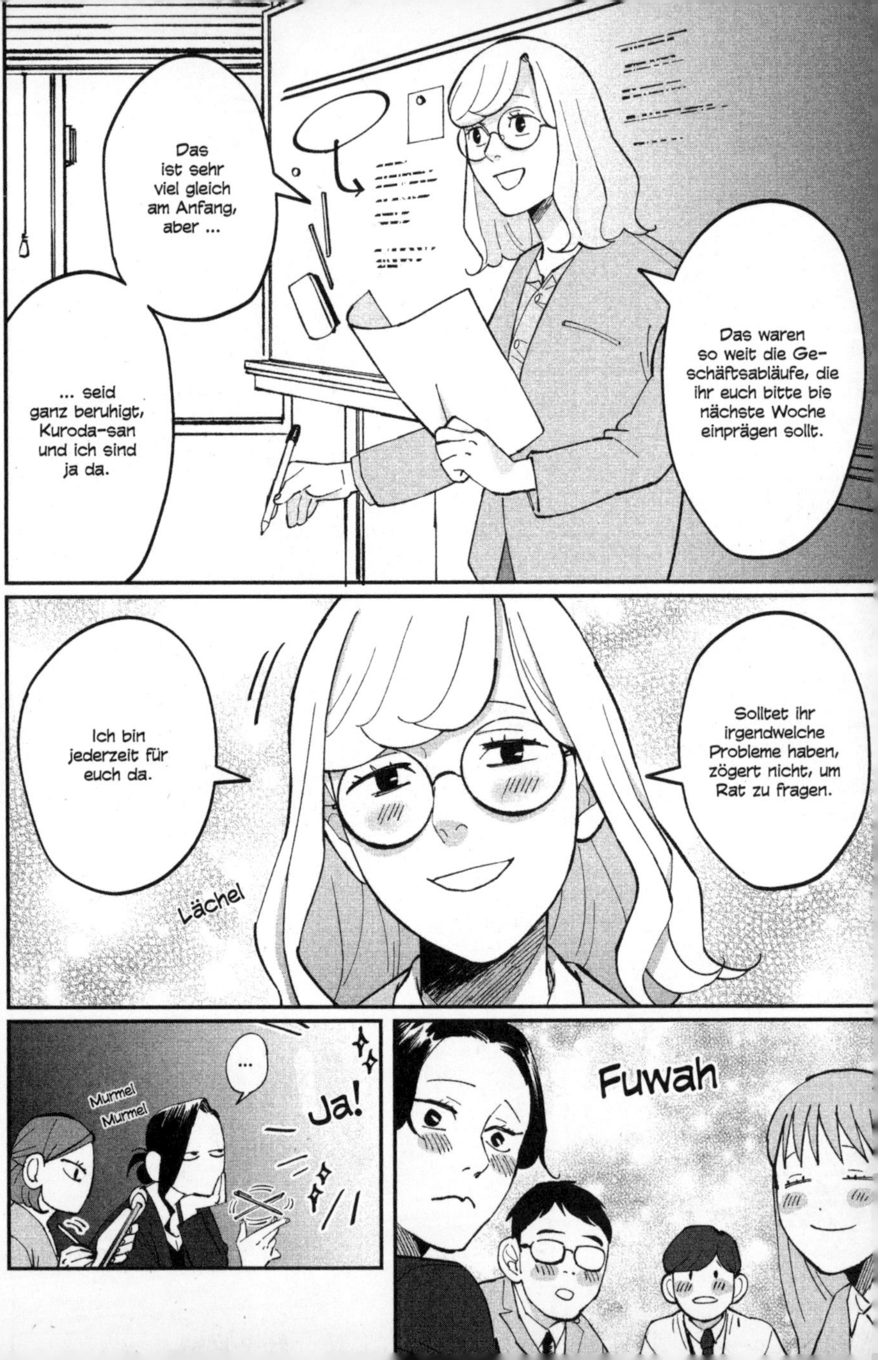
Das waren so weit die Geschäftsabläufe, die ihr euch bitte bis nächste Woche einprägen sollt.
Das ist sehr viel gleich am Anfang, aber …
… seid ganz beruhigt, Kuroda-san und ich sind ja da.
Solltet ihr irgendwelche Probleme haben, zögert nicht, um Rat zu fragen.
Ich bin jederzeit für euch da.
Lächel
Fuwah
Ja!
…
Murmel Murmel

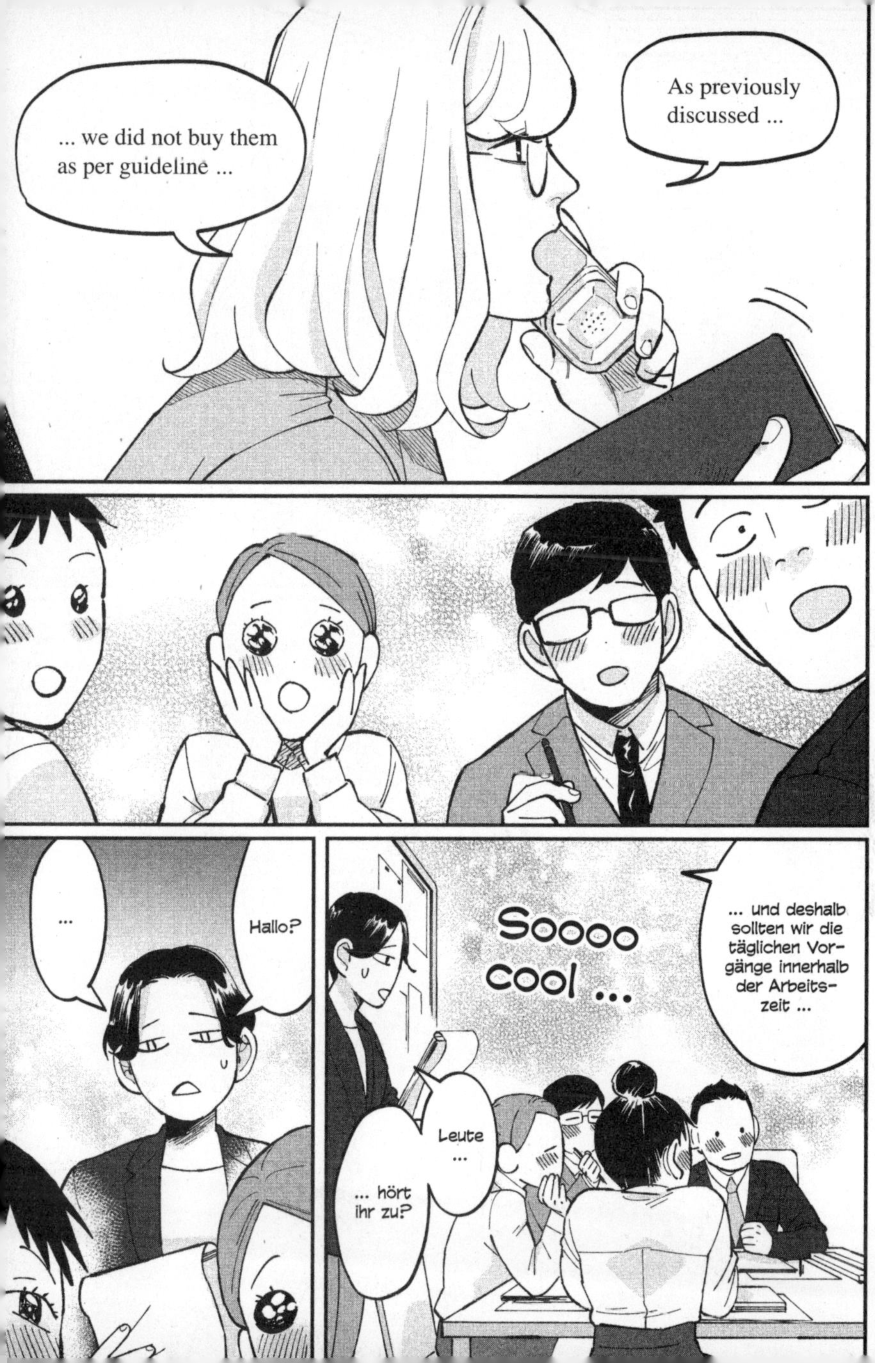
As previously discussed ...
... we did not buy them as per guideline ...
... und deshalb sollten wir die täglichen Vorgänge innerhalb der Arbeitszeit ...
Soooo cool ...
Leute ...
... hört ihr zu?
Hallo?
...

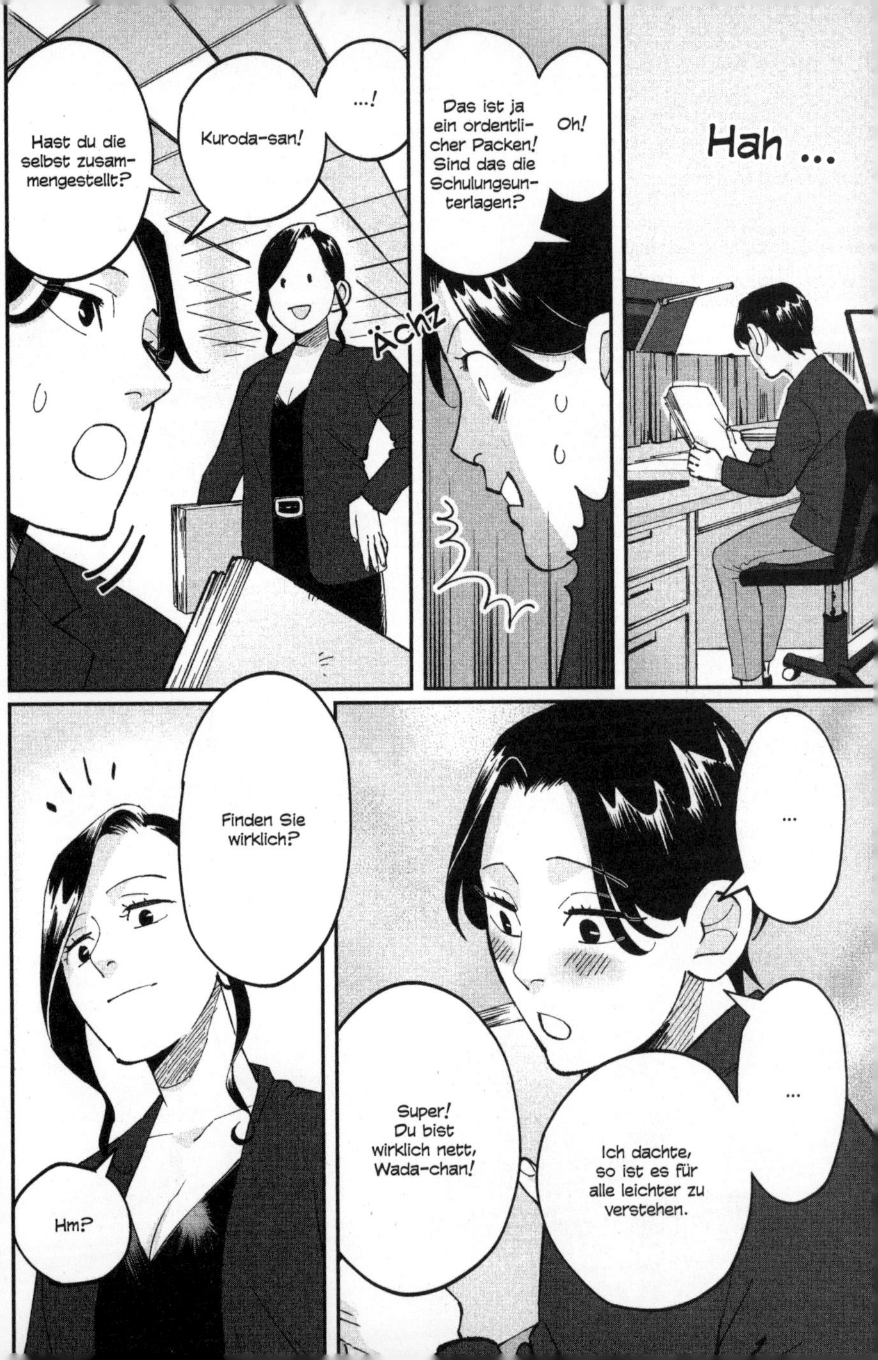
Hah ...
Oh!
Das ist ja ein ordentlicher Packen! Sind das die Schulungsunterlagen?
Ächz
...!
Kuroda-san!
Hast du die selbst zusammengestellt?
...
...
Ich dachte, so ist es für alle leichter zu verstehen.
Super! Du bist wirklich nett, Wada-chan!
Finden Sie wirklich?
Hm?

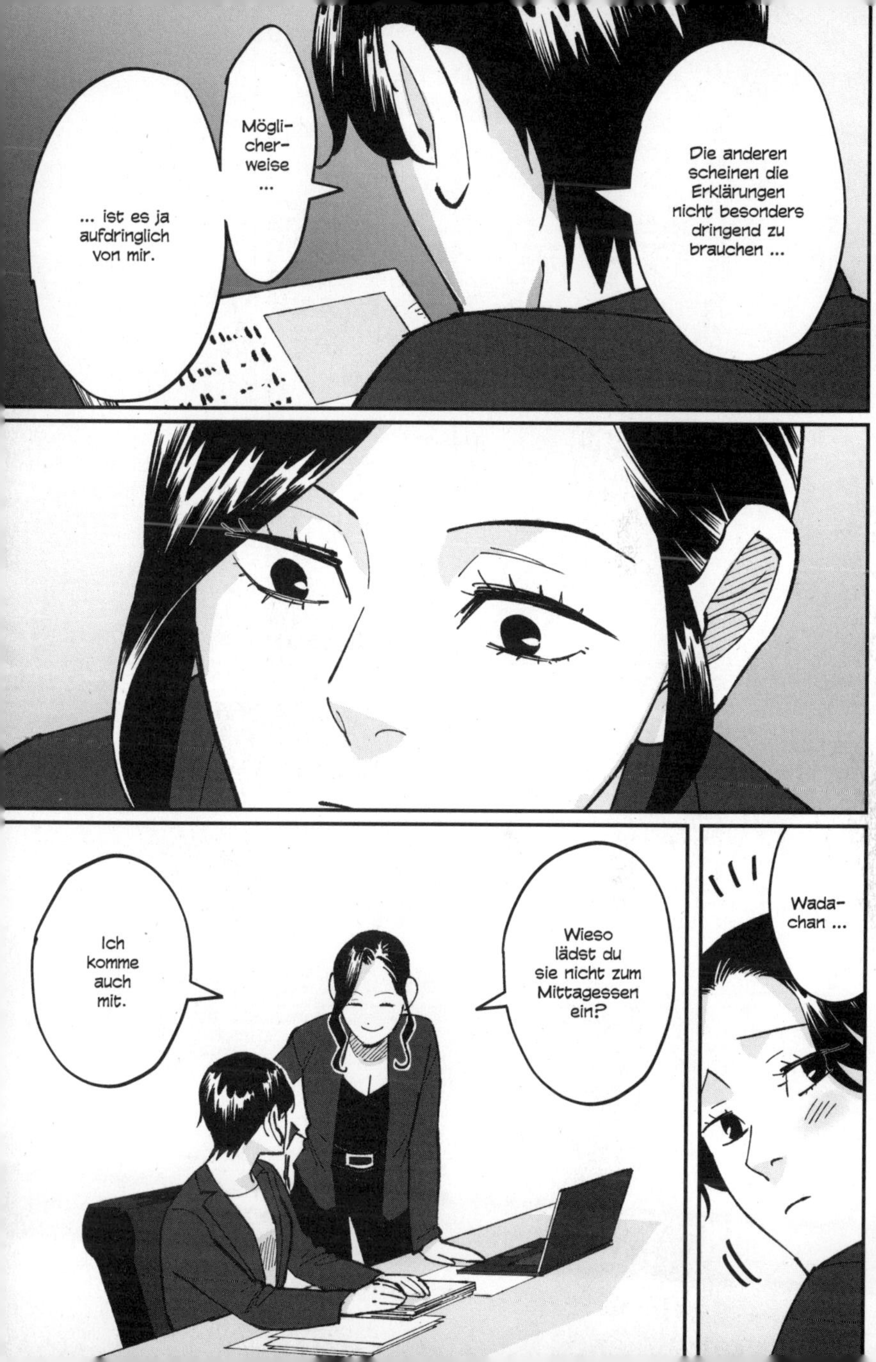

Die anderen scheinen die Erklärungen nicht besonders dringend zu brauchen ...
Mögli-cher-weise ...
... ist es ja aufdringlich von mir.
Wada-chan ...
Wieso lädst du sie nicht zum Mittagessen ein?
Ich komme auch mit.

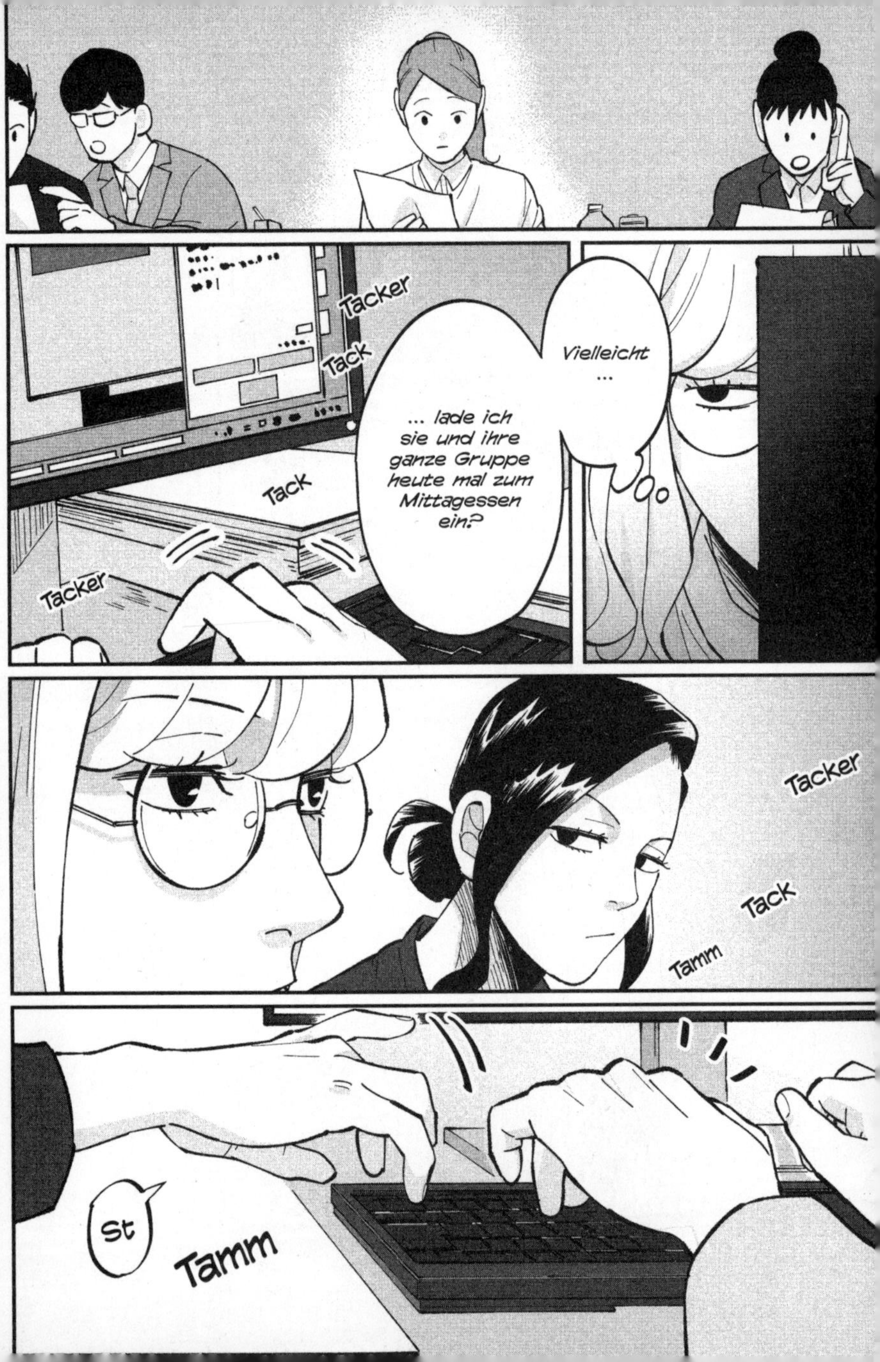
Tacker
Tack
Tack
Tacker
Vielleicht …
… lade ich sie und ihre ganze Gruppe heute mal zum Mittagessen ein?
Tacker
Tack
Tamm
St
Tamm

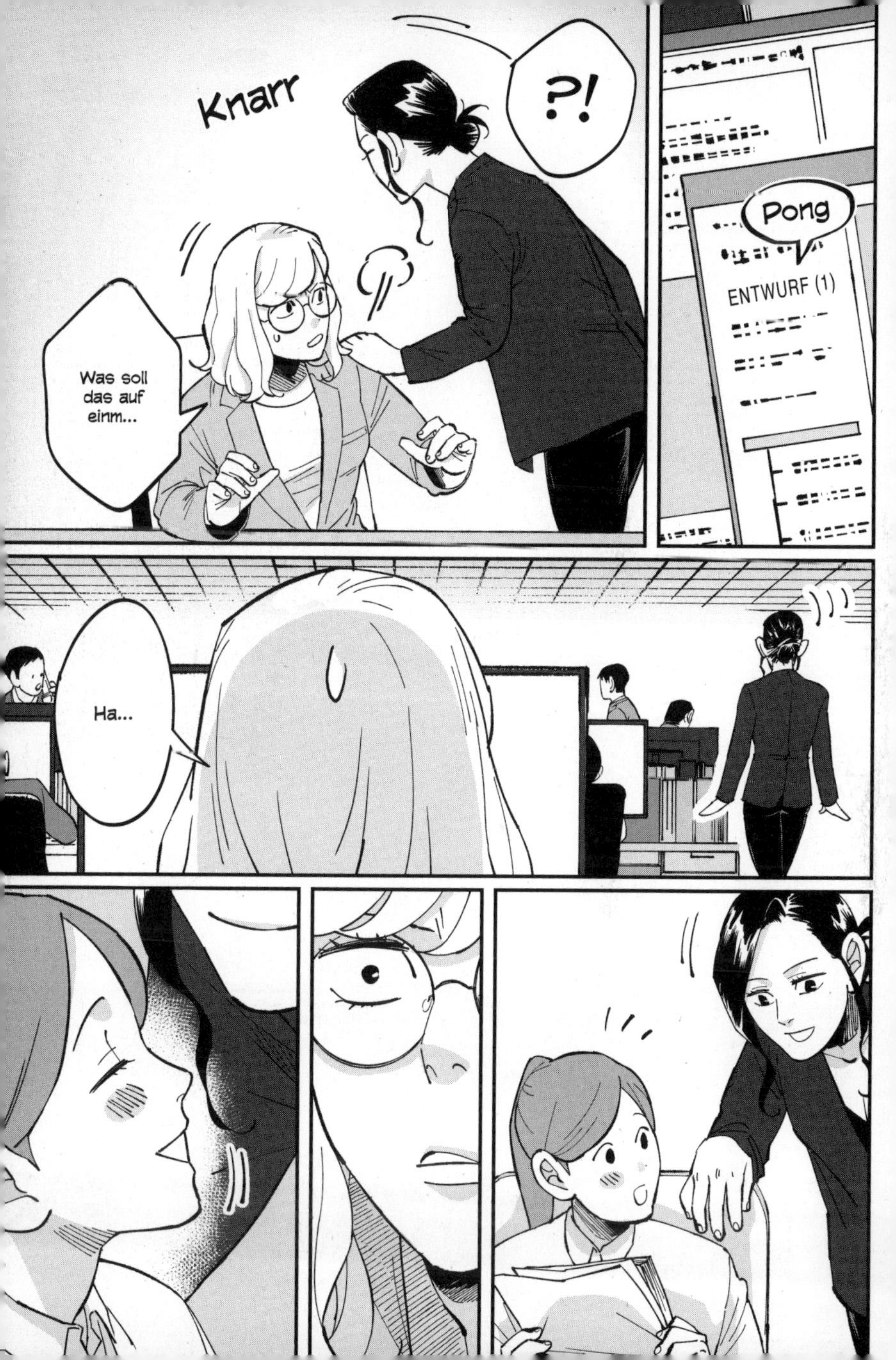
Knarr
?!
Pong
ENTWURF (1)
Was soll das auf einm...
Ha...

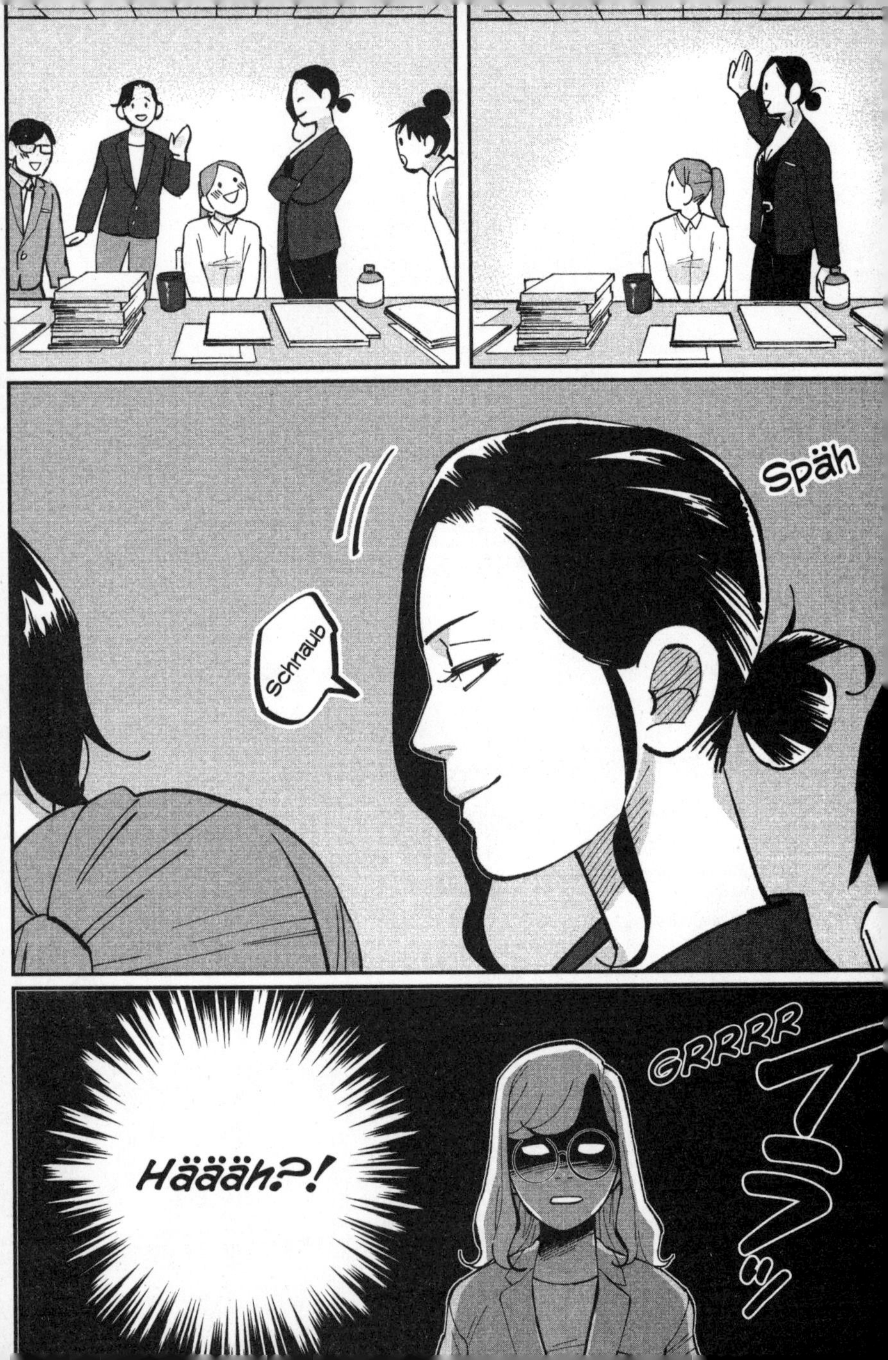
Späh
Schraub
Häääh?!
GRRRR

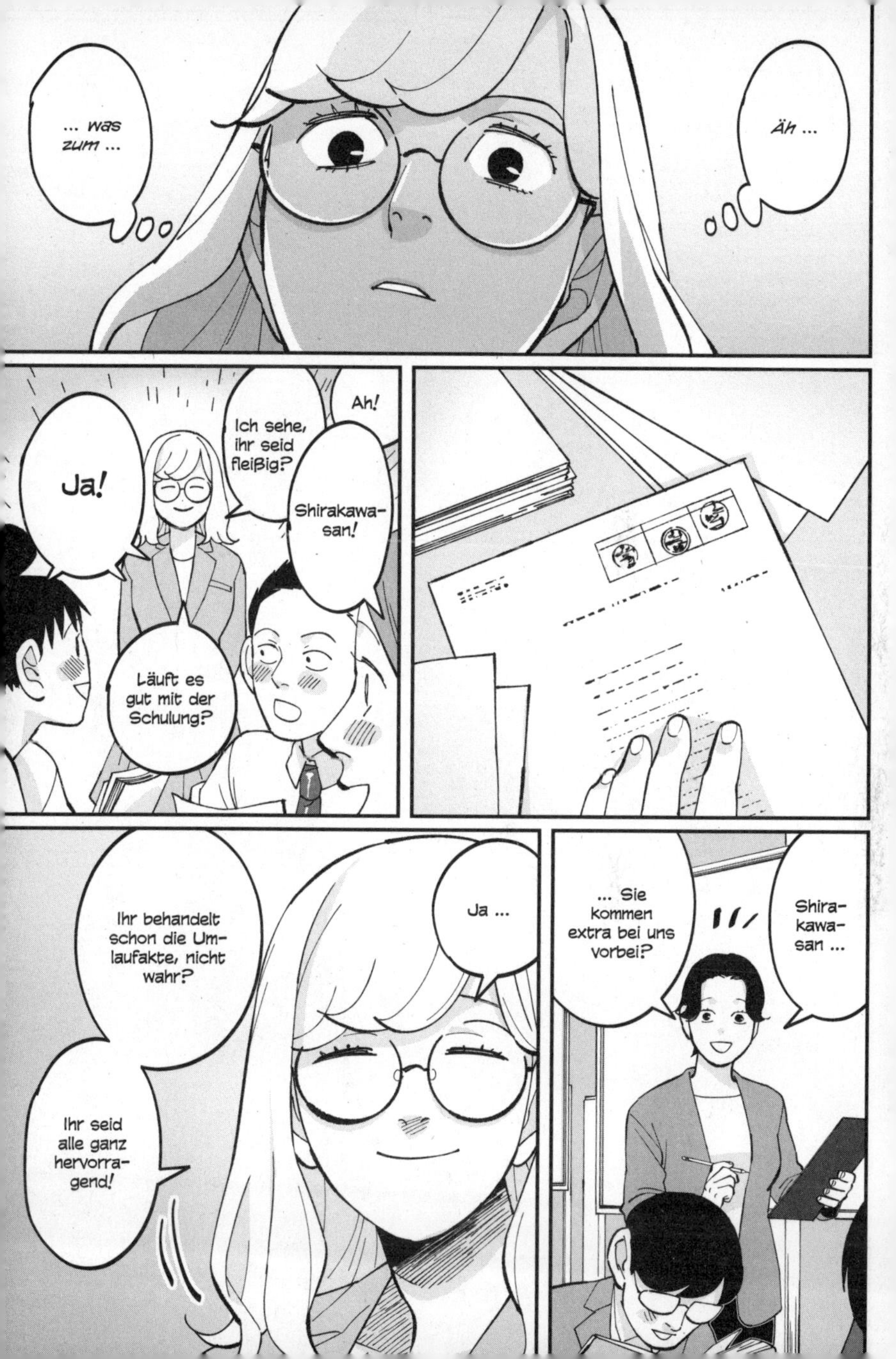
Äh ...
... was zum ...
Ah!
Shirakawa-san!
Ich sehe, ihr seid fleißig?
Ja!
Läuft es gut mit der Schulung?
Shira-kawa-san ...
... Sie kommen extra bei uns vorbei?
Ja ...
Ihr behandelt schon die Umlaufakte, nicht wahr?
Ihr seid alle ganz hervorragend!

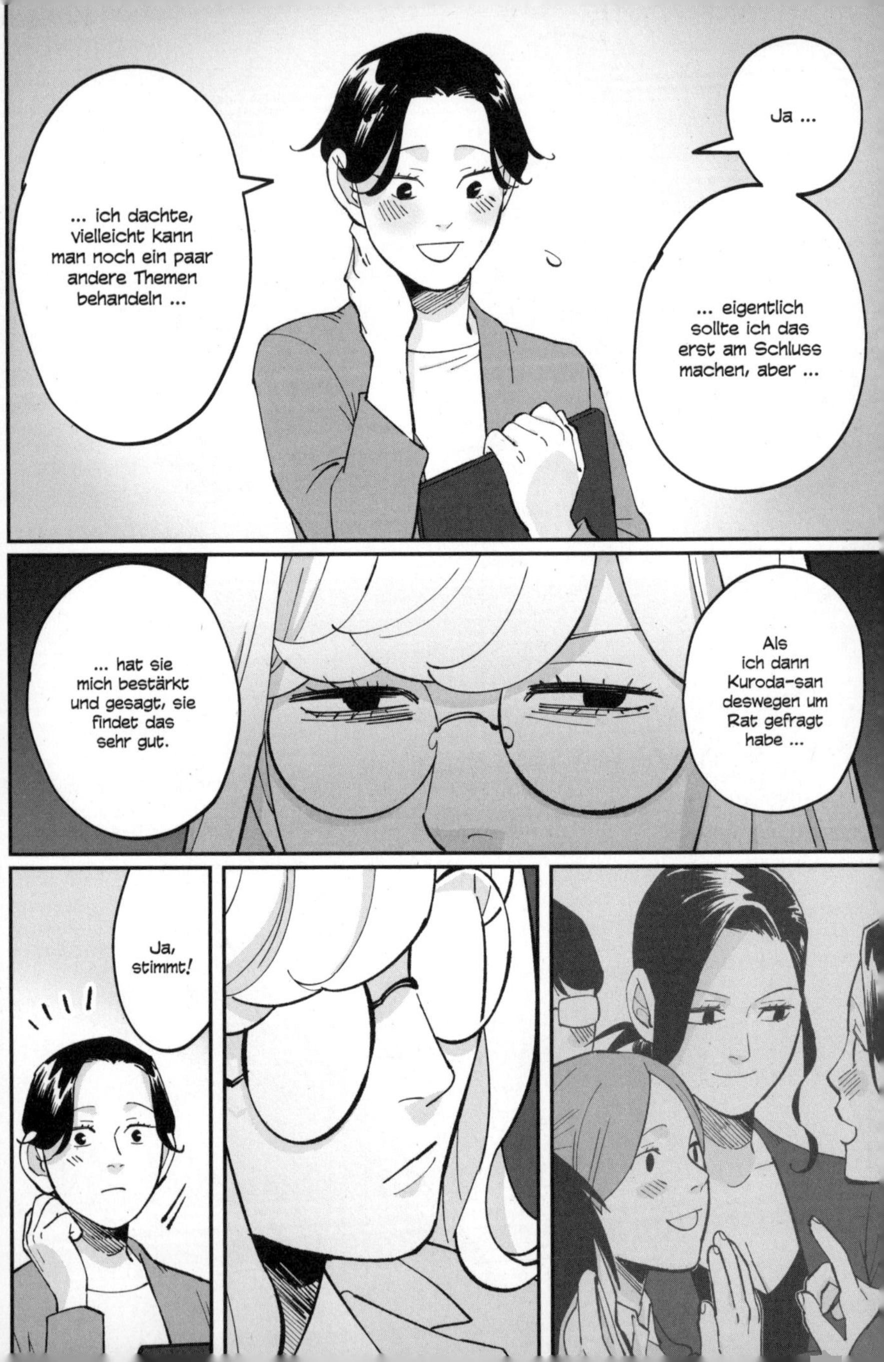
Ja ...
... eigentlich sollte ich das erst am Schluss machen, aber ...
... ich dachte, vielleicht kann man noch ein paar andere Themen behandeln ...
Als ich dann Kuroda-san deswegen um Rat gefragt habe ...
... hat sie mich bestärkt und gesagt, sie findet das sehr gut.
Ja, stimmt!

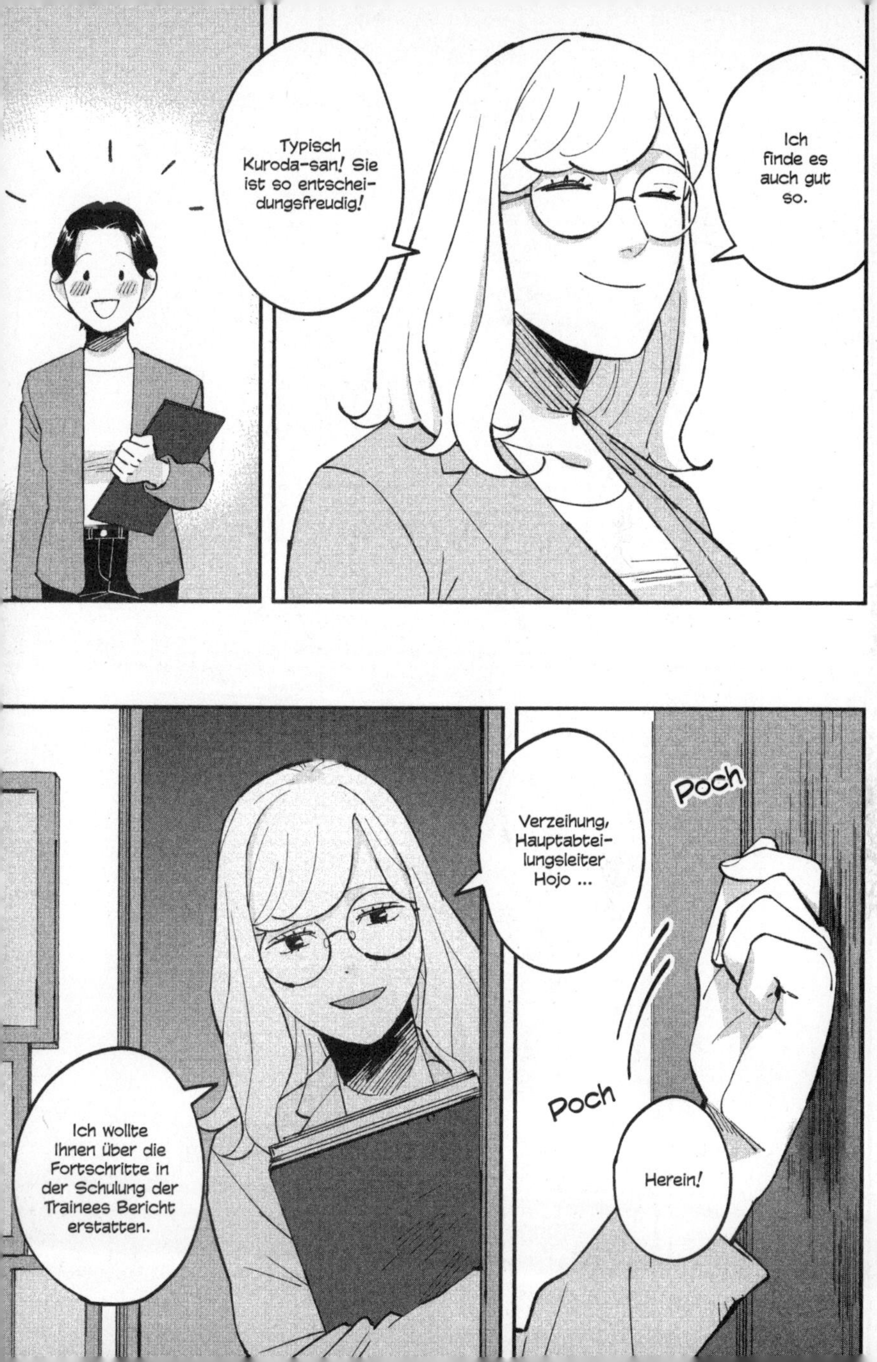
Ich finde es auch gut so.
Typisch Kuroda-san! Sie ist so entscheidungsfreudig!
Poch
Poch
Herein!
Verzeihung, Hauptabteilungsleiter Hojo ...
Ich wollte Ihnen über die Fortschritte in der Schulung der Trainees Bericht erstatten.

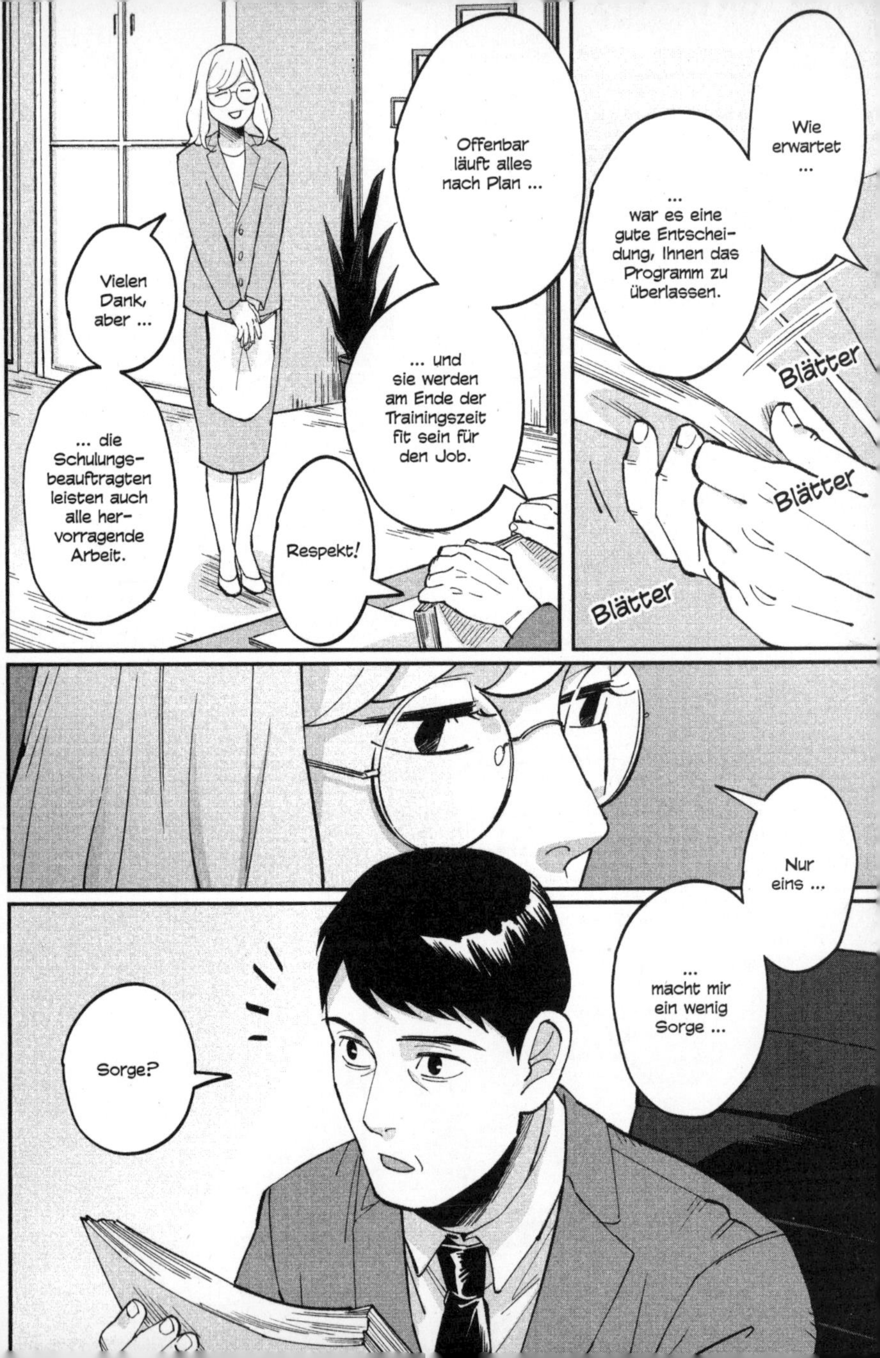
Wie erwartet ...
... war es eine gute Entscheidung, Ihnen das Programm zu überlassen.
Blätter
Blätter
Blätter
Offenbar läuft alles nach Plan ...
... und sie werden am Ende der Trainingszeit fit sein für den Job.
Respekt!
Vielen Dank, aber ...
... die Schulungs-beauftragten leisten auch alle her-vorragende Arbeit.
Nur eins ...
... macht mir ein wenig Sorge ...
Sorge?

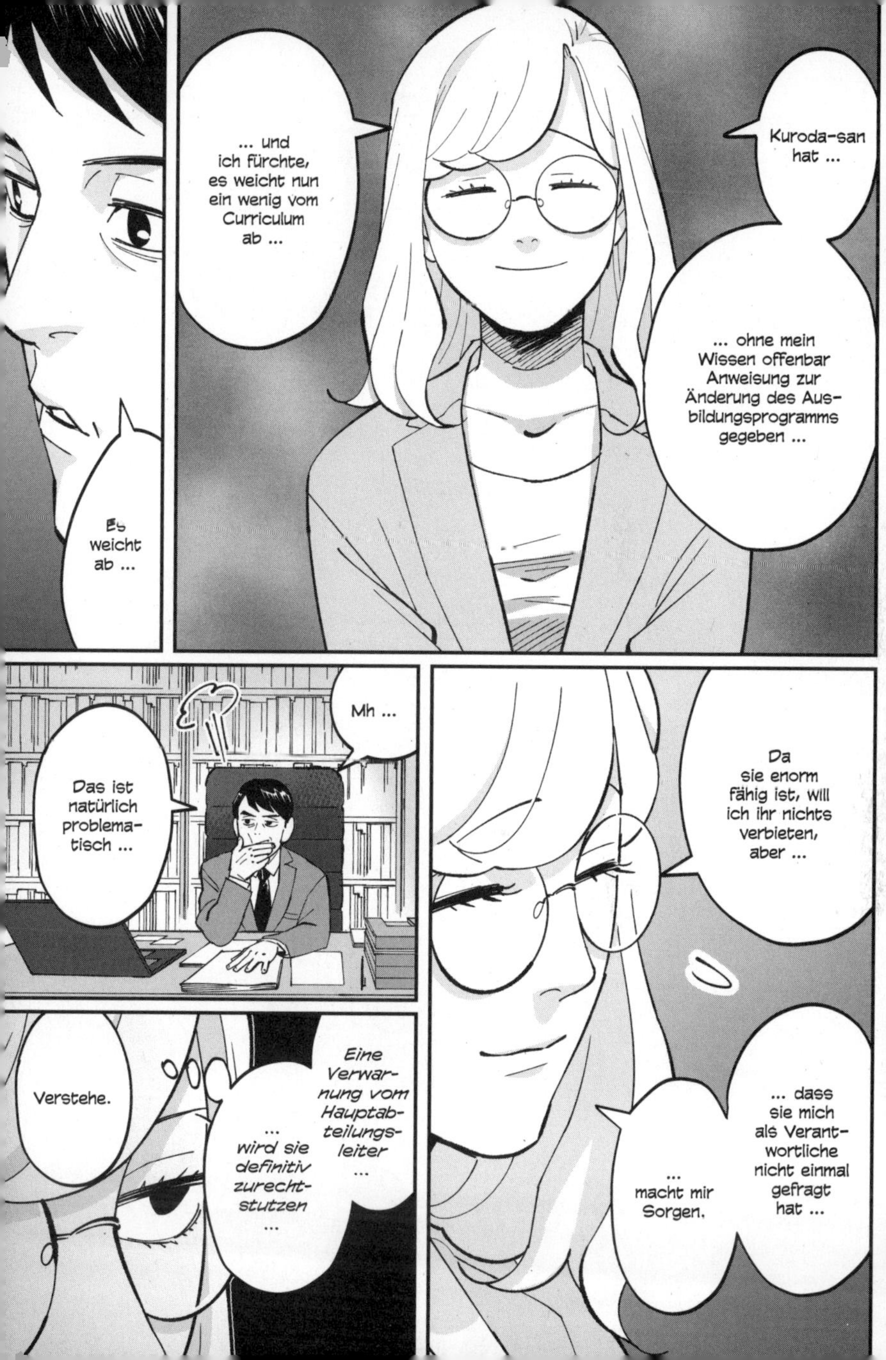
Kuroda-san hat ...
... ohne mein Wissen offenbar Anweisung zur Änderung des Ausbildungsprogramms gegeben ...
... und ich fürchte, es weicht nun ein wenig vom Curriculum ab ...
Es weicht ab ...
Da sie enorm fähig ist, will ich ihr nichts verbieten, aber ...
... dass sie mich als Verantwortliche nicht einmal gefragt hat ...
... macht mir Sorgen.
Mh ...
Das ist natürlich problematisch ...
Eine Verwarnung vom Hauptabteilungsleiter ...
... wird sie definitiv zurechtstutzen ...
Verstehe.

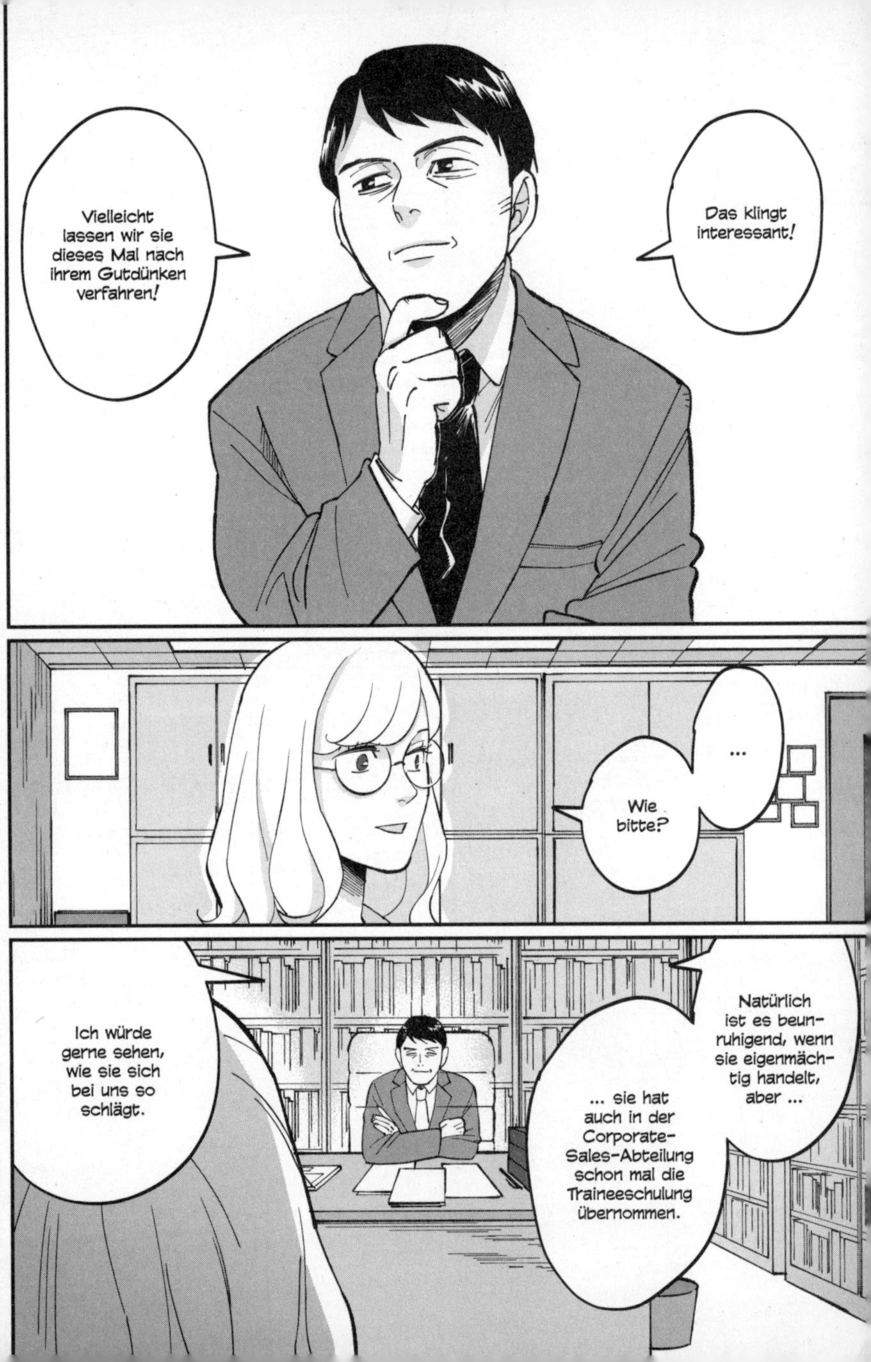
Das klingt interessant!
Vielleicht lassen wir sie dieses Mal nach ihrem Gutdünken verfahren!
...
Wie bitte?
Natürlich ist es beunruhigend, wenn sie eigenmächtig handelt, aber ...
... sie hat auch in der Corporate-Sales-Abteilung schon mal die Traineeschulung übernommen.
Ich würde gerne sehen, wie sie sich bei uns so schlägt.

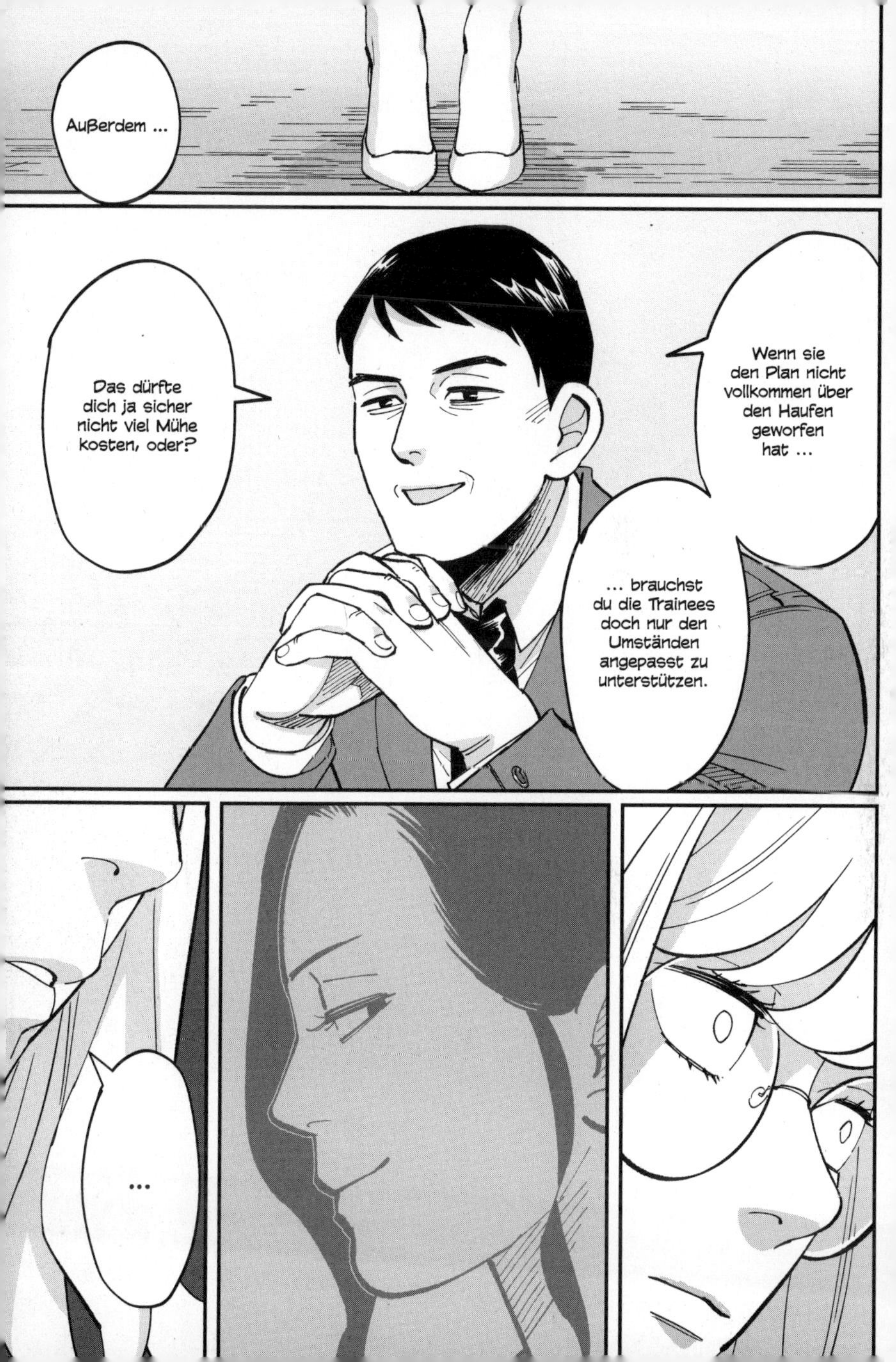
Außerdem ...
Wenn sie den Plan nicht vollkommen über den Haufen geworfen hat ...
... brauchst du die Trainees doch nur den Umständen angepasst zu unterstützen.
Das dürfte dich ja sicher nicht viel Mühe kosten, oder?
...

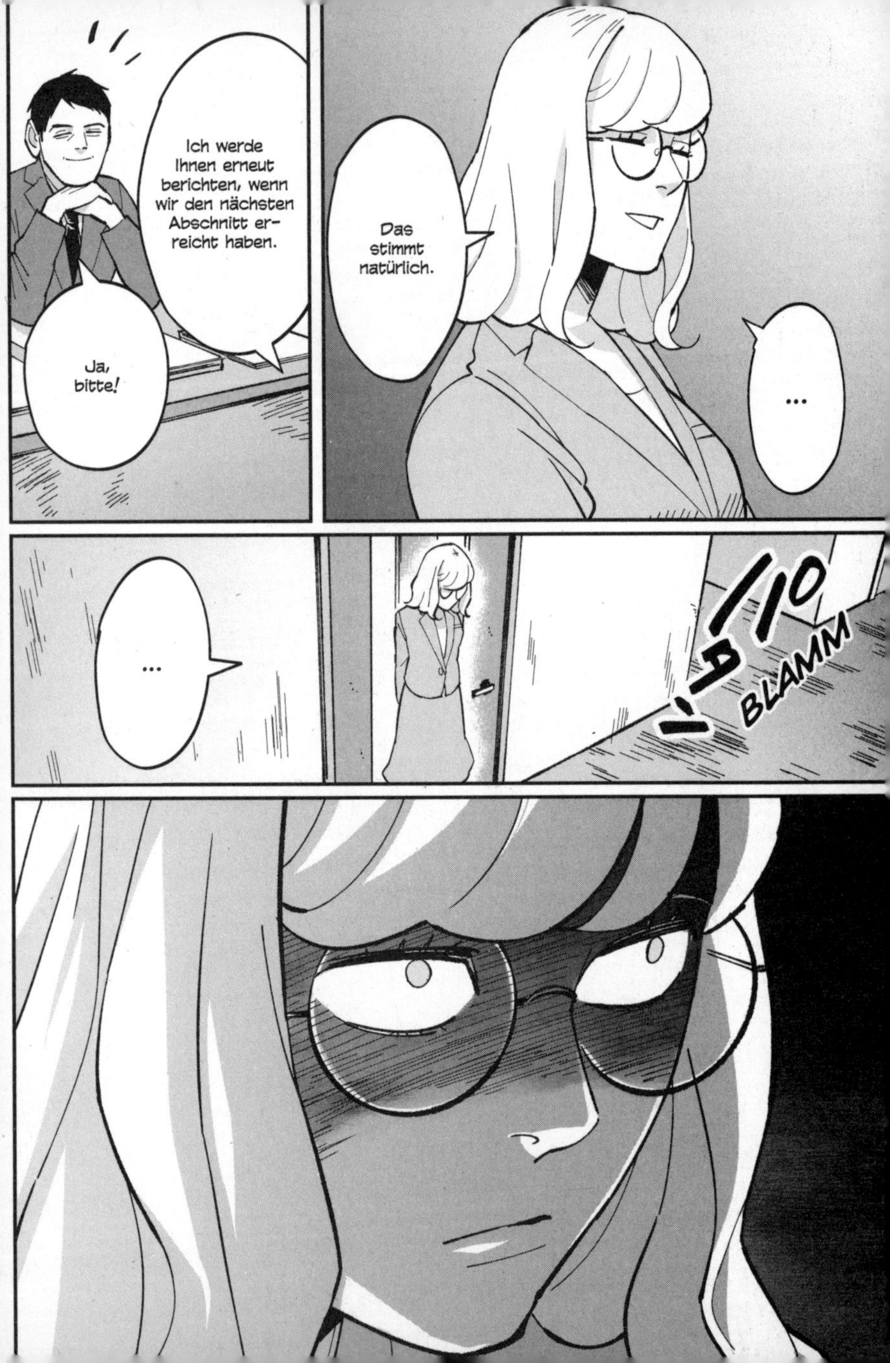
...
Das stimmt natürlich.
Ich werde Ihnen erneut berichten, wenn wir den nächsten Abschnitt erreicht haben.
Ja, bitte!
BLAMM
...

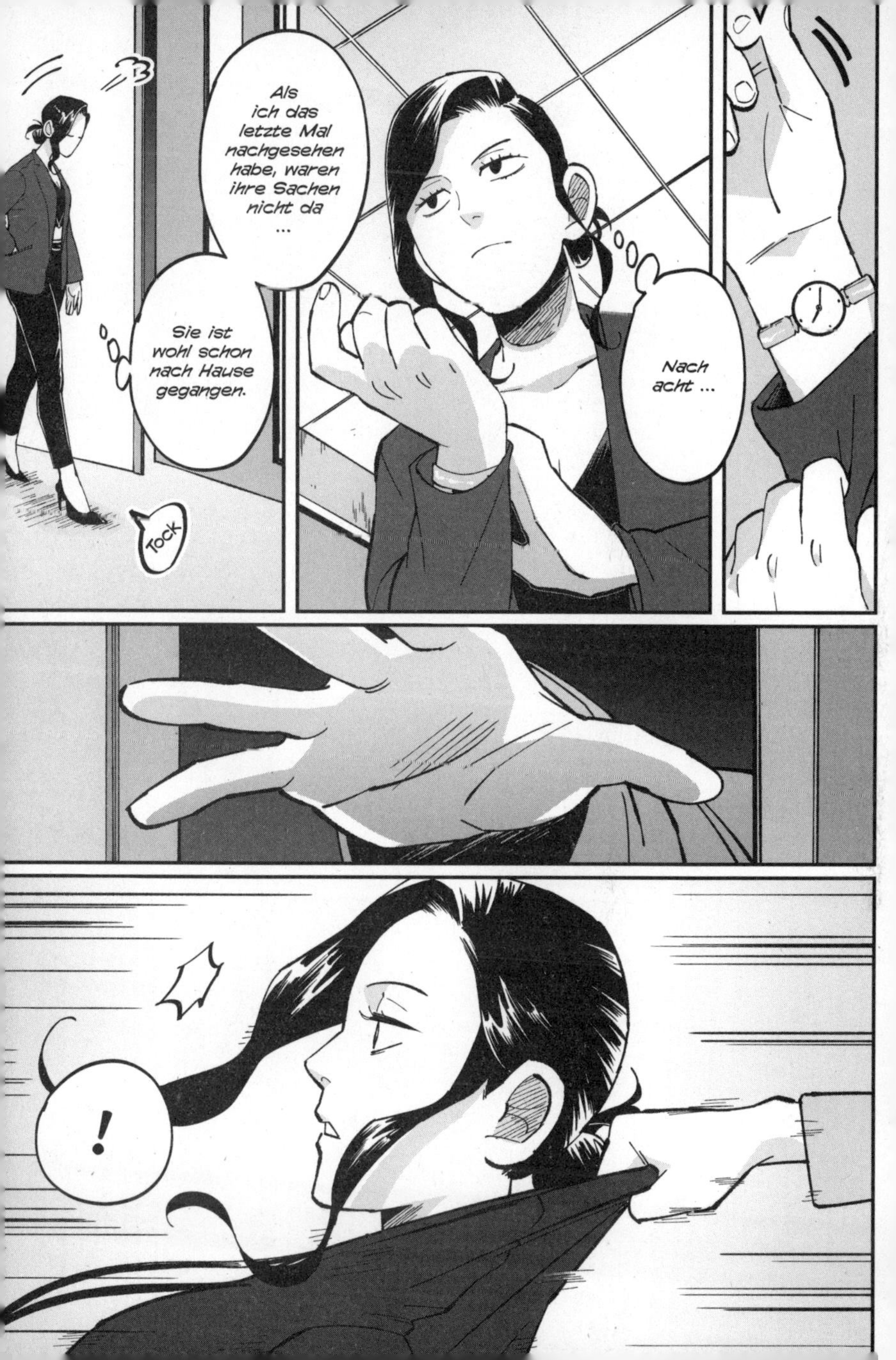
Nach acht ...
Als ich das letzte Mal nachgesehen habe, waren ihre Sachen nicht da ...
Sie ist wohl schon nach Hause gegangen.
Tock
!

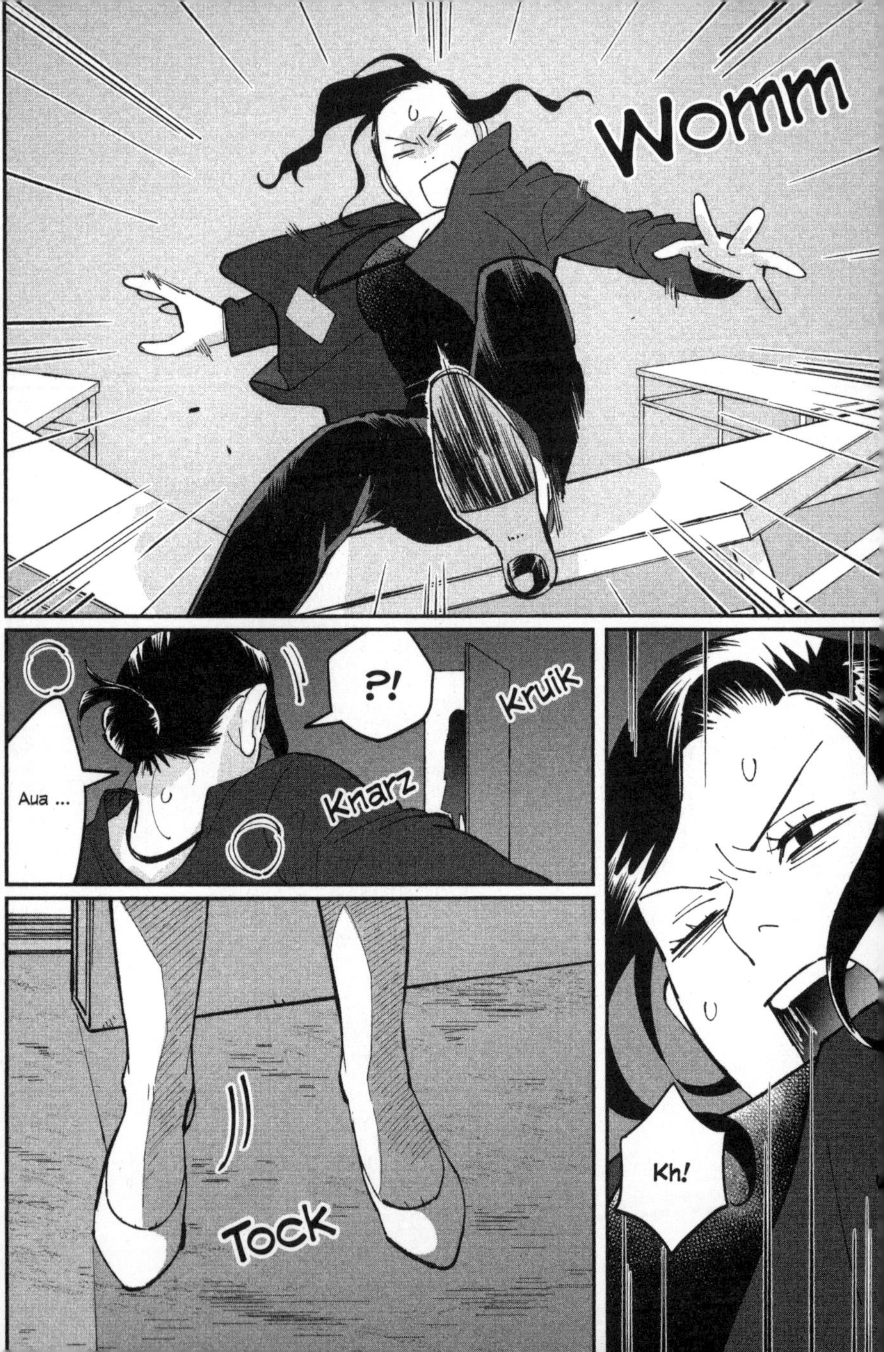
Womm
Kh!
Kruik
?!
Knarz
Aua ...
Tock

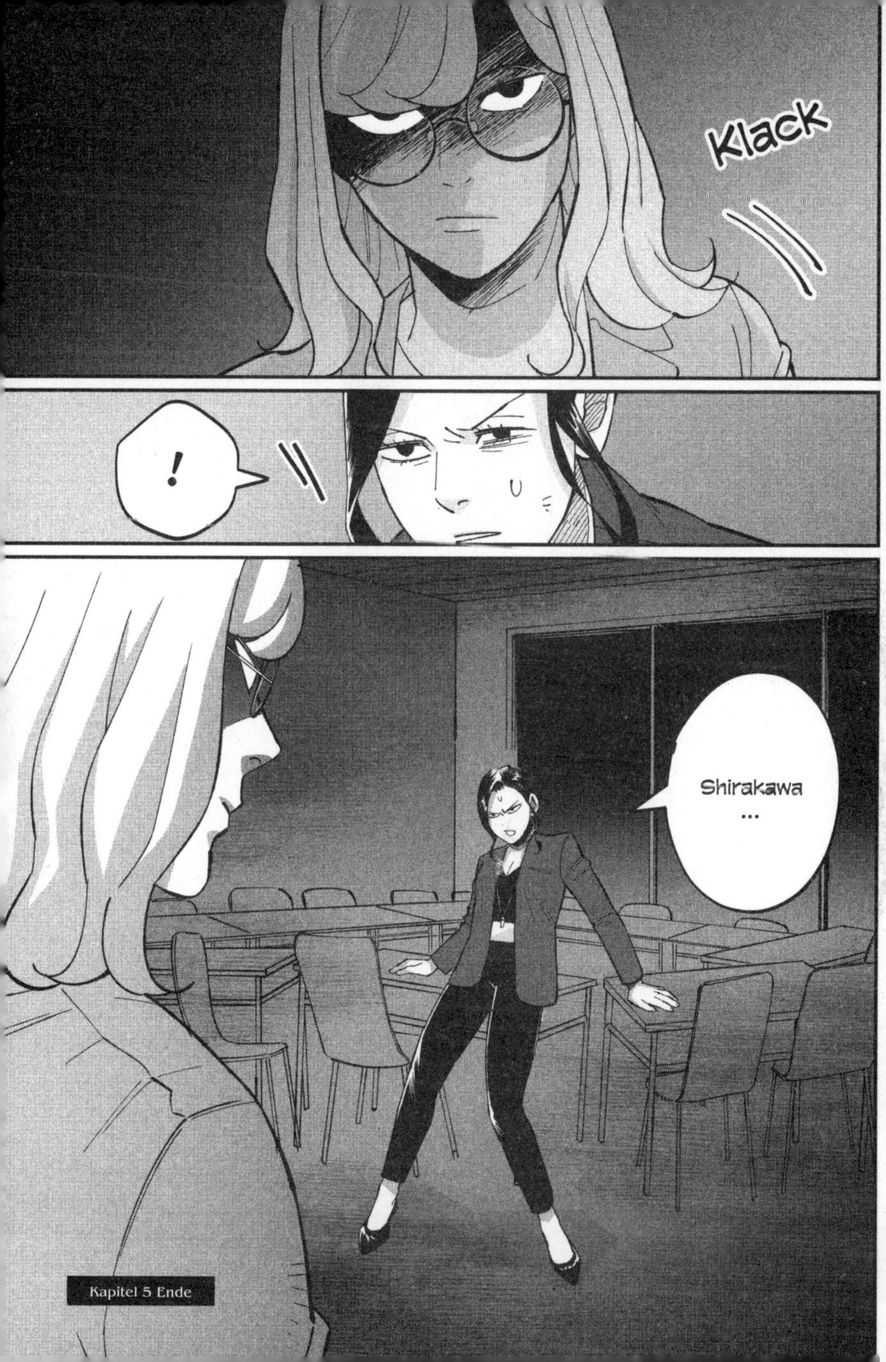
Klack
!
Shirakawa
...
Kapitel 5 Ende

HIEBE AUF DEN ERSTEN BLICK

Kapitel 6 Kohai

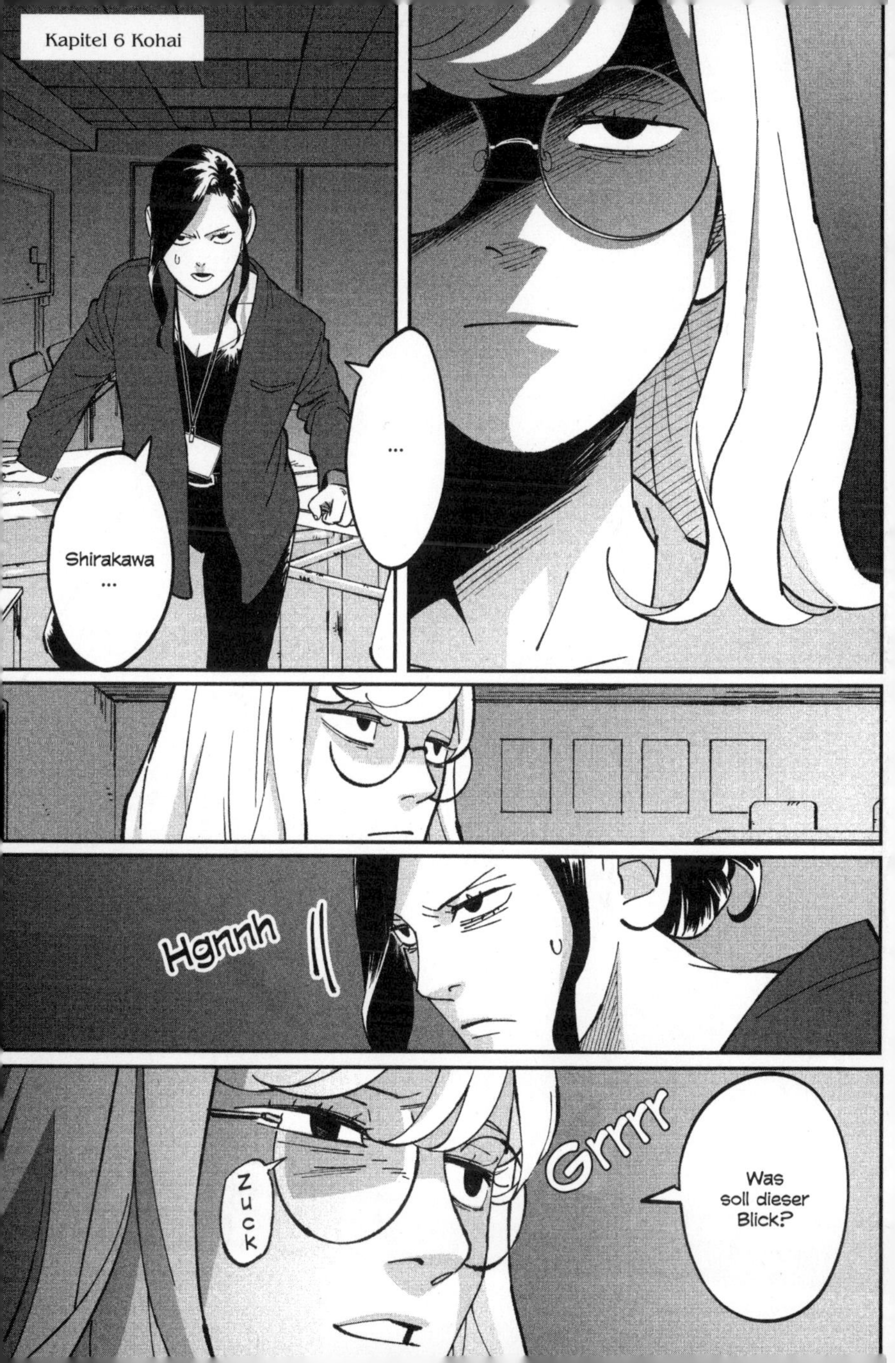

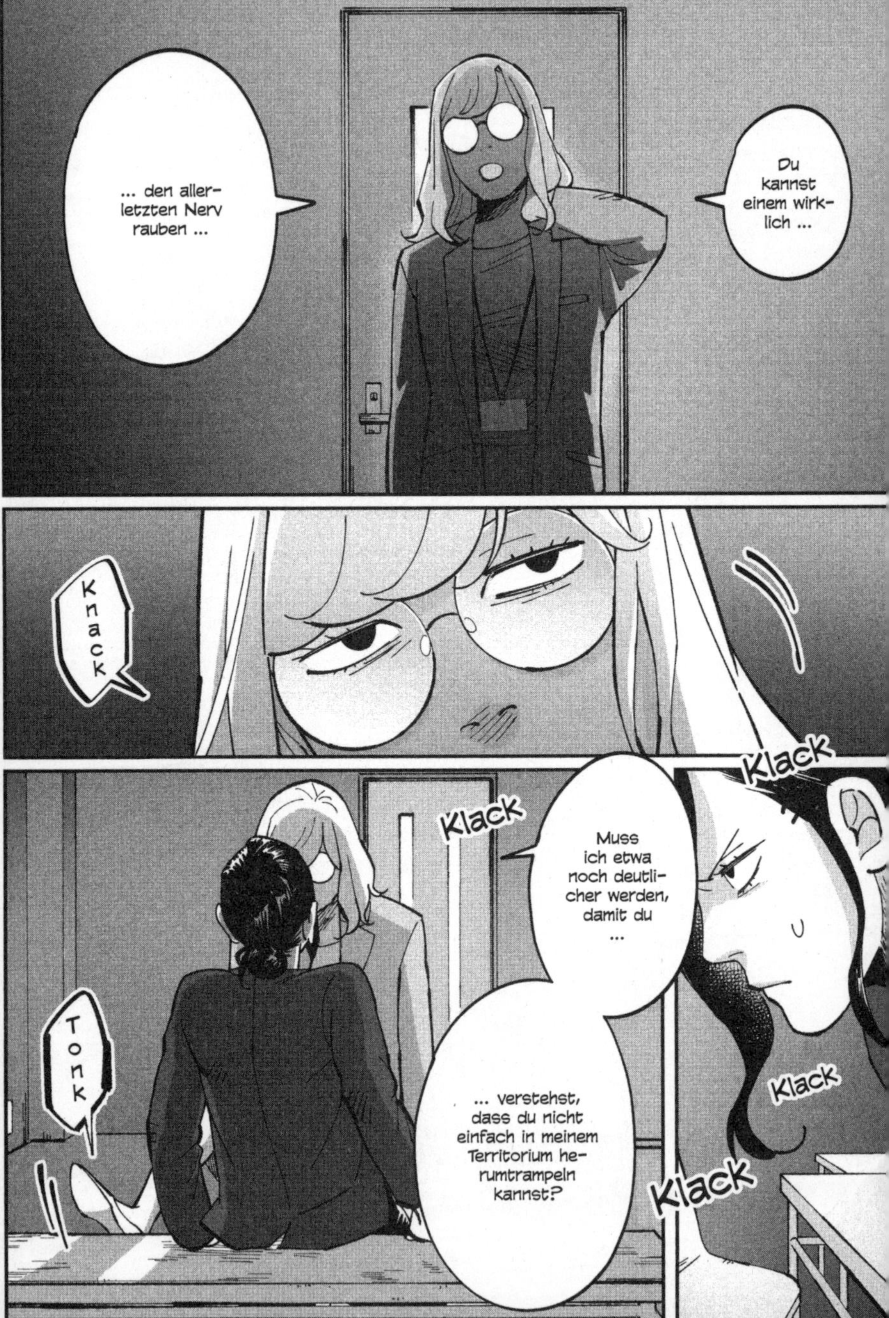
Du kannst einem wirklich ...
... den allerletzten Nerv rauben ...
Knack
Klack
Klack
Muss ich etwa noch deutlicher werden, damit du ...
... verstehst, dass du nicht einfach in meinem Territorium herumtrampeln kannst?
Klack
Klack
Tonk

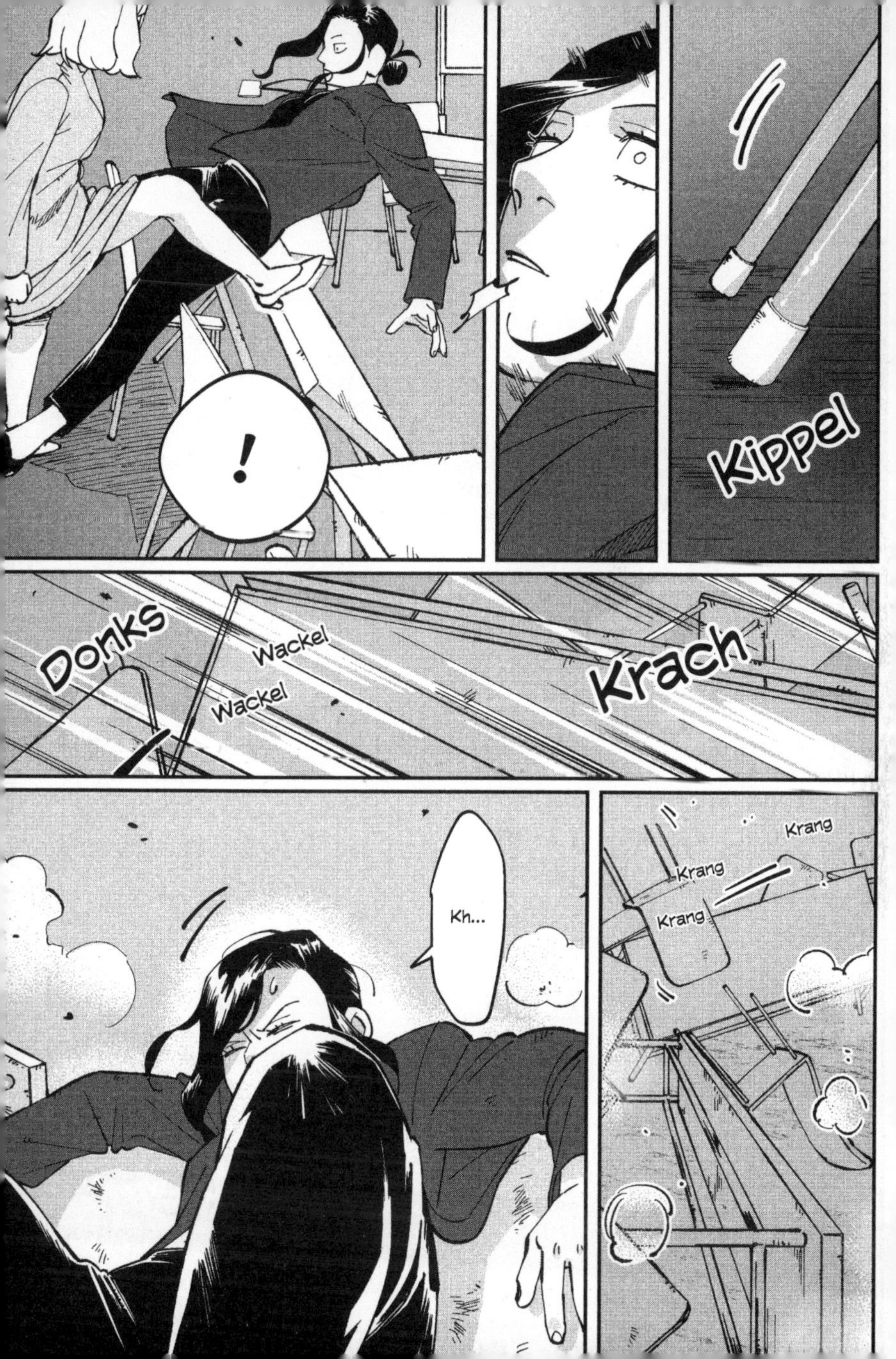

!
Kippel
Krach
Wackel
Wackel
Donks
Krang
Krang
Krang
Kh...

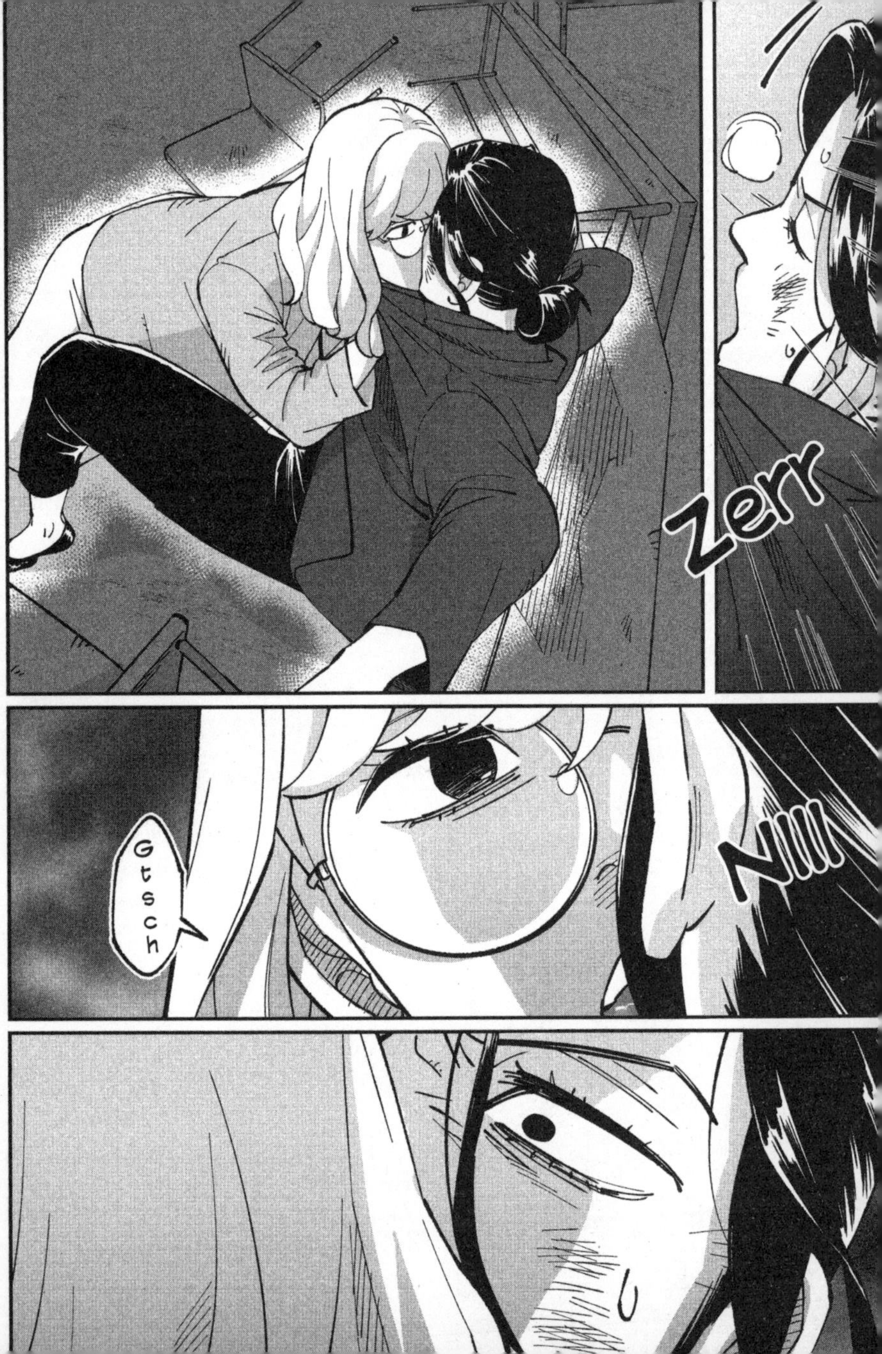
Zerr
Gtsch

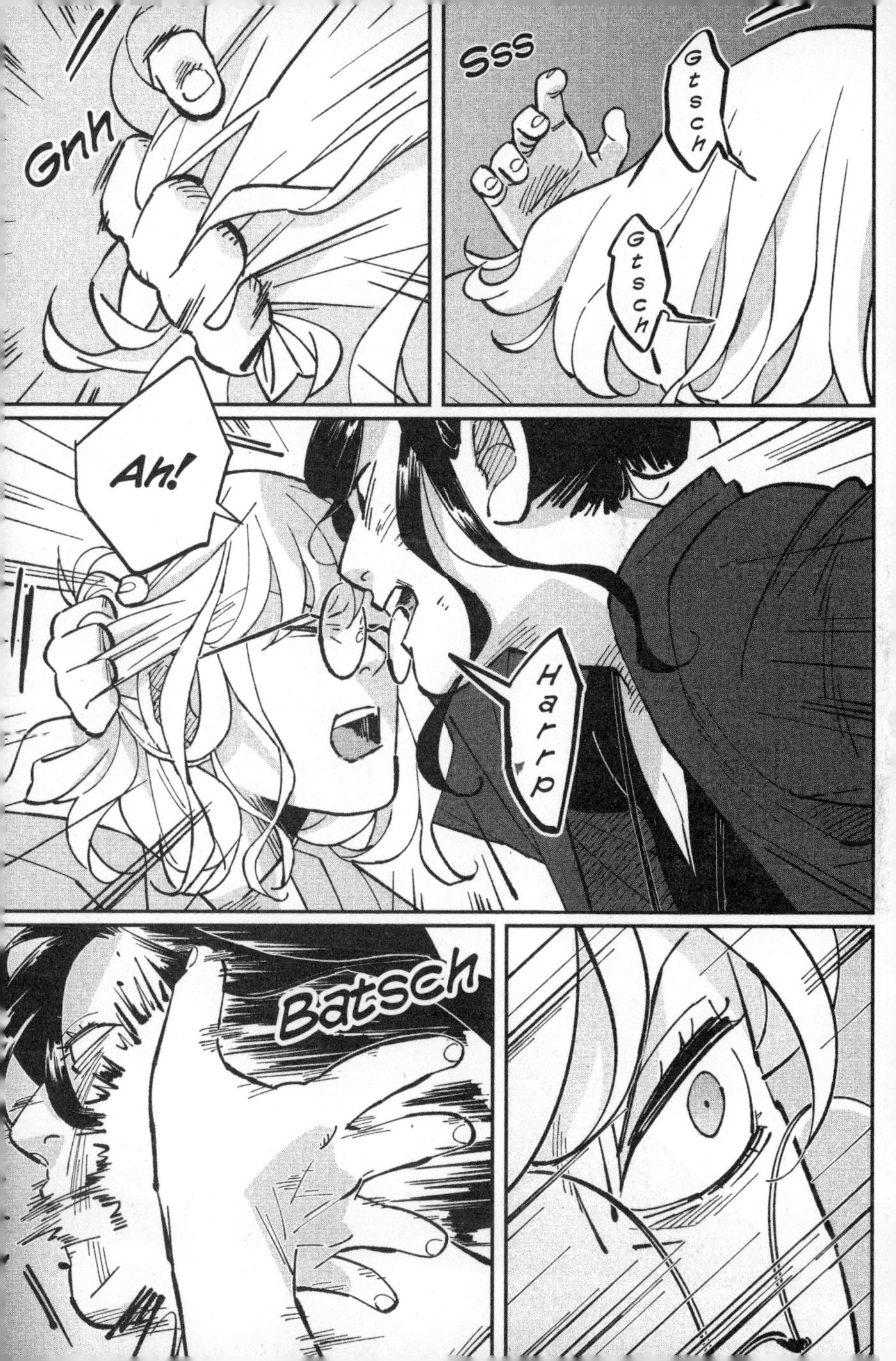
Sss
Gtsch
Gtsch
Gnh
Ah!
Harrp
Batsch

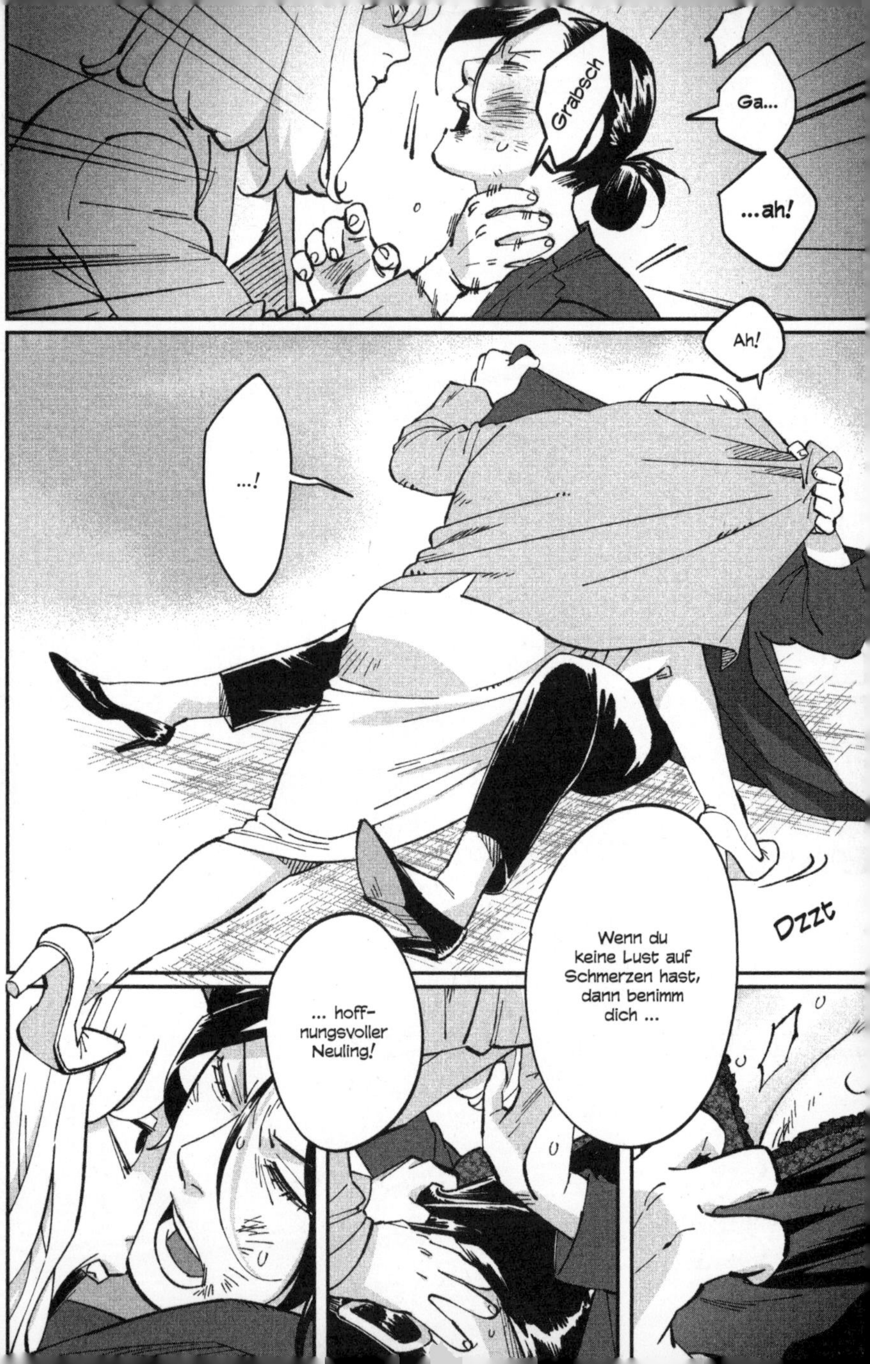
Ga...
...ah!
Grabsch
Ah!
...!
Dzzt
Wenn du keine Lust auf Schmerzen hast, dann benimm dich ...
... hoff-nungsvoller Neuling!

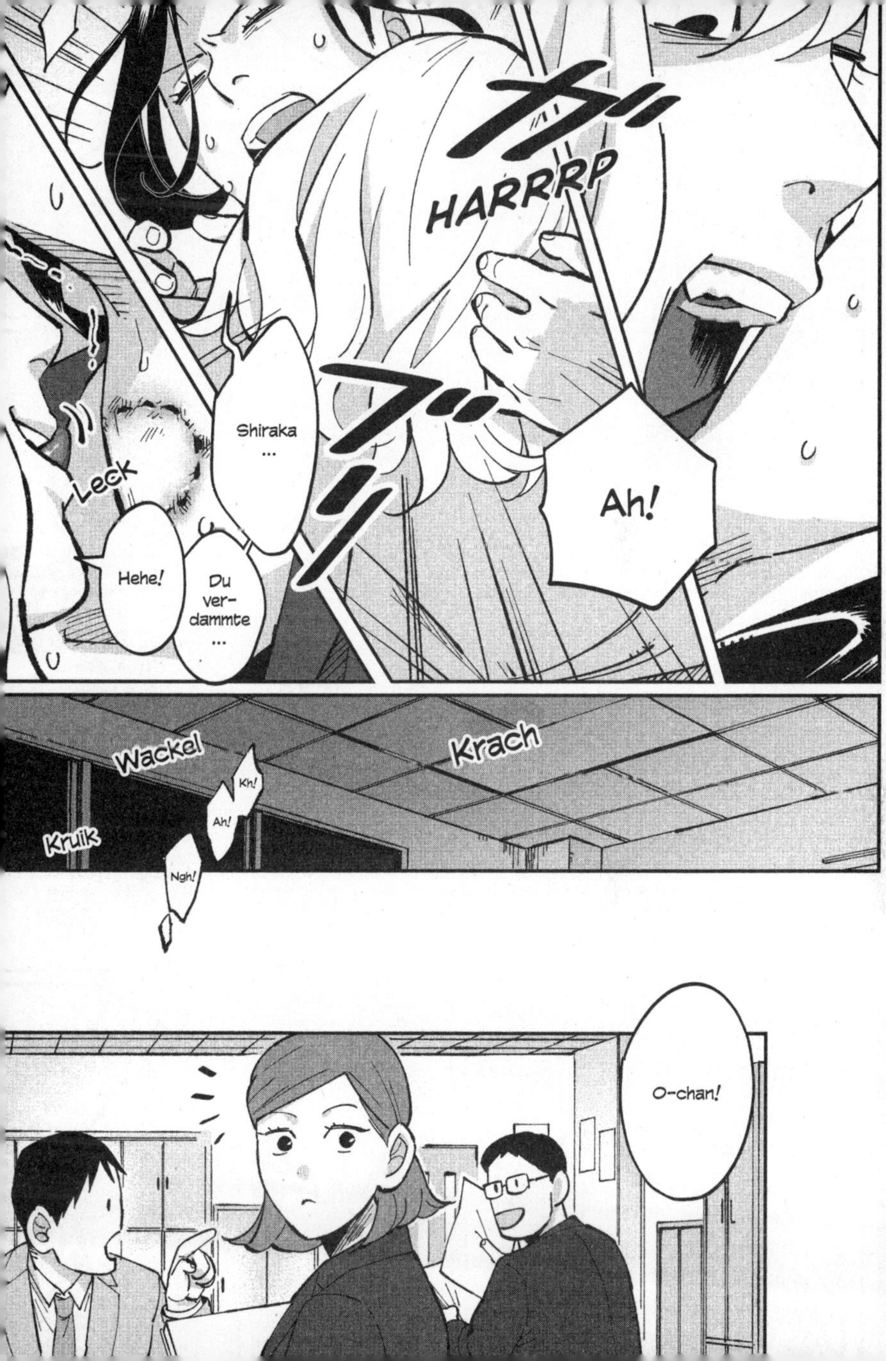
HARRRP
Ah!
Shiraka …
Leck
Du verdammte …
Hehe!
Krach
Wackel
Kh!
Ah!
Ngh!
Kruik
O-chan!

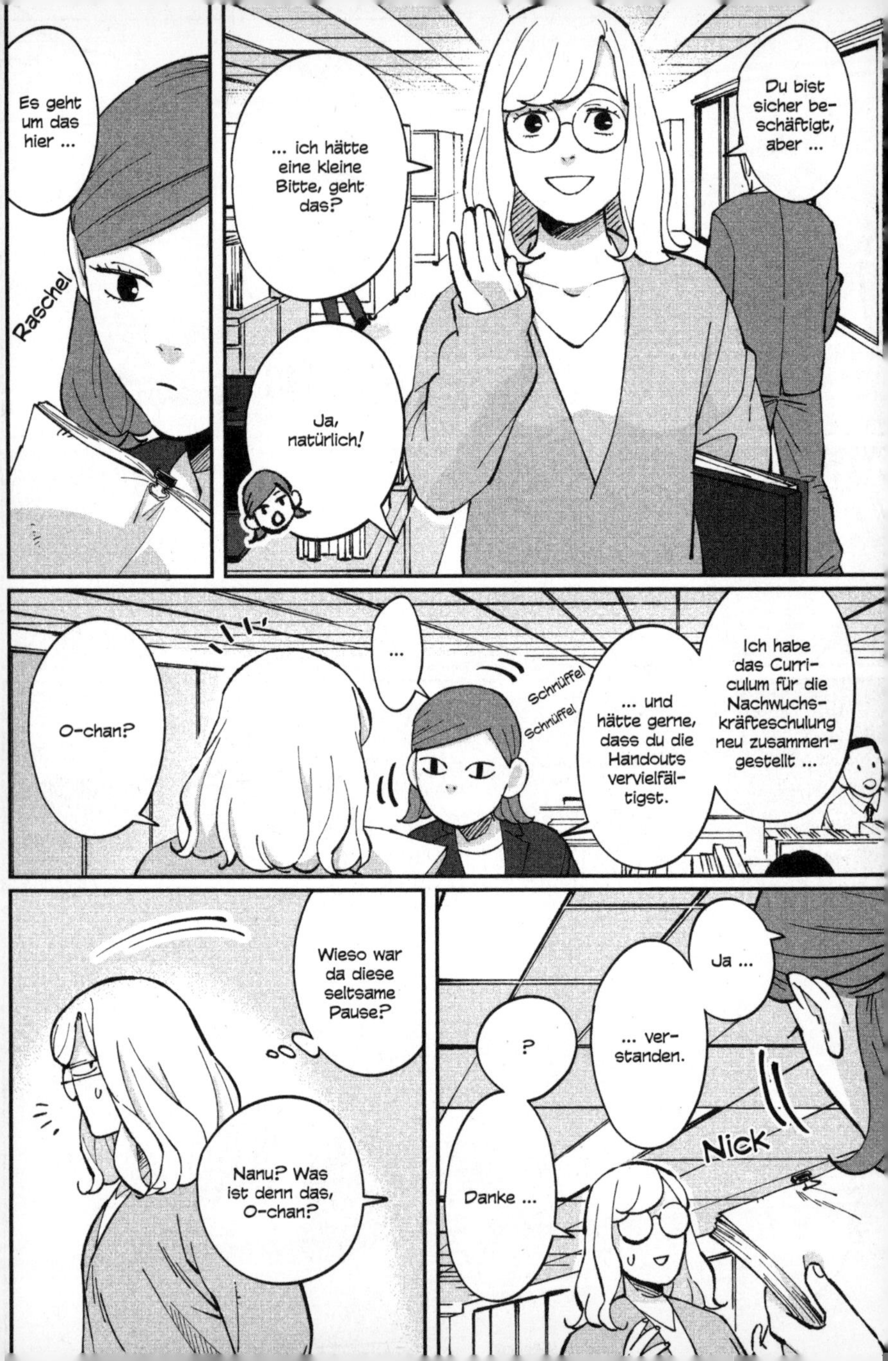

Du bist sicher beschäftigt, aber ...
... ich hätte eine kleine Bitte, geht das?
Ja, natürlich!
Es geht um das hier ...
Raschel
Ich habe das Curriculum für die Nachwuchskräfteschulung neu zusammengestellt ...
... und hätte gerne, dass du die Handouts vervielfältigst.
...
Schnüffel
Schnüffel
O-chan?
Ja ...
... verstanden.
?
Danke ...
Nick
Wieso war da diese seltsame Pause?
Nanu? Was ist denn das, O-chan?

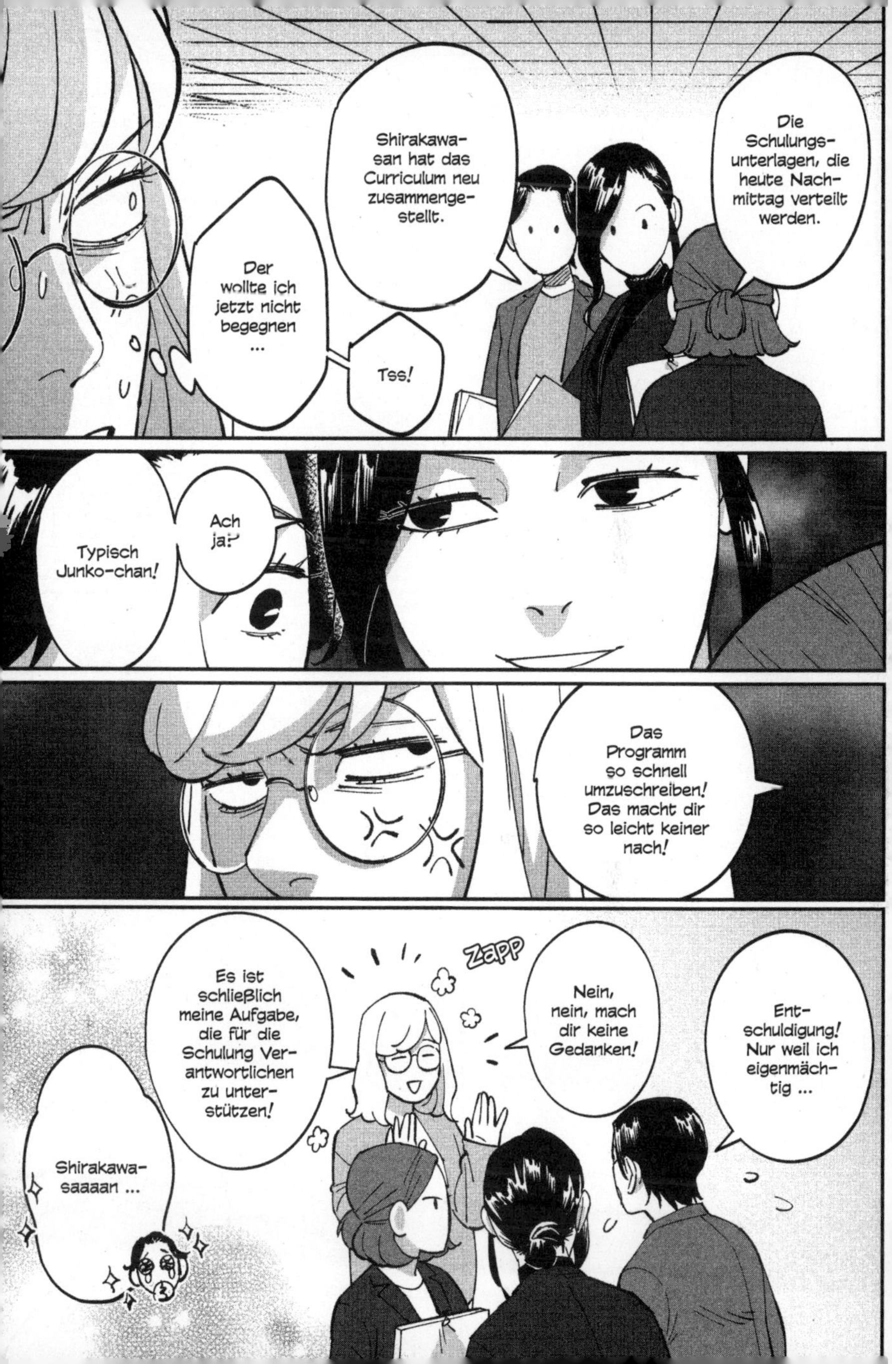
Die Schulungsunterlagen, die heute Nachmittag verteilt werden.
Shirakawa-san hat das Curriculum neu zusammengestellt.
Tss!
Der wollte ich jetzt nicht begegnen ...
Ach ja?
Typisch Junko-chan!
Das Programm so schnell umzuschreiben! Das macht dir so leicht keiner nach!
Entschuldigung! Nur weil ich eigenmächtig ...
Zapp
Nein, nein, mach dir keine Gedanken!
Es ist schließlich meine Aufgabe, die für die Schulung Verantwortlichen zu unterstützen!
Shirakawa-saaaan ...

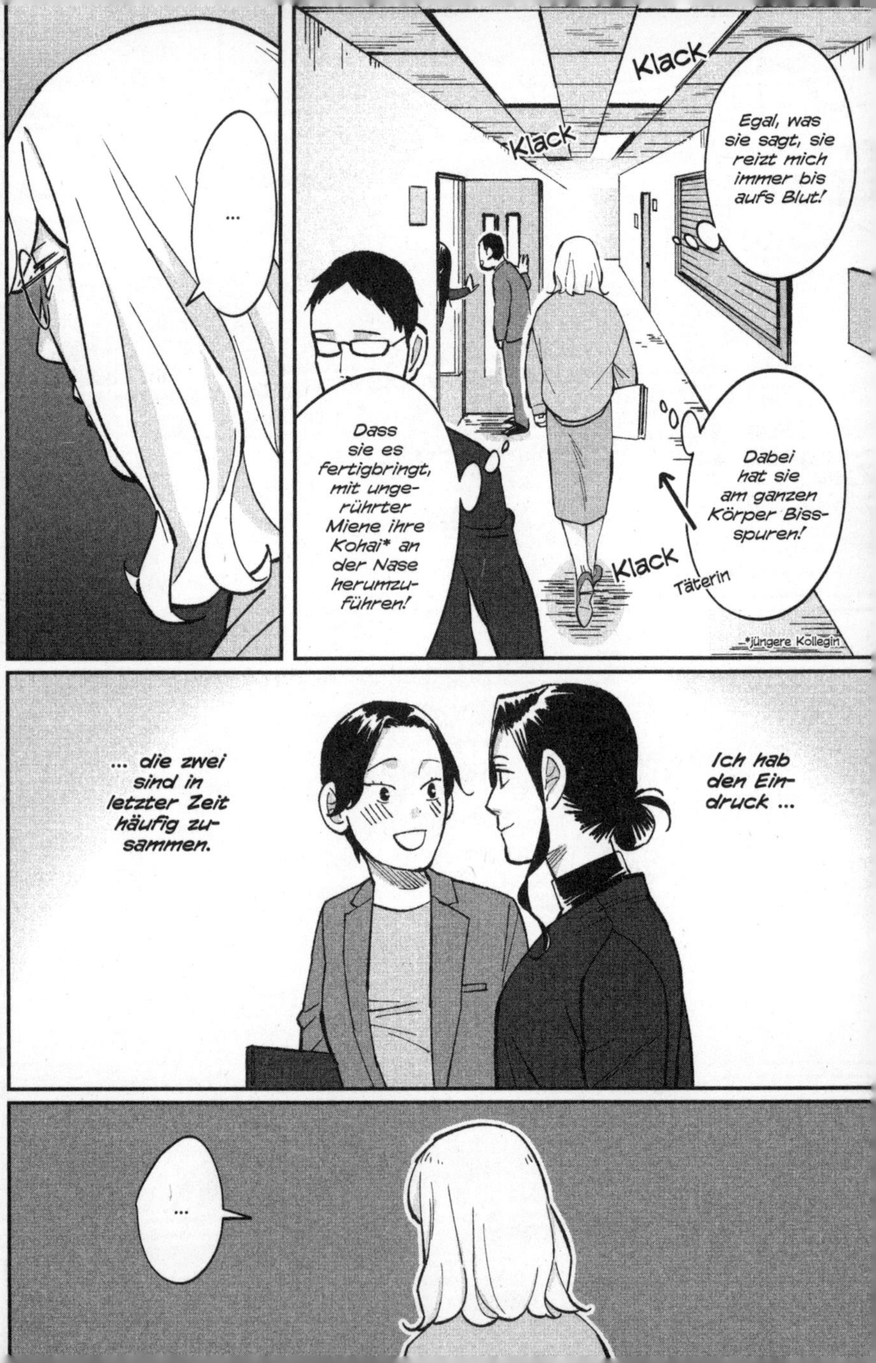
Klack
Egal, was sie sagt, sie reizt mich immer bis aufs Blut!
Klack
Dabei hat sie am ganzen Körper Bissspuren!
Täterin
Klack
Dass sie es fertigbringt, mit ungerührter Miene ihre Kohai* an der Nase herumzuführen!
*jüngere Kollegin
...
Ich hab den Eindruck ...
... die zwei sind in letzter Zeit häufig zusammen.
...

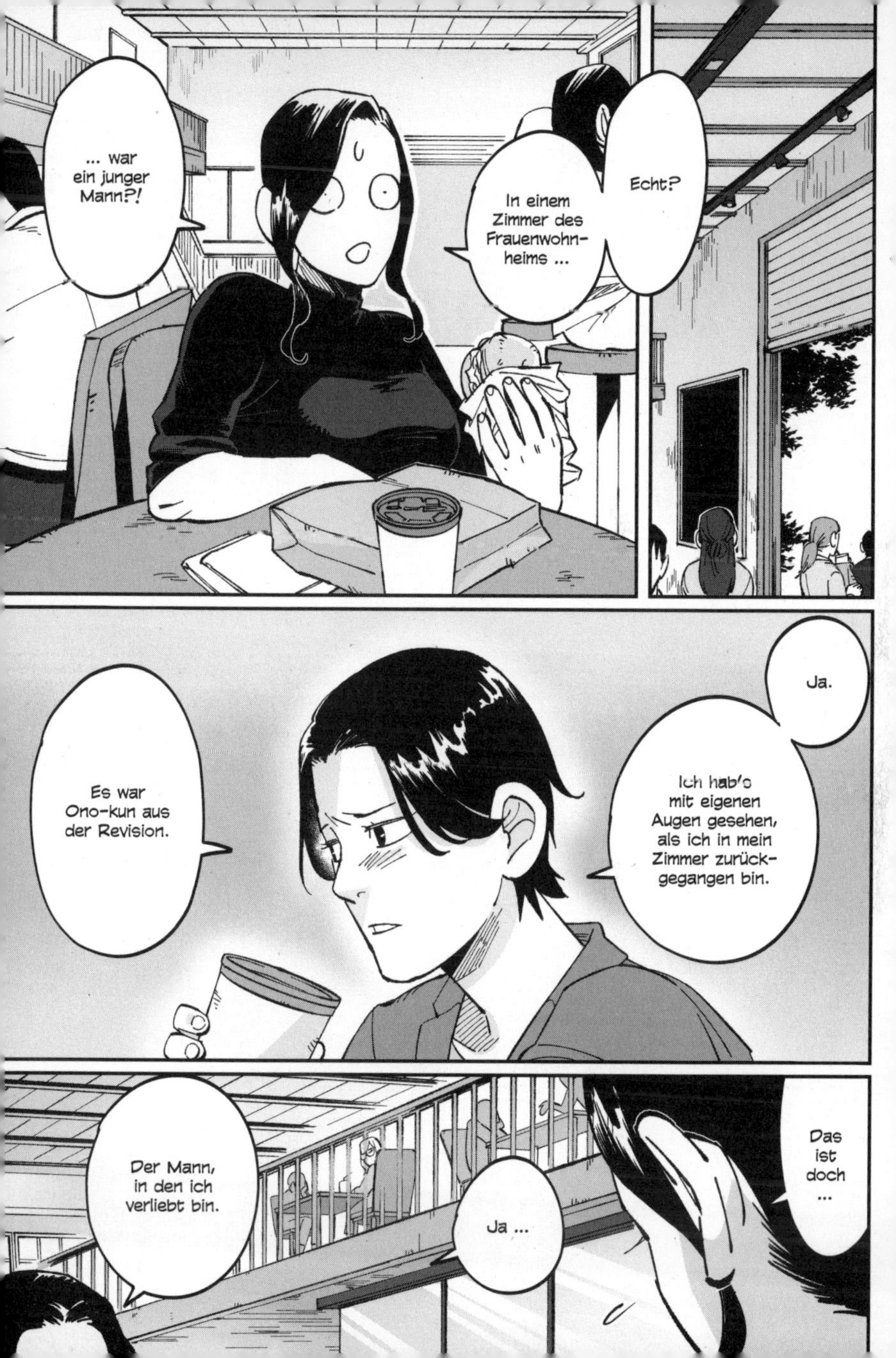
Echt?
In einem Zimmer des Frauenwohnheims ...
... war ein junger Mann?!
Ja.
Ich hab's mit eigenen Augen gesehen, als ich in mein Zimmer zurückgegangen bin.
Es war Ono-kun aus der Revision.
Das ist doch ...
Ja ...
Der Mann, in den ich verliebt bin.

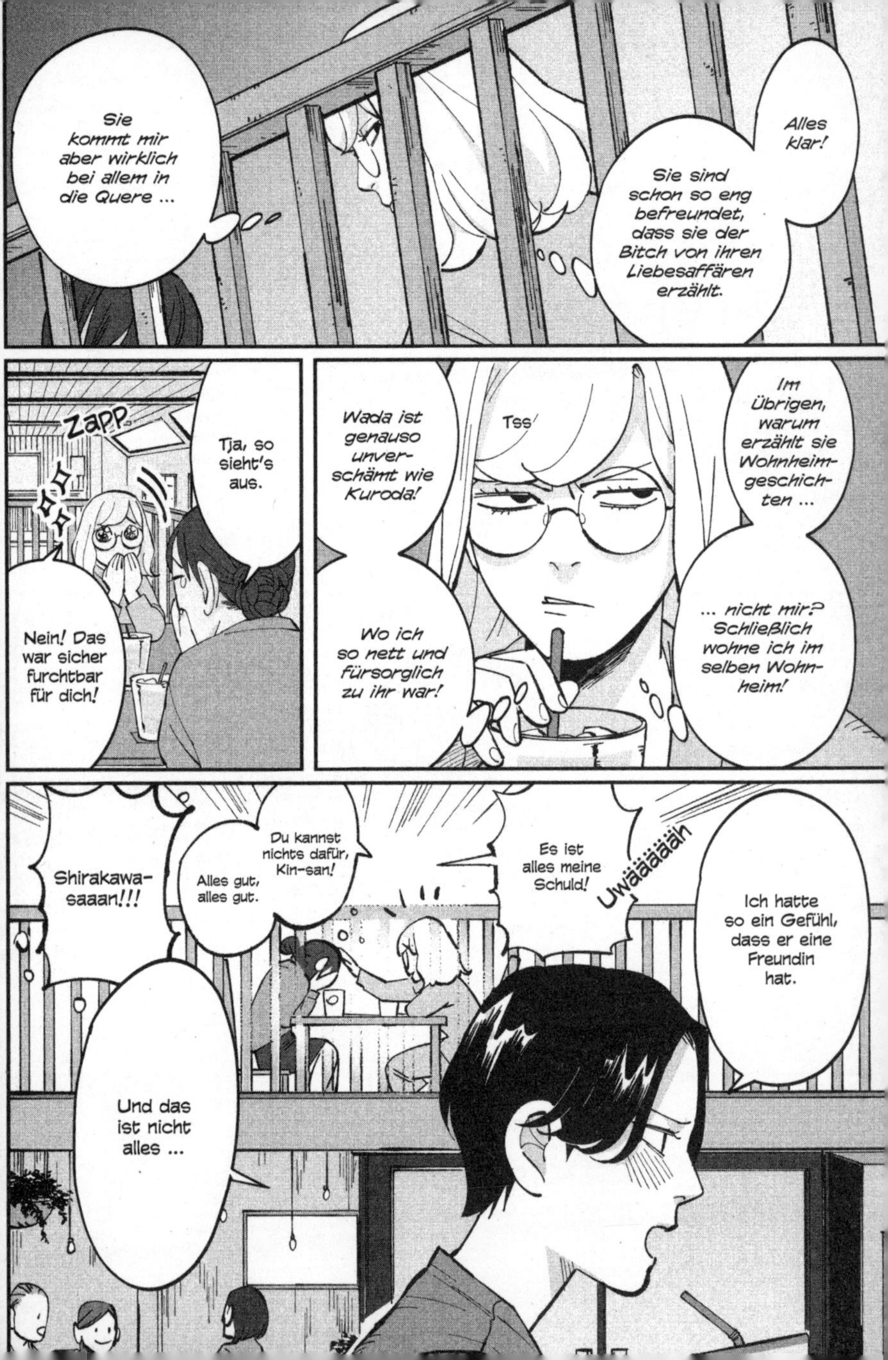

Alles klar!
Sie sind schon so eng befreundet, dass sie der Bitch von ihren Liebesaffären erzählt.
Sie kommt mir aber wirklich bei allem in die Quere ...
Im Übrigen, warum erzählt sie Wohnheimgeschichten ...
... nicht mir? Schließlich wohne ich im selben Wohnheim!
Tss
Wada ist genauso unverschämt wie Kuroda!
Wo ich so nett und fürsorglich zu ihr war!
Tja, so sieht's aus.
Zapp
Nein! Das war sicher furchtbar für dich!
Ich hatte so ein Gefühl, dass er eine Freundin hat.
Uwäääääh
Es ist alles meine Schuld!
Du kannst nichts dafür, Kin-san!
Alles gut, alles gut.
Shirakawa-saaan!!!
Und das ist nicht alles ...

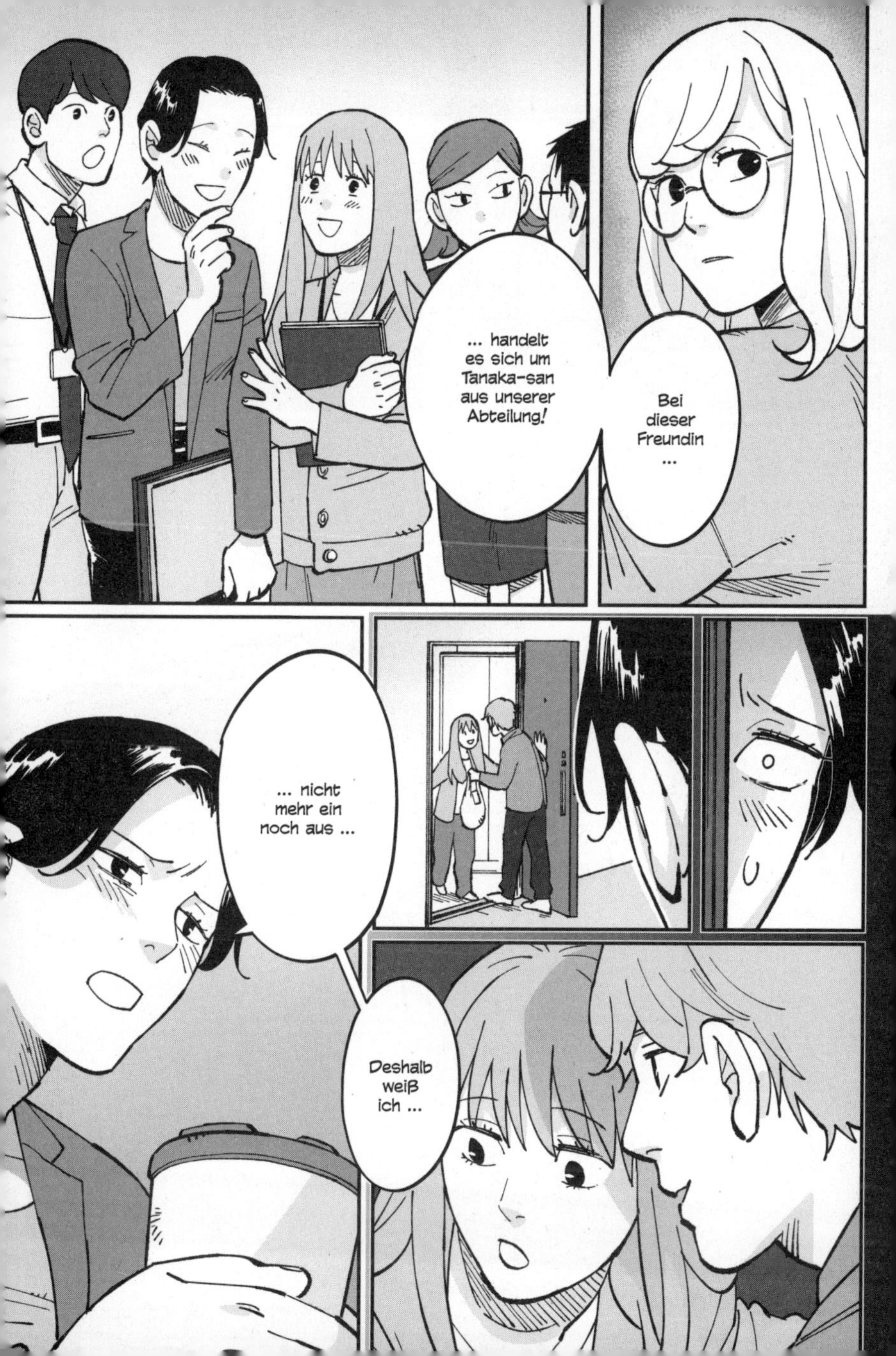
Bei dieser Freundin ...
... handelt es sich um Tanaka-san aus unserer Abteilung!
Deshalb weiß ich ...
... nicht mehr ein noch aus ...

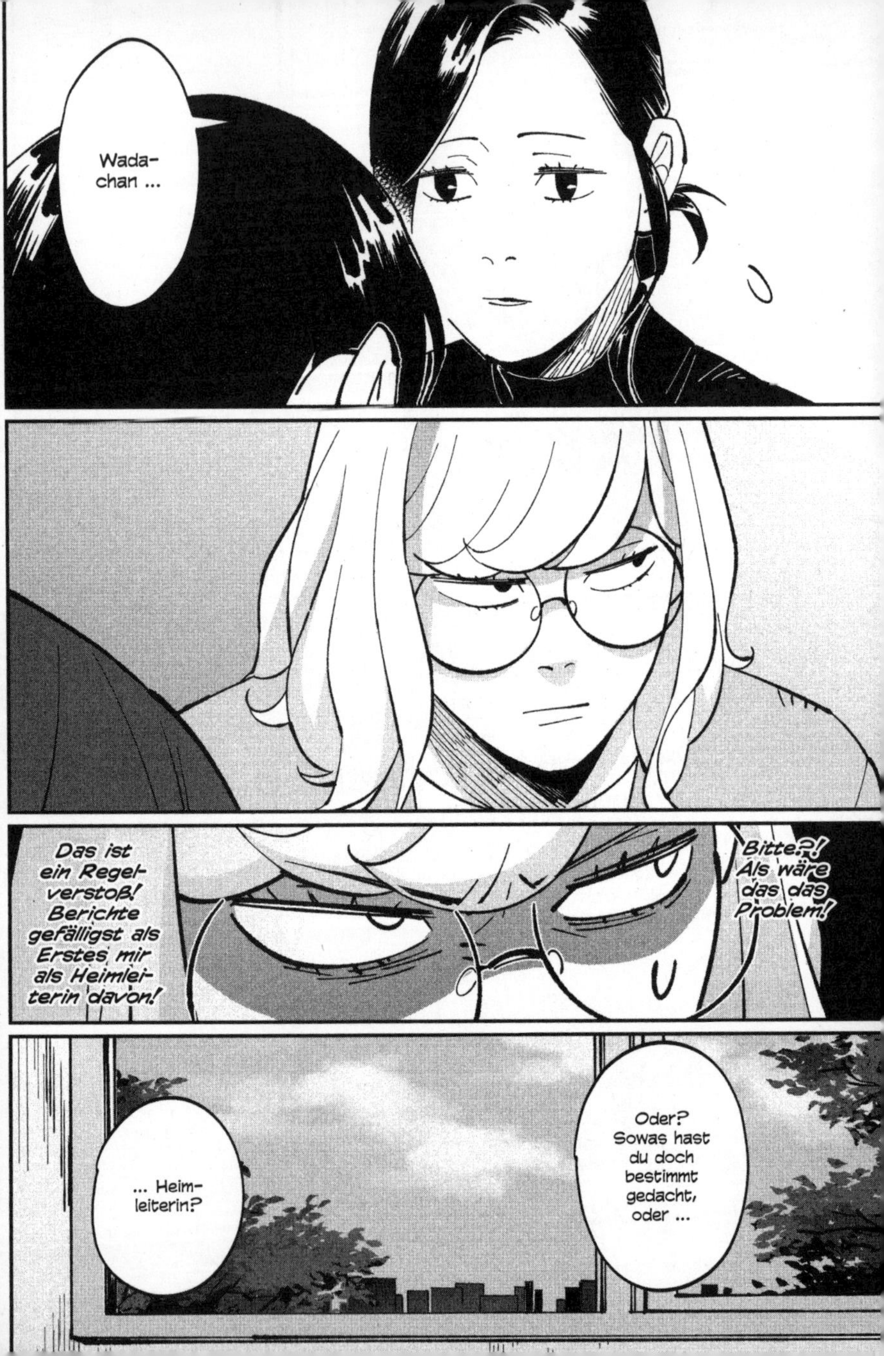
Wada-chan ...
Bitte?! Als wäre das das Problem!
Das ist ein Regelverstoß! Berichte gefälligst als Erstes mir als Heimleiterin davon!
Oder? Sowas hast du doch bestimmt gedacht, oder ...
... Heimleiterin?

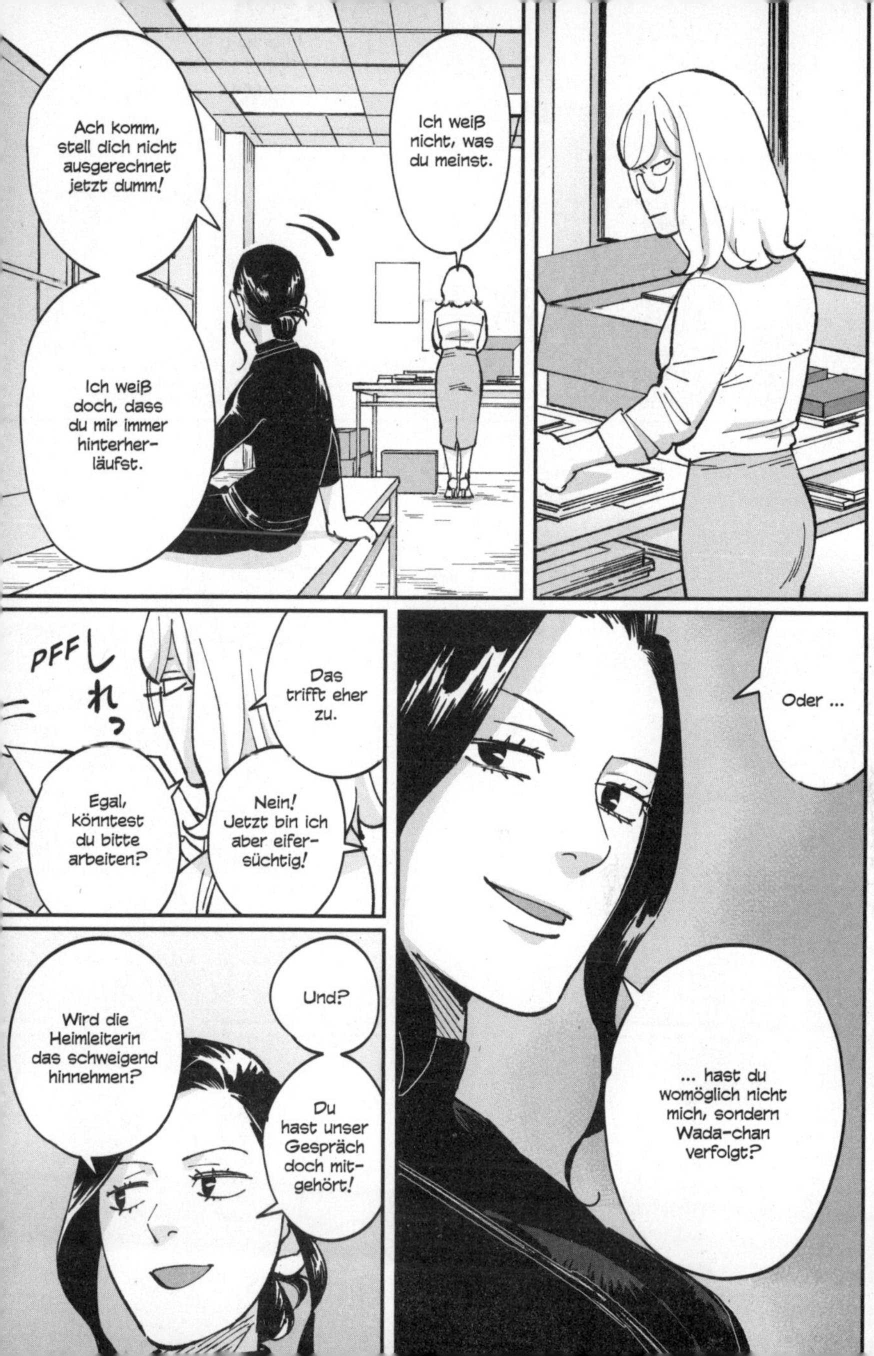
Ich weiß nicht, was du meinst.
Ach komm, stell dich nicht ausgerechnet jetzt dumm!
Ich weiß doch, dass du mir immer hinterherläufst.
Oder ...
... hast du womöglich nicht mich, sondern Wada-chan verfolgt?
Das trifft eher zu.
Nein! Jetzt bin ich aber eifersüchtig!
PFF しれっ
Egal, könntest du bitte arbeiten?
Und?
Du hast unser Gespräch doch mitgehört!
Wird die Heimleiterin das schweigend hinnehmen?

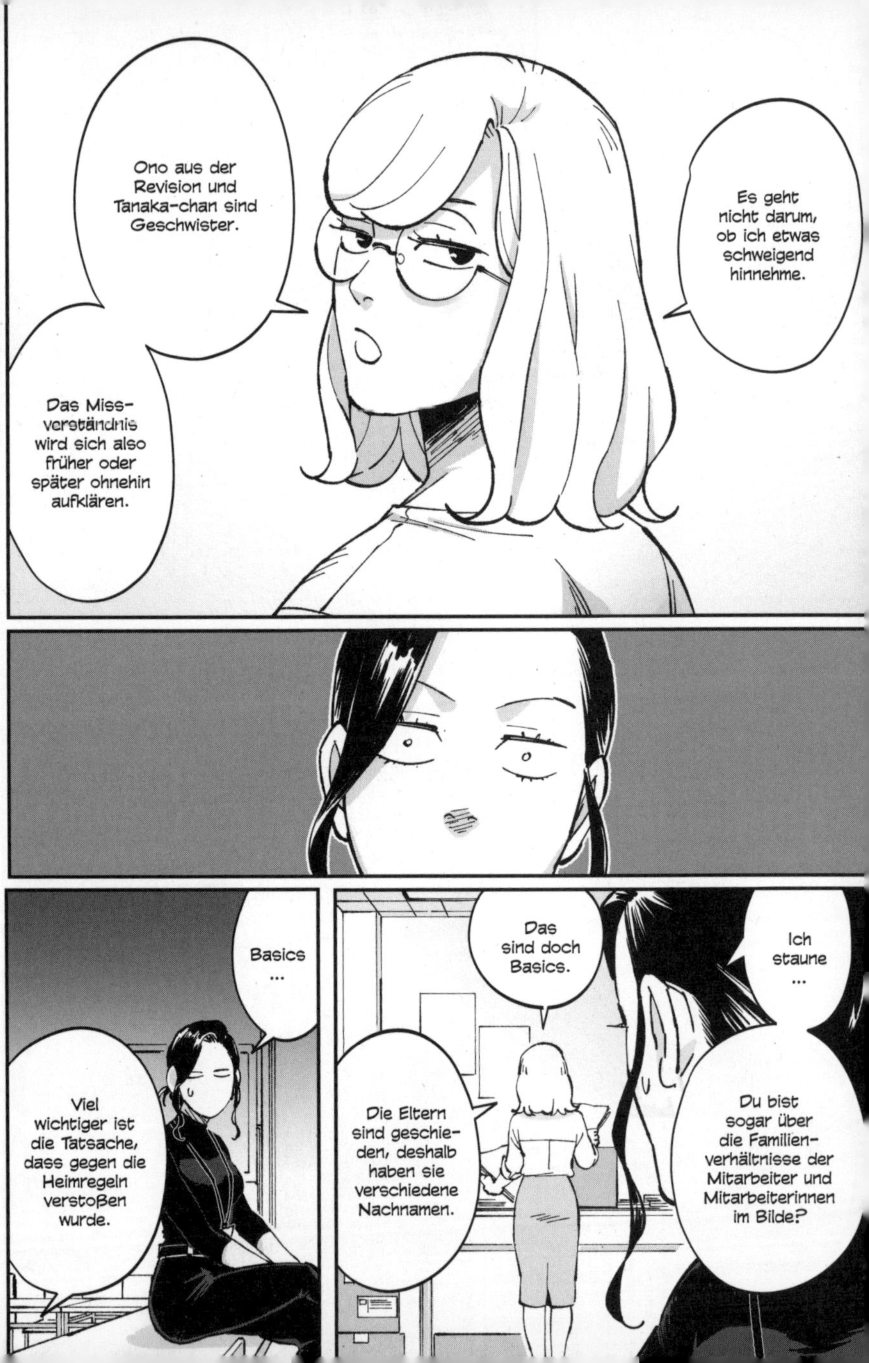
Es geht nicht darum, ob ich etwas schweigend hinnehme.
Ono aus der Revision und Tanaka-chan sind Geschwister.
Das Miss-verständnis wird sich also früher oder später ohnehin aufklären.
Ich staune ...
Du bist sogar über die Familien-verhältnisse der Mitarbeiter und Mitarbeiterinnen im Bilde?
Das sind doch Basics.
Die Eltern sind geschie-den, deshalb haben sie verschiedene Nachnamen.
Basics ...
Viel wichtiger ist die Tatsache, dass gegen die Heimregeln verstoßen wurde.

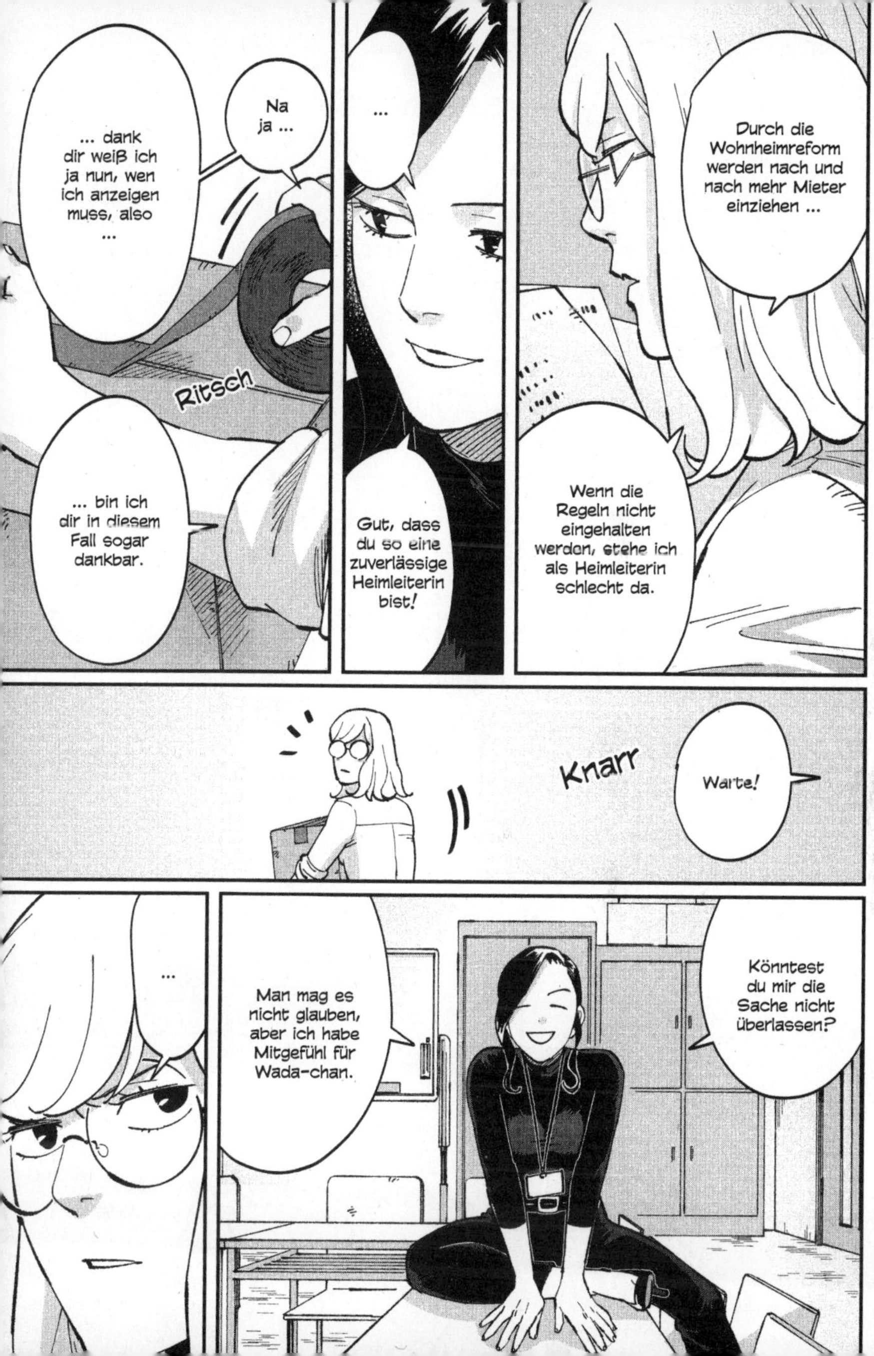
Durch die Wohnheimreform werden nach und nach mehr Mieter einziehen ...
Wenn die Regeln nicht eingehalten werden, stehe ich als Heimleiterin schlecht da.
...
Gut, dass du so eine zuverlässige Heimleiterin bist!
Na ja ...
... dank dir weiß ich ja nun, wen ich anzeigen muss, also ...
Ritsch
... bin ich dir in diesem Fall sogar dankbar.
Warte!
Knarr
Könntest du mir die Sache nicht überlassen?
Man mag es nicht glauben, aber ich habe Mitgefühl für Wada-chan.
...

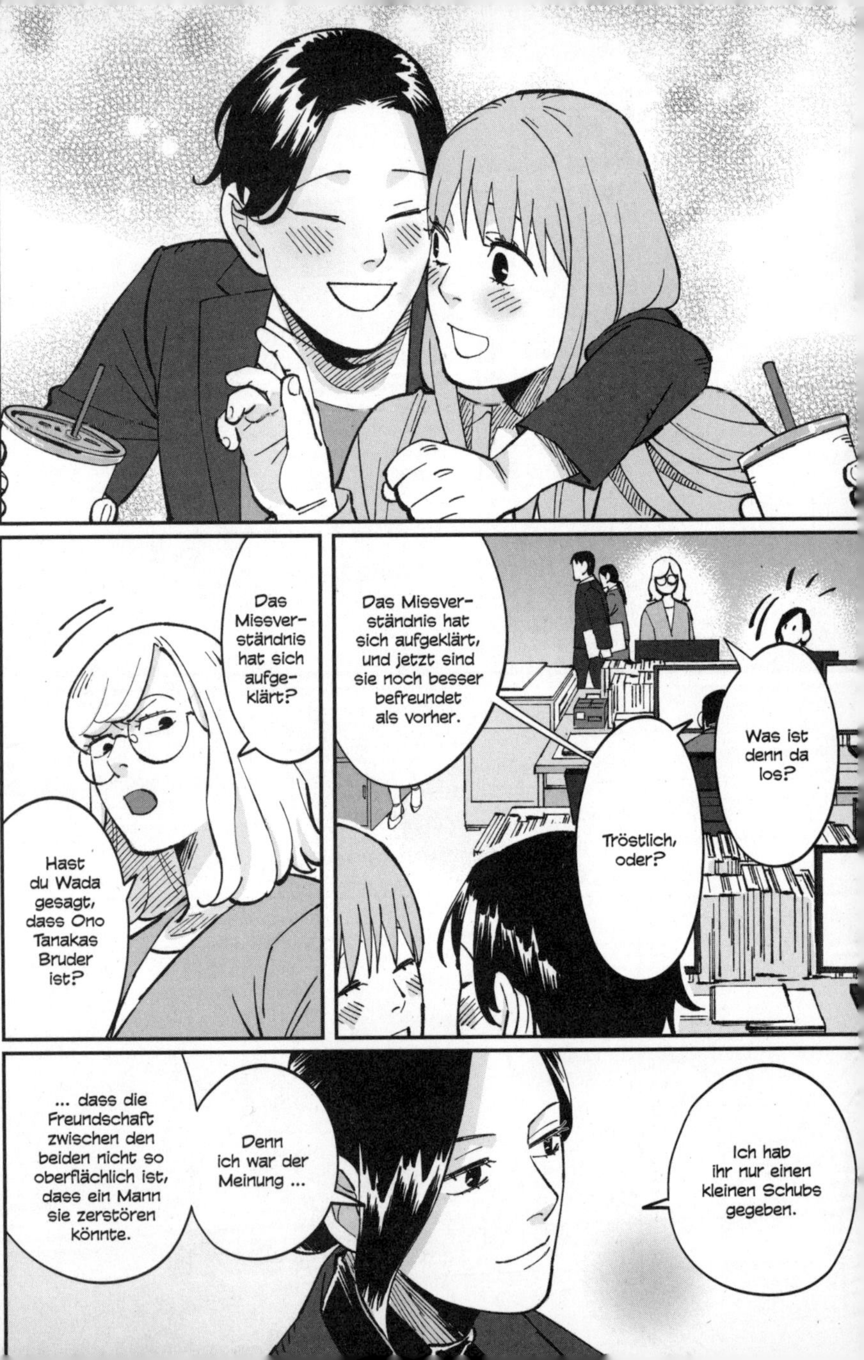
Was ist denn da los?
Tröstlich, oder?
Das Missverständnis hat sich aufgeklärt, und jetzt sind sie noch besser befreundet als vorher.
Das Missverständnis hat sich aufgeklärt?
Hast du Wada gesagt, dass Ono Tanakas Bruder ist?
Ich hab ihr nur einen kleinen Schubs gegeben.
Denn ich war der Meinung ...
... dass die Freundschaft zwischen den beiden nicht so oberflächlich ist, dass ein Mann sie zerstören könnte.

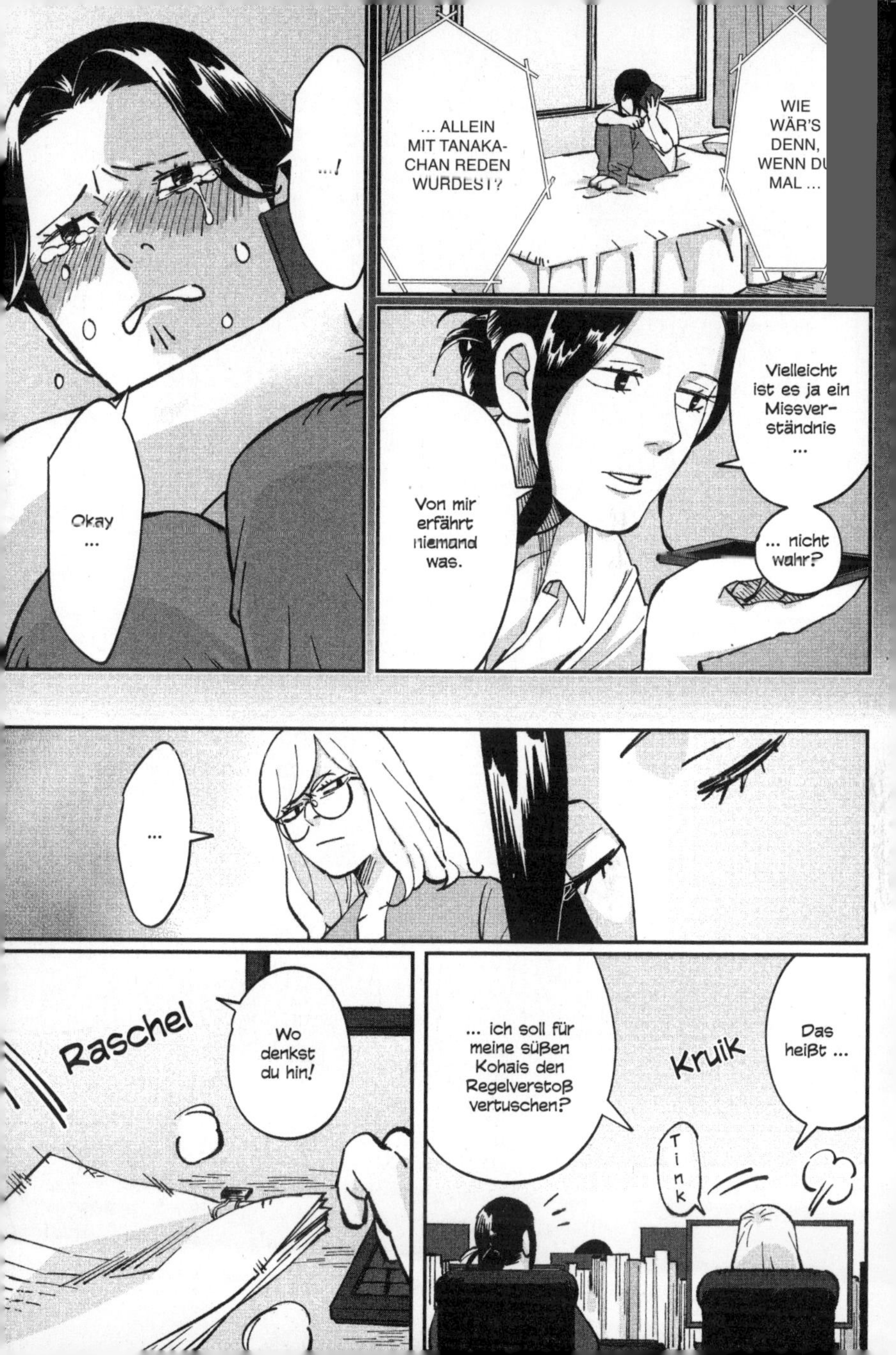

WIE WÄR'S DENN, WENN DU MAL …
… ALLEIN MIT TANAKA-CHAN REDEN WÜRDEST?
Vielleicht ist es ja ein Missverständnis …
… nicht wahr?
Von mir erfährt niemand was.
…!
Okay …
…
Das heißt …
Kruik
Tink
… ich soll für meine süßen Kohais den Regelverstoß vertuschen?
Wo denkst du hin!
Raschel

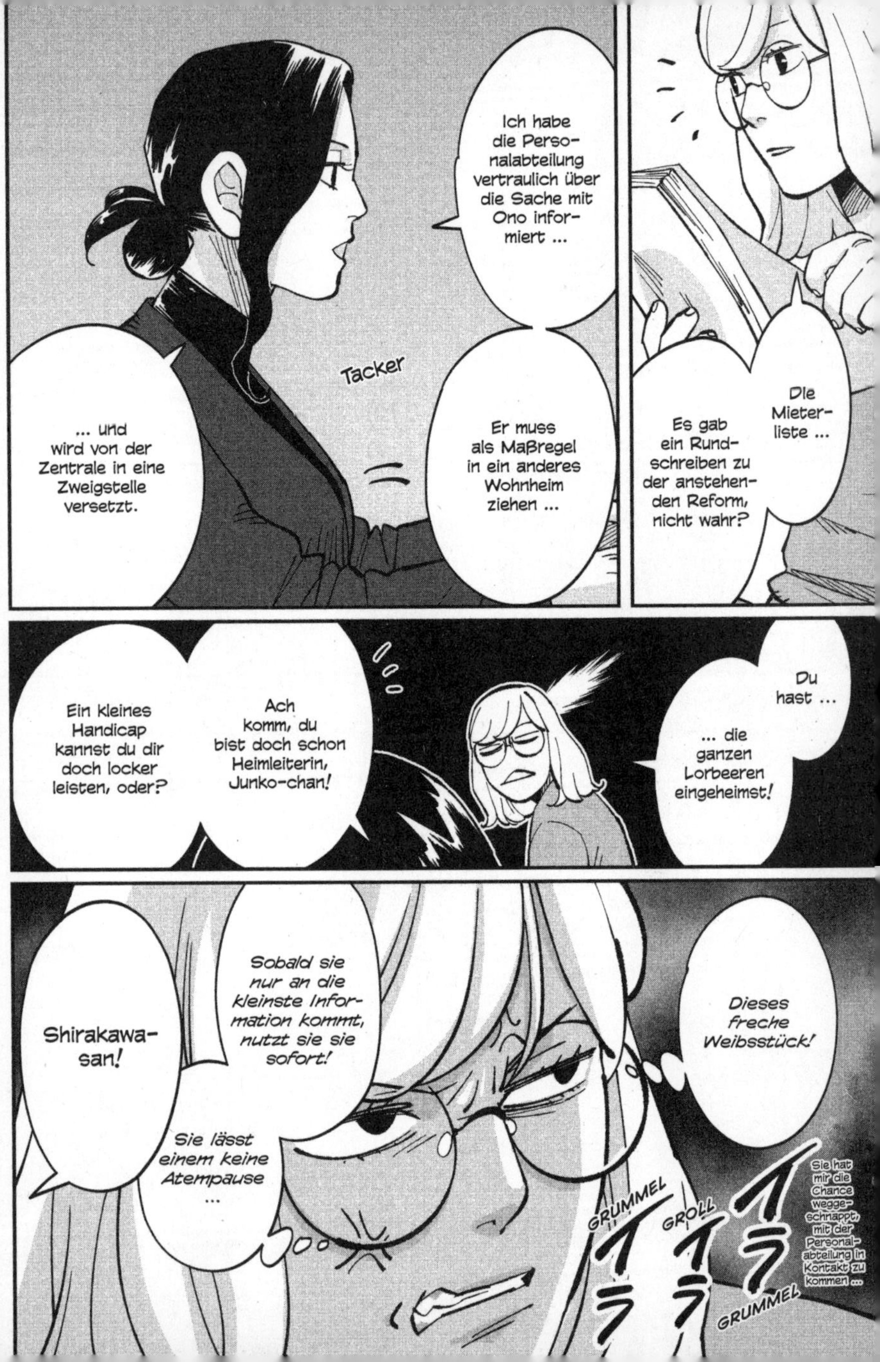
Die Mieterliste ...
Es gab ein Rundschreiben zu der anstehenden Reform, nicht wahr?
Ich habe die Personalabteilung vertraulich über die Sache mit Ono informiert ...
Er muss als Maßregel in ein anderes Wohnheim ziehen ...
Tacker
... und wird von der Zentrale in eine Zweigstelle versetzt.
Du hast ...
... die ganzen Lorbeeren eingeheimst!
Ach komm, du bist doch schon Heimleiterin, Junko-chan!
Ein kleines Handicap kannst du dir doch locker leisten, oder?
Dieses freche Weibsstück!
Sobald sie nur an die kleinste Information kommt, nutzt sie sie sofort!
Shirakawa-san!
Sie lässt einem keine Atempause ...
GRUMMEL
GROLL
GRUMMEL
Sie hat mir die Chance weggeschnappt, mit der Personalabteilung in Kontakt zu kommen ...

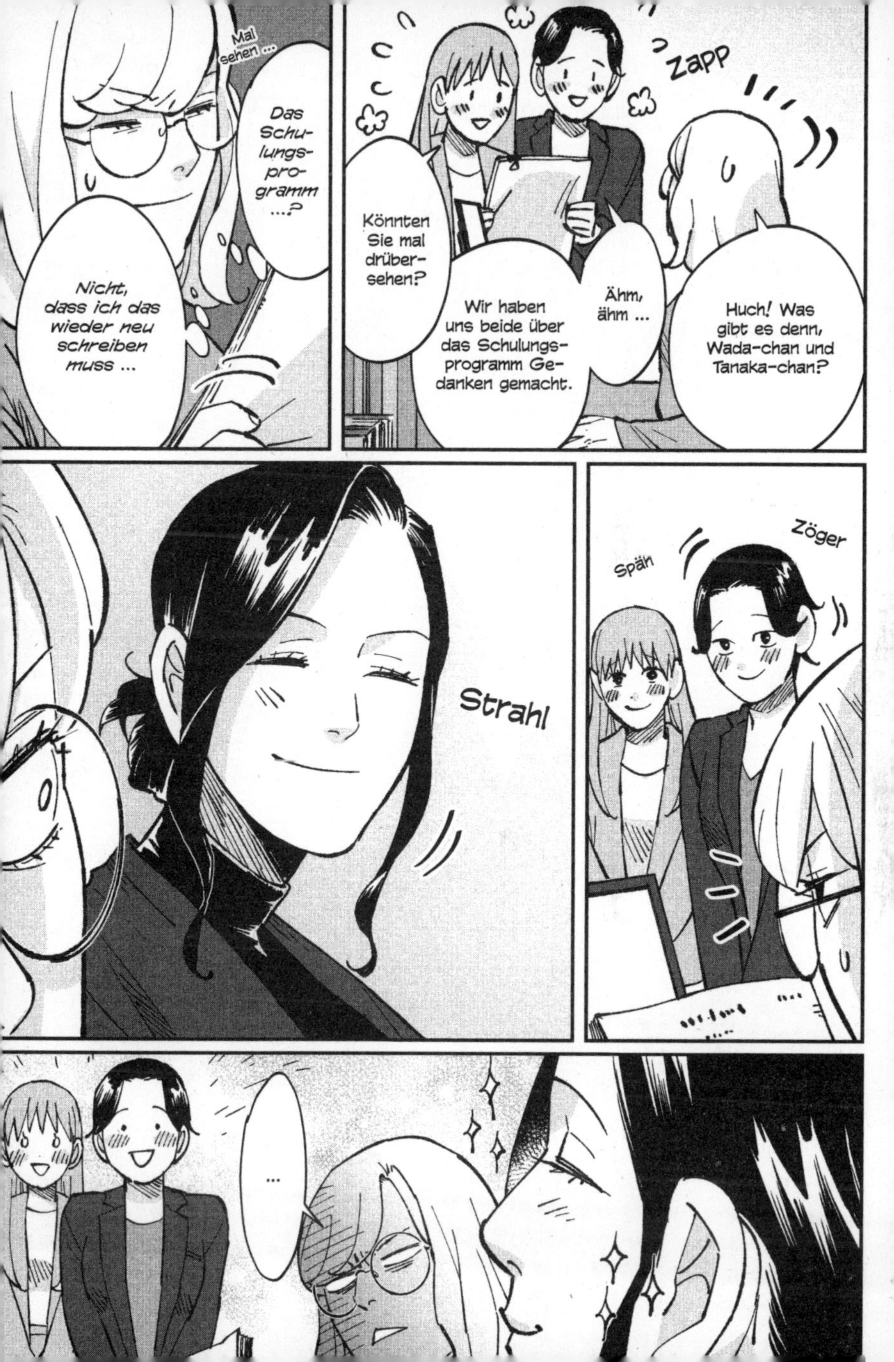
Zapp
Huch! Was gibt es denn, Wada-chan und Tanaka-chan?
Ähm, ähm ...
Wir haben uns beide über das Schulungsprogramm Gedanken gemacht.
Könnten Sie mal drübersehen?
Mal sehen ...
Das Schulungsprogramm ...?
Nicht, dass ich das wieder neu schreiben muss ...
Zöger
Späh
Strahl
...

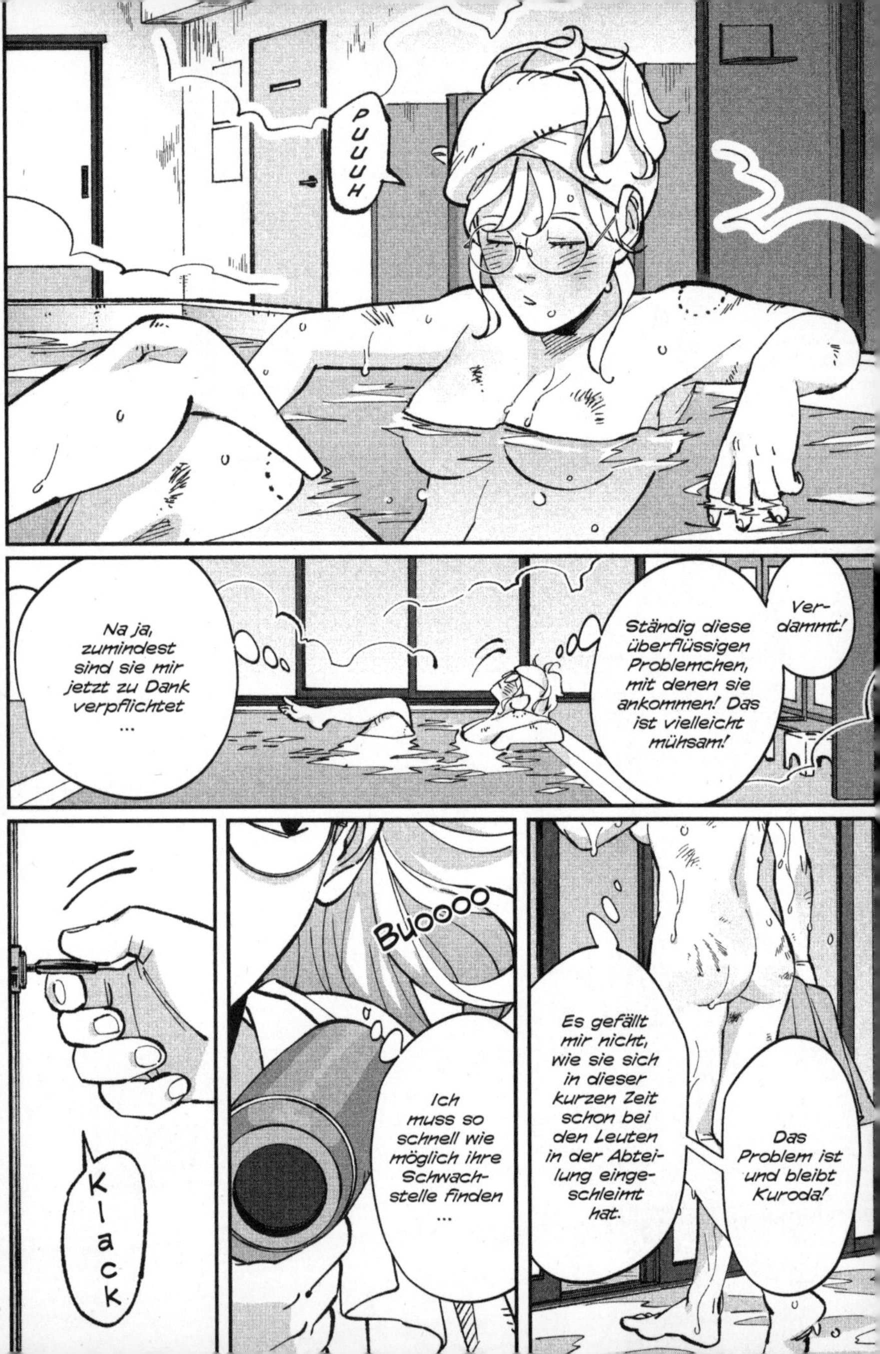
PUUUH
Verdammt!
Ständig diese überflüssigen Problemchen, mit denen sie ankommen! Das ist vielleicht mühsam!
Na ja, zumindest sind sie mir jetzt zu Dank verpflichtet …
Das Problem ist und bleibt Kuroda!
Es gefällt mir nicht, wie sie sich in dieser kurzen Zeit schon bei den Leuten in der Abteilung eingeschleimt hat.
Ich muss so schnell wie möglich ihre Schwachstelle finden …
Buoooo
Klack

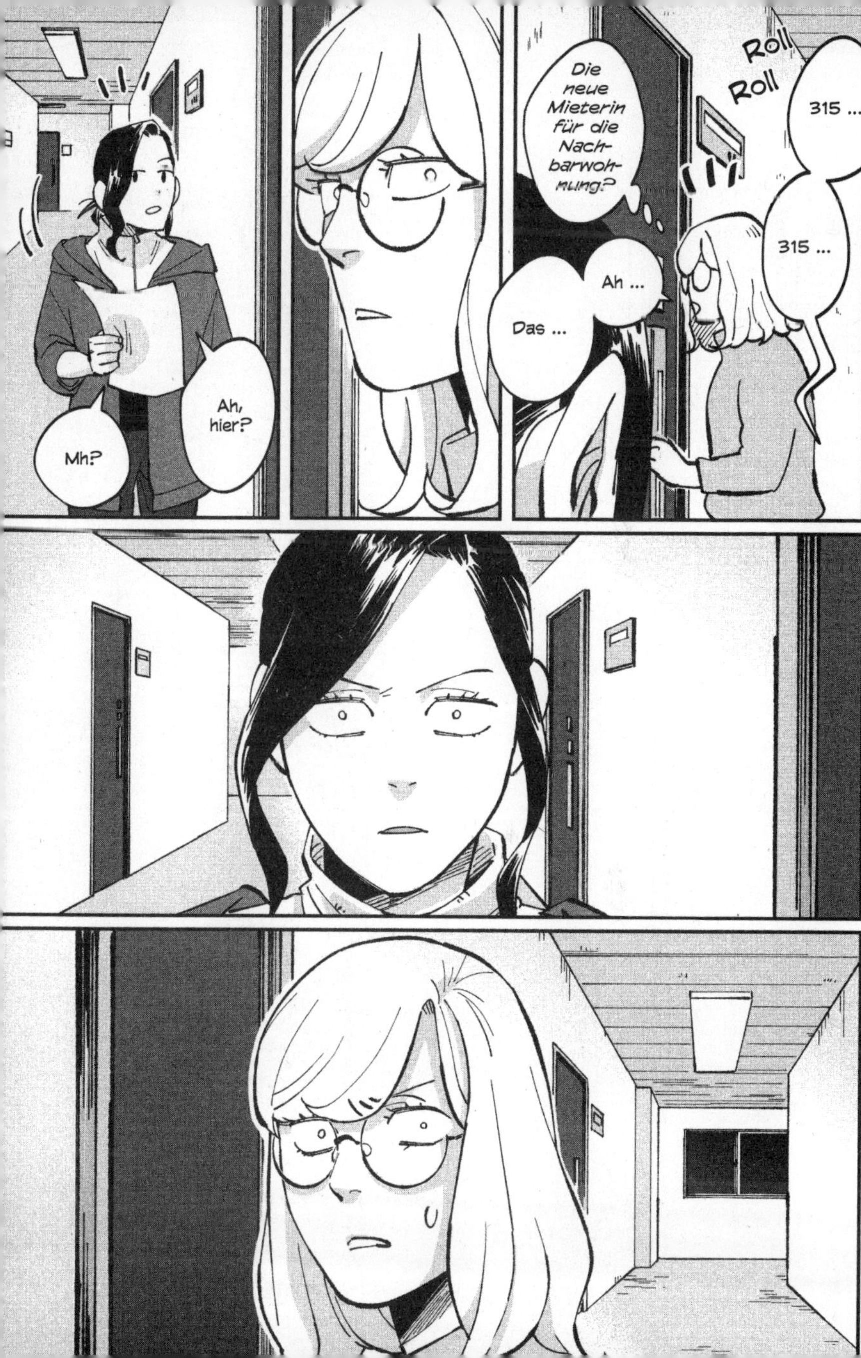
Roll
Roll
315 ...
315 ...
Ah ...
Das ...
Die neue Mieterin für die Nachbarwohnung?
Ah, hier?
Mh?

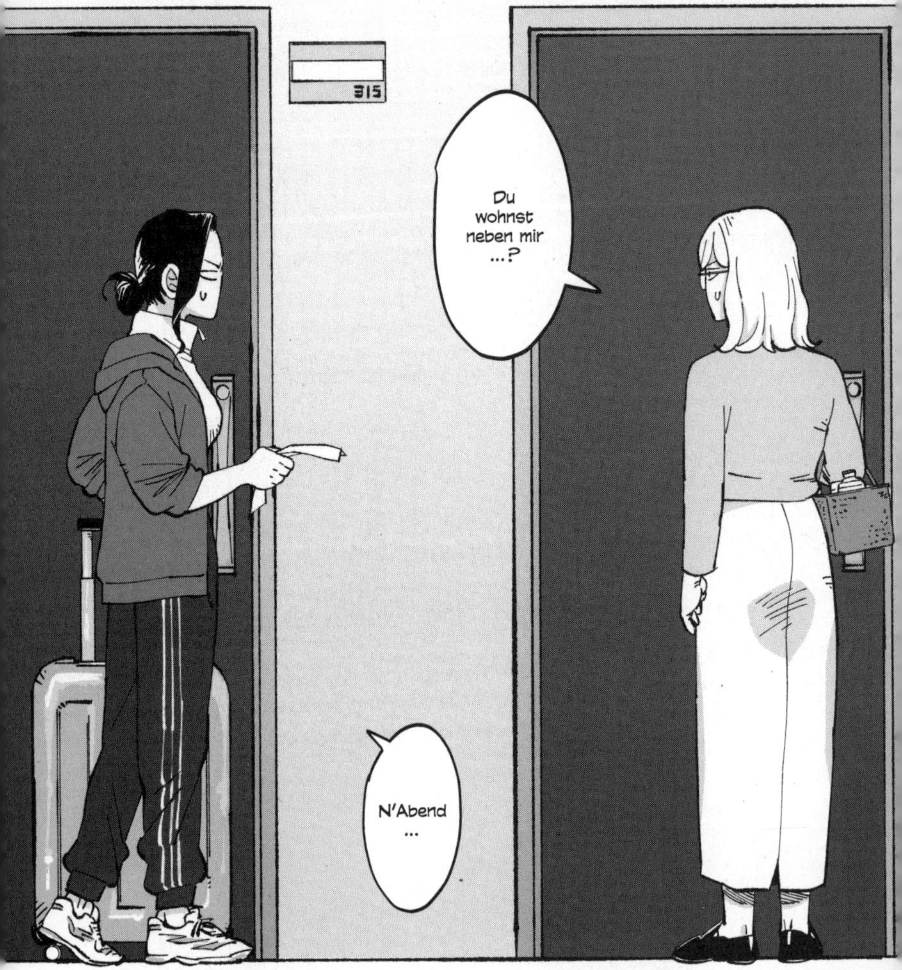

Kapitel 6 Ende

HIEBE AUF DEN ERSTEN BLICK

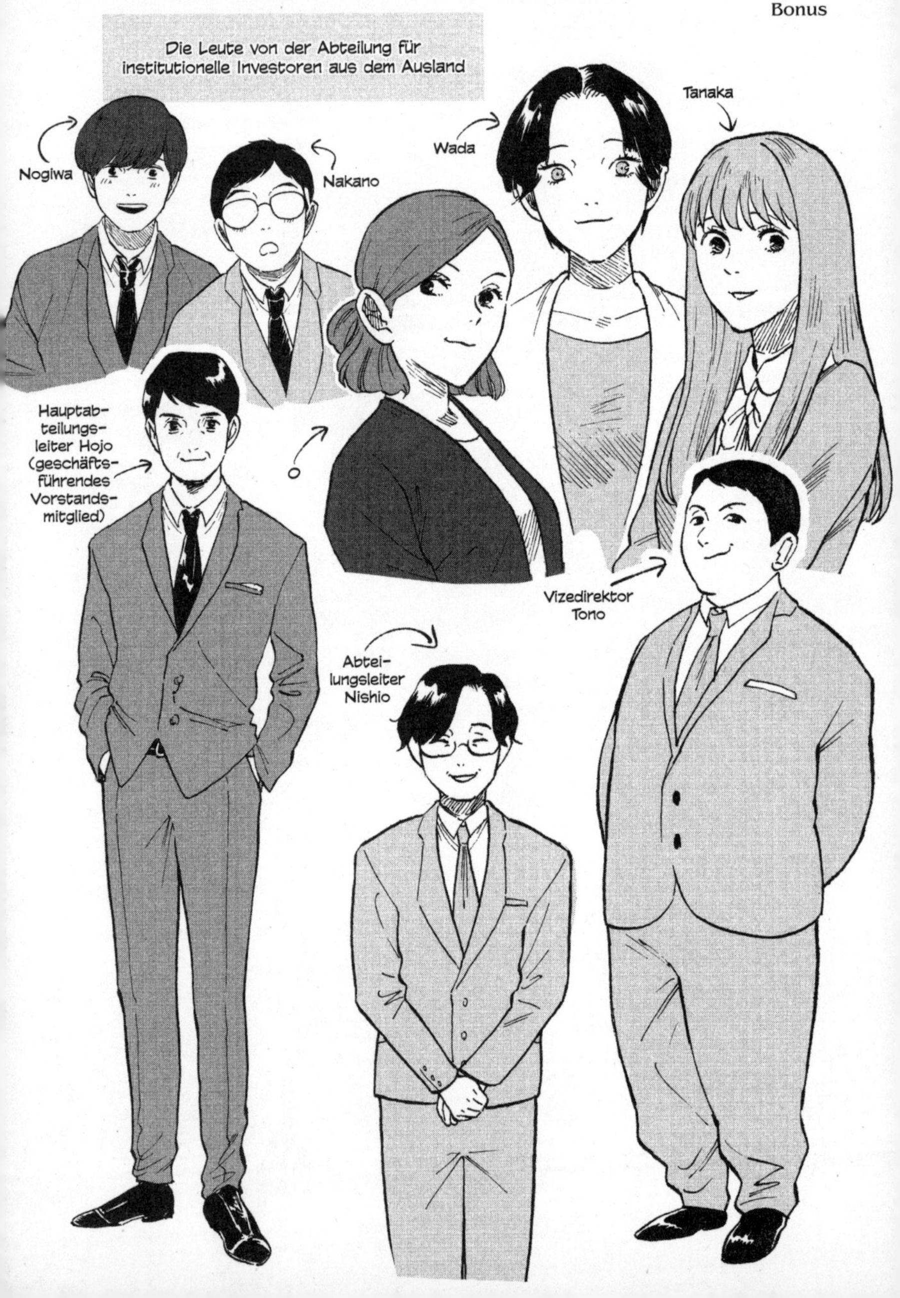
Die Leute von der Abteilung für institutionelle Investoren aus dem Ausland
Nogiwa
Nakano
Wada
Tanaka
Hauptab-
teilungs-
leiter Hojo
(geschäfts-
führendes
Vorstands-
mitglied)
Vizedirektor
Tono
Abtei-
lungsleiter
Nishio

„Hiebe auf den ersten Blick“ Charaktersettings

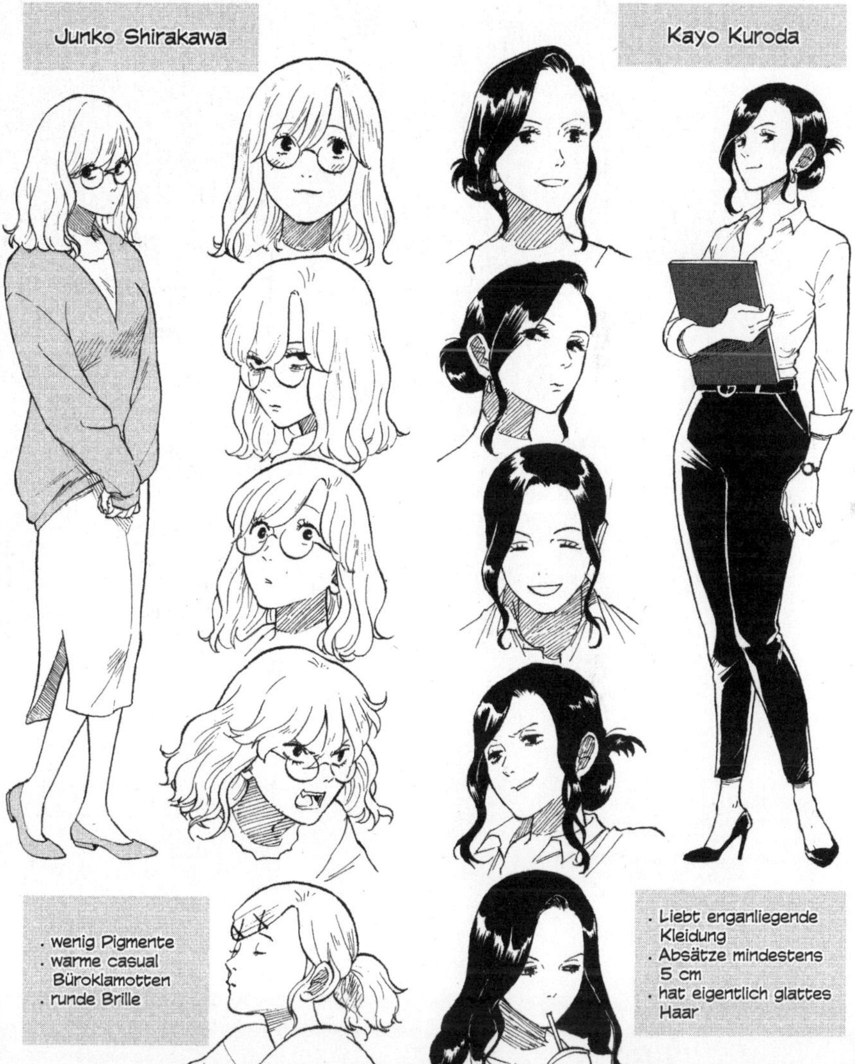

SUTOPPU!

Koko wa kono manga no owari dayo.
Hantaigawa kara yomihajimete ne!
Dewa omatase shimashita!
Tanoshii hitotoki wo dozo!

Egmont-Manga-Chiimu

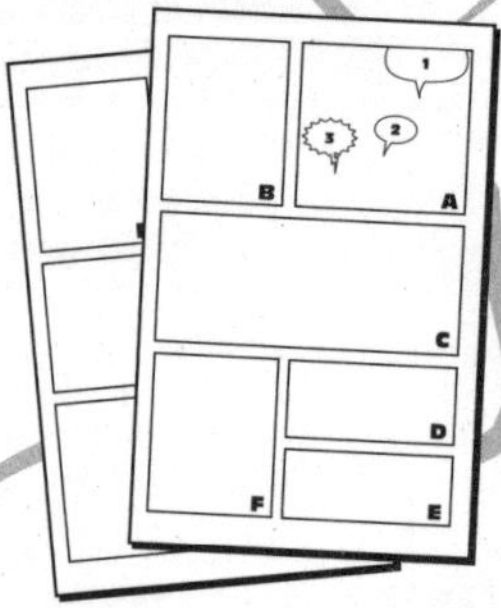

STOPP!

Das ist der Schluss des Mangas.
Fangt bitte am anderen Ende an!
Und nun genug der Vorrede,
viel Spaß beim Lesen!

Euer Egmont-Manga-Team

„Hiebe auf den ersten Blick" 01 von Sal Jiang
Aus dem Japanischen von Antje Bockel
Originaltitel: Shiro to Kuro ~Black & White~ 01

Originalausgabe:
Shiro to Kuro ~Black & White~

Deutschsprachige Ausgabe:
Egmont Manga
verlegt durch Egmont Verlagsgesellschaften mbH,
Ritterstraße 26, 10969 Berlin

1. Auflage 2023
Verantwortliche Redakteurin: Inga Wurzbach
Gestaltung: Anke Koopmann, Designomicon
Koordination: Angelika Schönhuber
Printed in the EU
ISBN 978-3-7555-0094-0

story house
EGMONT